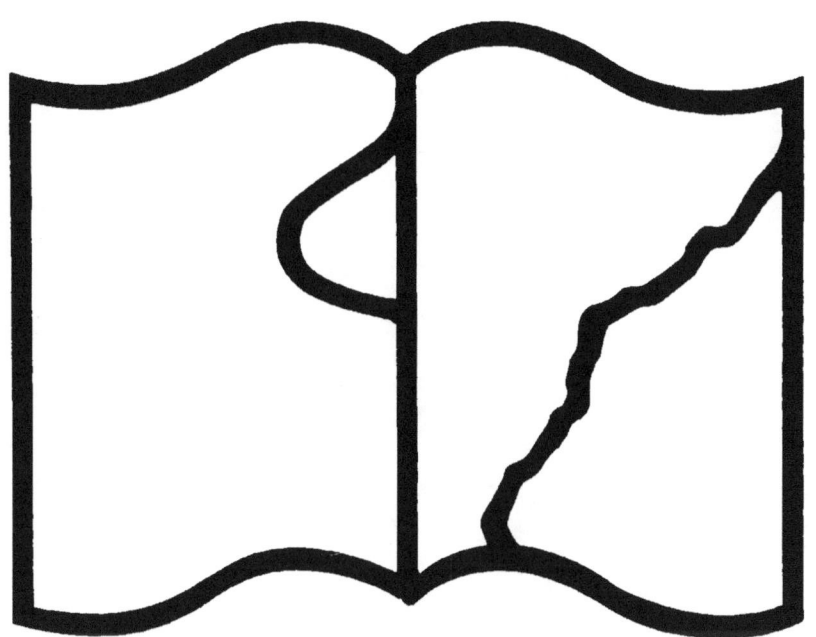

Texte détérioré — reliure défectueuse

NF Z 43-120-11

Mlle MARIE KŒNIG

MUSÉE DE POUPÉES

Ouvrage illustré de 58 gravures

PARIS
LIBRAIRIE HACHETTE ET Cie
79, BOULEVARD SAINT-GERMAIN, 79

MUSÉE DE POUPÉES

Poupée finlandaise.

Mlle MARIE KŒNIG

MUSÉE
DE POUPÉES

OUVRAGE ILLUSTRÉ DE 58 GRAVURES

PARIS
LIBRAIRIE HACHETTE ET Cie
79, BOULEVARD SAINT-GERMAIN, 79
1909
Droits de traduction et de reproduction réservés.

A Mademoiselle NICOLE **FOURET**

Chère-mignonne, je te dédie ce livre en souvenir de la vieille amitié qui m'unit à tes chers parents et parce qu'il glorifie notre pays que nous aimons tendrement.

Marie KŒNIG.

Mai 1909.

PRÉFACE

La belle collection de poupées exposée au *Musée pédagogique*, 41, rue Gay-Lussac, et visible tous les jeudis de une heure à cinq, appartient à l'État et fait partie de l'exposition permanente de travaux de couture créée en 1890 par Mlle Marie Kœnig, inspectrice de l'Enseignement.

L'exposition des travaux à l'aiguille et des ouvrages enfantins fut installée au début dans l'ancien appartement qu'occupait Mme Pape-Carpantier, lorsque l'immeuble abritait le cours normal des institutrices d'écoles maternelles. C'est dans ces pièces, consacrées par le souvenir de la femme d'élite qui les habita, que Mlle Marie Kœnig installa ses premières collections, c'est-à-dire de vieux albums trouvés dans les salles du Musée et datant d'expositions antérieures à celle de 1889, albums de la Martinique, de Saint-Pierre, de New-York, du Japon, etc.

Mlle M. Kœnig orna les murs et les armoires de ces riens en papier, en paille, en perles, que les petits enfants édifient dans les écoles maternelles et dont elle a inventé tant de modèles charmants, mille fois copiés; puis, ayant été avisée qu'une exposition des *Arts de la femme* devait s'ouvrir au Palais de l'Industrie, à Paris, elle obtint la permission de demander à certaines écoles des ouvrages pour les exposer. La vitrine fut très regardée; elle était fort intéressante parce que la progression des ouvrages y était bien suivie, depuis la petite école maternelle jusqu'à l'école normale.

En 1894, une exposition similaire eut lieu à Lyon. Mlle M. Kœnig s'y rendit avec des albums bien intéressants qu'elle avait remplis de travaux provenant de toutes les grandes écoles primaires de France.

Les collections du Musée s'augmentèrent ainsi des objets exposés et qui restèrent en partie en sa possession. L'appartement de Mme Pape-Carpantier fut alors envahi par la bibliothèque, Mlle Marie Kœnig s'établit plus haut, au deuxième, dans une longue galerie située au-dessus de la salle de lecture.

En 1895, l'infatigable créatrice du Musée de couture demanda à son ami, M. Bouragué, inspecteur primaire à Brest, de faire habiller dans les écoles de sa circonscription des poupées en costumes de la région. Trente poupées bretonnes de Lorient, de Plougastel, de Douarnenez, de Quimper, d'Ouessant, etc., arrivèrent au Musée, et ravirent le public par leur gentillesse, la fraîcheur et l'exactitude de leurs costumes.

En 1896, une exposition commerciale et industrielle s'ouvrit à Rouen. Mlle Marie Kœnig y exposa deux cents poupées habillées en costumes paysans. Cet effort nouveau fut obtenu en moins de trois mois de toutes les directrices d'écoles normales, d'écoles primaires supérieures et de cours complémentaires.

Une poupée tonkinoise arriva d'Hanoï, coiffée d'un grand chapeau en palme ressemblant à un immense couvercle, et vêtue de trois jolies robes en brocart, posées l'une sur l'autre; puis ce furent les poupées d'Alger, d'Oran, de Constantine, de Pondichéry. Les écoles qui n'avaient pu fournir un costume local avaient envoyé des poupées habillées en costumes historiques de la région : c'est ainsi que l'on vit à Rouen l'abbesse d'Épinal avec sa crosse et son aumusse, Jeanne d'Arc dans sa robe de bure lacée au corsage, etc.

Ces poupées sont fort belles, mais rentrent dans le domaine du théâtre et de la fantaisie, tandis que rien n'est comparable à la beauté vraie des paysannes normandes, angevines, poitevines, auvergnates, savoyardes, vêtues de leurs atours villageois.

Les institutrices, dans les lettres documentées qu'elles adressèrent au Musée pédagogique avec les poupées, terminaient toutes par le regret que les costumes paysans, si solides, si pittoresques, si bien faits pour les rudes allures des gens qui les portent, fussent abandonnés chaque jour pour les modes changeantes de Paris qui leur siéent si mal.

Les poupées eurent un réel succès à Rouen et lorsqu'elles revinrent à Paris, les journalistes accoururent pour les voir. L'un deux, du *Figaro*, M. Charles Dauzats, les découvrit le premier alors qu'elles arrivaient de voyage, au milieu de leurs malles à peine entr'ouvertes.

Il comprit de suite la valeur de cette collection, ce qu'elle pouvait obtenir dans la suite, le joli élan patriotique qui avait poussé les directrices d'école, à vêtir si parfaitement ces filles de France, les reliques précieuses que ces poupées allaient devenir pour l'histoire, l'artiste, le penseur lorsque tous ces délicieux costumes de notre vieux pays auraient disparu, et il écrivit un long article qui fit sensation dans la Presse.

Le Soleil, le Temps, le Petit Journal, le Radical, l'Intransigeant, le Petit Parisien, l'Éclair, la Fronde, les Débats, la Patrie, la Presse, etc., enfin tous les journaux de toutes les nuances vantèrent cette collection comme un grand nombre de revues françaises et étrangères.

Et depuis ce jour, les louanges ont continué de paraître au fur et à mesure que de nouvelles poupées arrivaient au Musée. Il y en a actuellement 460.

Quelques poupées étrangères données par des visiteurs sont mêlées aux poupées de France. La collection des poupées coloniales est fort riche. Il faut noter les figurines de Pondichéry dues à M. Ferrier, inspecteur de l'Inde. Elles font l'admiration des visiteurs.

Nous publions ici l'histoire de soixante de ces poupées prises dans tous les groupes, poupées paysannes, poupées coloniales, poupées étrangères, poupées historiques.

En mars dernier, le comité central des dames des Arts décoratifs ayant désiré une conférence sur les Poupées du Musée pédagogique, à la suite de cette belle réunion la Presse émit le vœu partagé par les dames du comité, que les poupées fussent transférées au Pavillon de Marsan.

C'est bien là peut-être que vous pourrez les voir bientôt.

FRANCE

1
POUPÉES HISTORIQUES

MUSÉE DE POUPÉES

SAINTE GENEVIÈVE, PATRONNE DE PARIS

Assise près d'un arbre, un peloton de fil de lin dans une main, sa quenouille appuyée sur elle, sainte Geneviève, vêtue d'une tunique blanche lisérée de bleu, les pieds nus sur l'herbe fleurie, les cheveux longuement nattés, la tête entourée d'une auréole d'or, regarde fixement du côté du vitrail.

Que semble-t-elle voir?

Notre sainte Geneviève écoute peut-être les échos de la jeunesse des écoles établies sur cette montagne célèbre qui porte son nom, où est situé le petit Musée des poupées, tout comme le majestueux Panthéon qui fut élevé pour elle, et comme aussi l'admirable église Saint-Étienne-du-Mont où l'on garde dans une châsse dorée, environnée de mille cierges allumés, quelques reliques de son corps précieux.

Peut-être compare-t-elle le Paris où elle vivait il y a quinze siècles, si petit, si restreint, au Paris d'aujourd'hui, la ville de lumière, la ville des belles choses où chaque carrefour se signale par un monument d'art, ville remplie de palais splendides, ce Paris qu'elle sauva des barbares, et qui, sans elle, aurait pu voir s'éteindre, dès leur première aurore, sa gloire et sa renommée futures, ce Paris enfin dont on peut quelquefois mal parler, mais où la charité est si vive, l'amour du beau si puissant, l'espérance si tenace !

Sainte Geneviève a vu souvent des nuages obscurcir la sérénité du ciel, délicieusement bleuté, de la ville qu'elle protégea, mais elle a toujours vu ces nuages s'enfuir, comme s'enfuit jadis le terrible Attila et sa formidable armée, Paris restant fidèle à sa devise : *Fluctuat nec mergitur*.

Laissons la sainte poupée à sa douce rêverie et disons de qui nous tenons cette poétique image.

C'était un jour où toutes mes paysannes étaient réunies, au moment de partir pour l'Exposition de Rouen, une jeune amie, Marie Tabuteau, vint nous surprendre dans notre travail de classement.

« Quoi ! nous dit-elle, vous avez l'air un peu triste.

— Oui, je n'ai pu obtenir, de l'école qui me l'avait promise, sainte Geneviève de Paris.

— Eh bien ! voulez-vous que j'aie l'honneur de vous offrir la sainte patronne de notre ville natale, car moi aussi je suis comme vous née à Paris ?

— Oh ! que vous êtes bonne, Marie, mille fois oui et merci. »

Quelques jours après, la belle poupée était trouvée. Marie Tabuteau avait interrogé ses amis artistes et poètes, les Bouchor et autres, pour obtenir des renseignements ; elle avait visité les églises de Paris, si riches en tableaux représentant sainte Geneviève, mais c'est au Panthéon qu'elle fit la plus longue station.

Toute la vie de la sainte y est représentée par des artistes très célèbres, Gros, Maindron, Jean-Paul Laurens, Élie Delaunay, mais surtout par Puvis de Chavannes.

Le génie poétique de cet artiste convenait admirablement à rendre la légende de sainte Geneviève.

D'un côté de l'église, on voit toute l'enfance de la sainte,

Sainte Geneviève, patronne de Paris.

l'arrivée à Nanterre de saint Germain et de saint Loup, leur rencontre avec la jeune fille prédestinée, la foule de paysans qui les entourent. Sur l'autre côté, c'est la sainte ravitaillant Paris, assiégé et menacé de la famine.

Citons enfin une dernière composition qui a bien ému les visiteurs à l'Exposition de peinture de 1898, la dernière œuvre de l'artiste, sainte Geneviève, fort âgée, qui veille sur la ville endormie.

Avec Marie Tabuteau, nous fîmes ensuite le pèlerinage de Nanterre, lieu de naissance de la patronne de Paris, où l'on voit encore le puits célèbre dont l'eau guérit les yeux malades de la mère de Geneviève.

Enfin la figurine fut définitivement habillée comme vous la voyez.

Cependant la sainte porte toujours sur la poitrine une médaille suspendue au moyen d'un ruban et ici elle n'est pas visible.

Cette coutume se rapporte à un fait historique. Saint Germain d'Auxerre, à son départ de Nanterre, alors qu'il bénissait la petite Geneviève, vit à terre une pièce de monnaie marquée du signe de la croix, il la ramasse, il la donne à l'enfant en lui disant : « Fais-la percer et suspends-la à ton cou et n'aie jamais d'autre parure. »

La poupée de Marie Tabuteau fut très aimée à Rouen et à son retour à Paris placée avec les poupées historiques.

Parisiens, dit un cantique dédié à la sainte, Parisiens, aimez-la toujours ; elle fut votre providence ; venez le cœur plein d'espérance, lui demander force et courage. Glorieuse libératrice, au milieu des dangers pressants, montre-toi notre protectrice et de Paris garde les enfants !

SAINTE RADEGONDE

Au vɪᵉ siècle de notre ère, notre pays était devenu la conquête nouvelle des Francs. Cette époque de transition est vraiment affreuse; les grands d'alors donnent des exemples d'une horrible sauvagerie.

Et cependant de nobles créatures de Dieu, de saintes femmes traversent ces années cruelles, laissant autour d'elles un rayonnement de vertu qui charme les yeux fatigués de n'assister qu'à de vilains spectacles.

Ces femmes s'appellent : sainte Geneviève, sainte Clotilde, l'infortunée Galswinthe, sainte Radegonde, sainte Agnès.

Au début de ce siècle, sainte Geneviève, âgée de quatre-vingts ans, nous apparaît toute droite comme dans le chef-d'œuvre de Puvis de Chavannes; elle regarde Paris et prie pour cette France nouvelle qu'elle avait délivrée du farouche Attila et qu'elle bénit dans l'avenir.

Après cette évocation si élevée de l'apparition de cette grande figure, arrivons à notre jolie poupée représentant sainte Radegonde.

Elle ne vous est peut-être pas inconnue, car elle a attiré bien des visiteurs au Musée; elle est si gracieuse sous son voile léger, vêtue si somptueusement, à la façon byzantine, de vêtements brodés de croix grecques toutes constellées de pierres précieuses !

Nous devons cette délicieuse poupée à la directrice de l'École normale de Laon. Nulle ne pouvait mieux que cette institutrice distinguée reconstituer ce costume, puisqu'elle habite non loin de Braine, qui fut le foyer mérovingien par excellence.

Radegonde était née en Thuringie, c'est-à-dire en Germanie, dans une nature admirable.

Fille de roi, adorable fillette, elle était heureuse et libre au milieu de ces belles forêts qu'on retrouve encore aujourd'hui. Elle avait un frère qu'elle aimait tendrement.

Tout à coup, le roi Berther, son père, fut assassiné par un de ses oncles. La guerre éclata entre le fratricide et les rois de France, Théoderik et Clotaire. Ces derniers furent vainqueurs.

Parmi les otages, il y avait, hélas! la petite Radegonde et son frère, ils tombèrent par le sort dans le lot de Clotaire.

Les pauvres enfants furent emmenés en esclavage à la cour du terrible roi connu par le meurtre de ses neveux, les petits fils de Clovis.

La petite Radegonde était si jolie que le farouche monarque résolut de la faire élever pour en faire sa femme.

Heureusement pour la pauvre enfant que ces féroces barbares, voulant imiter, en quelques points, les manières civiles des Gallo-Romains qu'ils avaient vaincus, se piquaient d'aimer les belles-lettres.

Radegonde eut une éducation très soignée comme l'avait eue la femme de Clovis. Elle apprit, outre les travaux élégants des riches Gauloises, le grec, le latin, la musique; elle eut une culture très grande des poètes profanes et des écrivains ecclésiastiques et, l'enfant devenue jeune fille vécut alors en imagination dans un monde religieux d'idéal et de rêverie qui la séparait de celui où elle était.

L'heure d'épouser Clotaire arriva, Radegonde, qui avait horreur de cette union, prit la fuite, mais on la ramena de

Sainte Radegonde.

force au palais, et quelle que fût sa répulsion pour le roi, le mariage dut s'accomplir.

Radegonde n'était pas une épouse soumise.

« Je n'ai pas une reine pour femme, disait Clotaire, mais une nonne. »

Un jour, le roi fit tuer le frère de Radegonde, peut-être par jalousie, car la reine lui montrait une grande amitié.

A tout prix, elle ne voulut plus vivre avec son époux devenu pour elle odieux à l'excès.

Elle se rendit à Noyon, près du vieil évêque, saint Médard, et demanda à entrer dans les ordres. Saint Médard redoutait la colère du roi, il refusa de se rendre à la prière de Radegonde.

La jeune reine inventa un stratagème : elle jeta ses ornements royaux au pied de l'autel, les franges de pourpre et d'or de sa tunique, sa ceinture d'or massif, son voile, sa couronne, ses agrafes de pierreries, ses bracelets, et se revêtit d'un costume de recluse.

« Si tu tardes à me consacrer, dit-elle à l'évêque d'une voix ferme, et que tu craignes plus les hommes que Dieu, tu auras à rendre compte de tes actions et le Pasteur te redemandera l'âme de sa brebis. »

Saint Médard crut alors que Dieu voulait de cette âme pour son service ; il rompit le mariage de la reine et la consacra diaconesse.

Clotaire fut d'abord très courroucé d'apprendre cet acte de rébellion et il accourut pour rechercher sa femme.

Elle s'était réfugiée à Tours, près de saint Martin. Clotaire hésita à poursuivre la reine ; il la laissa désormais libre de vivre selon sa volonté.

Radegonde partit alors pour Poitiers et commença avec les biens qu'elle avait reçus de son mari en cadeau de noces et qu'il lui avait rendus, à faire édifier un couvent immense.

« Voyez l'arche, disait-on pendant sa construction, qui

s'élève près de nous contre le déluge des passions et contre les orages du monde. »

Le monastère fut mis sous l'invocation de la croix, parce qu'il possédait un morceau de la sainte croix envoyé à Radegonde par l'empereur d'Orient, Justin.

Radegonde s'y enferma avec des compagnes distinguées, de sang gaulois, et jamais plus elle n'en sortit.

La règle du couvent était sévère, on ne devait jamais boire de vin, ni manger de viande.

Radegonde s'astreignit à son tour à des travaux fort ordinaires : elle balayait, elle faisait la cuisine.

Mais la règle du cloître acceptait quelques agréments, tels l'usage de fréquenter des bains dans de vastes piscines d'eau chaude, et certains amusements comme le jeu de dés et la réception de visiteurs.

Radegonde se donnait tout entière à la prière et au culte si élevé des belles-lettres. Elle et ses compagnes traduisaient les *Saintes Écritures*.

C'est alors qu'apparaît dans ce monastère où la vie était si douce, si calme, comparée à celle du monde barbare, le poète Fortunatus.

C'était un Italien, très érudit, très enfantin, pourrait-on dire, très saint homme cependant. Il s'était fait connaître aux noces de la reine Brunehilde par un épithalame, puis il avait écrit des poèmes très estimés des rois barbares.

Quand il arriva au monastère de Sainte-Croix, il eut peut-être un avant-goût du ciel et de ses béatitudes, car il y trouva de telles amitiés, une pratique si grande de religion et d'idéal qu'il se fixa à Poitiers et y reçut les ordres.

Alors il s'établit des rapports d'amitié entre Fortunatus, Radegonde et ses sœurs, qui furent d'un charme délicieux. Fortunatus, écrivait de petits poèmes sur des riens; il venait les lire aux religieuses qui s'exerçaient à lui donner à manger de bons petits plats dont il était friand et auxquels elles ne touchaient pas.

La table était souvent couverte de fleurs. Fortunatus regrettait d'être le seul convive, mais il savait faire honneur au festin. Il remerciait en rimant de petites pièces de vers, qui nous ont été conservées, sur des fleurs mises à l'autel, sur des fleurs qu'il envoie, sur un repas, sur des prunelles, des châtaignes, sur du lait et autres friandises, sur des œufs et des prunes, pour que la sainte, fatiguée, bût un peu de vin, etc.

Il écrivait aussi des poèmes sérieux, il se faisait l'interprète de Radegonde, regrettant ses heures heureuses de jeunesse, sa Thuringie, ses forêts, ses parents. C'est Fortunatus qui a écrit l'hymne que chante l'Église le jour des Rameaux. *Vexilla regis*.

Sainte Radegonde mourut en 587, entourée de ses compagnes. Son tombeau est un lieu de pèlerinage à Poitiers dans l'église qui porte son nom.

ISABEAU DE ROUBAIX

La douce et charitable dame Isabeau de Roubaix, fille unique de Pierre, le plus populaire des seigneurs de Roubaix, naquit en France, au moment où disparaissait du monde son homonyme, l'odieuse reine de France, Isabeau de Bavière, si exécrée qu'elle dut être inhumée presque secrètement dans la basilique de Saint-Denis, « à très petit appareil et convoi, car il n'y avait que quatre personnes, comme si c'eût été la plus petite bourgeoise de Paris ».

Quelqu'un a dit : « Les femmes sont toutes bonnes ou mauvaises ». Isabeau de Bavière fut un monstre, mais Isabeau de Roubaix fut une créature d'élite dont le passage dans la vie fut tout fleuri de ses vertus.

Quel honneur pour une petite poupée de représenter une si noble dame !

N'a-t-on pas raison de parler de la justice immanente ! elle existe sur terre, certainement, les bons sont récompensés et les méchants punis.

Dans le moment même de leurs forfaitures ou de leurs bonnes actions, les hommes peuvent croire à tort que le hasard règle tout, la vertu souffre, le vice triomphe, mais attendez quelques années et ceux qui ont mérité l'opprobre seront détestés, ceux qui ont bien agi seront loués. Tard peut-être, mais non pas trop tard, puisque l'éternelle Beauté et l'éternelle Bonté restent toujours l'idéal humain, idéal imprescriptible dans l'esprit même des méchants.

La justice humaine est rendue par l'humanité elle-même.

Et voilà pourquoi Isabeau va être louée dans ce volume comme elle ne cesse de l'être à Roubaix depuis près de cinq cents ans.

Notre poupée est la fidèle copie d'un tableau qui la représente dans le costume élégant et sérieux, un peu monastique quant à la forme, de la fin du xve siècle.

Il faut tout admirer dans cette gracieuse reproduction, la beauté de la robe verte en soie, la richesse du manteau de velours bleu artistement brodé et l'idée délicate de la directrice de l'école primaire supérieure qui, ayant à habiller une poupée, a choisi Isabeau de Roubaix.

Par sa mère Marguerite de Ghistelles, dame de Brœucq et de Wasquehal, Isabeau de Roubaix se rattache à l'une des plus nobles et des plus anciennes maisons de Flandre. Son père fut le conseiller et le chambellan des ducs de Bourgogne Philippe le Bon et Charles le Téméraire.

C'était un homme très actif et d'une belle intelligence.

La France d'alors, lassée des guerres contre les Anglais, respirait à l'aise : chacun se reprenait à aimer ardemment son clocher.

Isabeau enfant fut associée à toutes les œuvres de son père : Roubaix vit doubler ses filatures, ses comptoirs. Pierre de Roubaix fit beaucoup bâtir ou *maisonner*, pour parler en empruntant les termes de l'époque, et la ville compta bientôt sept rues et une place; les marchands de drap obtinrent d'immenses avantages.

Ce fut le commencement d'une prospérité qui ne s'arrêta plus.

Isabeau suivait tous ces progrès avec sollicitude : elle entrait dans les chantiers en construction, visitait les filatures, regardait marcher les métiers, mais ce qui l'intéressait plus

Isabeau de Roubaix.

encore, c'était la vie des travailleurs. Elle savait doucement les interroger sur leur famille, s'intéressait à leurs besoins journaliers ; elle les aidait de ses conseils et de ses largesses, qui semblaient inépuisables.

Lorsqu'elle rencontrait de ces gens pauvres mais si délicats, qu'en recevant une aumône ils ont peur d'en priver d'autres plus malheureux encore, elle leur disait : « Ne vous inquiétez pas, il y aura toujours de l'argent à Roubaix pour ceux que le malheur accable : il y a chez mon père une brique d'or merveilleuse que l'on peut entamer et qui jamais ne sera épuisée. Elle se reforme sans cesse comme ces eaux qui tombent de certaines voûtes en beaux cristaux brillants ». La brique d'or merveilleuse qui toujours entamée ne s'épuisait jamais, c'était la charité d'Isabeau, charité sans bornes.

Oh! qu'elle était aimée de Roubaix, la douce et aimable dame de Roubaix! Le bien que peut faire autour d'elle une bonne créature est immense : c'est comme le soleil dont le rayonnement porte la vie partout. Si chacun savait être bon, mais le paradis serait déjà sur la terre!

Alors il advint que pour parfaire ses bonnes œuvres, le vingt-quatrième jour du mois de mai de l'année 1488, Isabeau de Roubaix, en un grand gala, posa la première pierre d'un établissement charitable sous l'invocation de Mme Élisabeth : ce nom était, je crois, celui de sa mère.

Bientôt de nombreux ouvriers se mirent à l'ouvrage.

Cet établissement faisait face à l'église paroissiale de Saint-Martin et au *bestiart* ou abreuvoir. Il occupait l'emplacement actuel de la Grand'Place entre la rue du Château et la rue de la Chaussée, aujourd'hui rue Neuve, et s'étendait jusqu'au *riez* de Trichon qui coulait dans les fossés du château, à peu près en face de la rue actuelle des Fabricants.

Cet établissement comprenait un cloître de « noires sœurs », un hôpital, une chapelle où Isabelle fut *ensépulturée*, une ferme, une brasserie, un potager, un cimetière.

Il abritait aussi douze pauvres vieilles *chartrières* débiles et languissantes et enfin « un asile pour les étrangers ».

Ce dernier point n'est-il pas touchant? Dans cette ville de Roubaix, toute de fabriques et de commerce, il faut compter avec les étrangers. Avec eux on fait le transit, les étrangers apportent l'imprévu, le nouveau, l'argent, mais combien aussi ces voyageurs peuvent être malheureux, la maladie peut les surprendre hors de chez eux. Isabeau avait tout prévu.

Il faut comprendre toute la charité contenue dans ces mots : « un asile pour les étrangers », quand on apprendra qu'à Paris, la ville si fertile en bonnes œuvres qu'on pourrait dire de ses pavés qu'ils sont tous des briques merveilleuses, qu'à Paris qui donne si largement, si riche en établissements de toutes sortes, on ne peut admettre cependant un étranger dans les asiles hospitaliers destinés à la vieillesse !

Isabeau de Roubaix mourut en 1502, après avoir succédé à son père en 1498 ; mais son œuvre de charité continua après elle, l'argent qu'elle avait laissé devint un fonds précieux qui ne fit qu'augmenter avec le temps, il aide à parer aux infortunes les plus pressantes.

« En résumé, dit M. Lefèvre, professeur à Roubaix, qui a bien voulu nous fournir toutes ces notes précieuses sur notre poupée, Isabeau de Roubaix c'est la bonne dame qui restera toujours pour les Roubaisiens une des plus belles incarnations de la charité locale, si généreuse, qu'elle permit au peuple de croire longtemps à l'existence de la brique d'or merveilleuse qui suppléait à l'insuffisance des ressources des établissements hospitaliers de la ville. »

LA MARGUERITE DES MARGUERITES

Cette petite figurine représente la Marguerite des Marguerites, dont Marot disait : « Corps féminin, cœur d'homme et tête d'ange ».

C'était la sœur de François Ier, mais son aînée. Or, une sœur aînée, c'est une seconde mère, c'est une amie de toutes les heures de la vie.

Heureux sont les hommes qui ont eu dans leur jeunesse une grande sœur pour les aimer.

Marguerite d'Angoulême avait une intelligence remarquable, elle était fort instruite, fort sensible.

« François Ier, son frère, dit Henri Martin, était comme une fleur étrange et splendide qui ne se verra qu'une fois. Ni avant, ni après, on n'a eu parmi nous et on n'aura l'idée d'une si élégante créature.

« Il avait la majesté comme l'élégance ; sa force, son intrépidité répondaient à sa taille de demi-dieu.

« Ses traits grands et doux, son œil rayonnant, son sourire plein de grâce, son esprit ingénieux, actif, curieux de tout, son imagination vive et colorée, son cœur facile à l'émotion, tout concourait à la séduction immense qu'exerçait ce jeune homme. »

D'après ce portrait l'on devine combien profonde pouvait être l'amitié de sa sœur.

La Marguerite des Marguerites fut le bon génie de François Ier. Il tint d'elle ce qu'il avait de libéral dans l'esprit.

Malheureusement, pour contre-balancer toute cette grâce,

La duchesse d'Alençon.

François Ier, si tendre, si sensible aux affections de la famille, subissait aussi l'influence de sa mère, Louise de Savoie, la rude femme au cœur étroit, au visage dur, qui fut son mauvais génie.

La tendre Marguerite eut à souffrir par ce frère qui était

toute la vie de son cœur. Il eût été heureux pour la France que ce fût Marguerite qui eût le dessus dans cette lutte, entre la mère et la sœur de François Ier. Lorsque le roi, dénommé le roi galant homme, faillit aux lois de l'honneur, il suivait les impulsions de la nature que lui avait donnée sa mère.

Marguerite fut mariée très jeune au duc d'Alençon, un personnage sans valeur, et c'est sous le nom de duchesse d'Alençon que la poupée qui la représente a été donnée au Musée par la directrice de l'École normale d'institutrices du département de l'Orne. Mais ce mariage fut rompu par la mort du duc, et Marguerite épousa en secondes noces le roi de Navarre, plus jeune qu'elle, et devint ainsi la mère de Jeanne d'Albret et la grand'mère d'Henri IV.

Aucune affection pourtant ne détourna Marguerite de l'amitié profonde qu'elle portait à François Ier. Elle ne vivait que pour lui, dans son rayonnement.

Elle en eut quelques joies, mais elle éprouva aussi de grandes angoisses.

Ce fut après la défaite de Pavie qu'elle supporta les plus terribles épreuves de sa vie.

Le roi, qui s'était battu comme un lion, fut blessé au visage et à la jambe, son cheval fut frappé à mort et s'abattit; il fut forcé de rendre son épée couverte de sang au roi de Naples.

François Ier, fait prisonnier fut conduit de Pizzighetone à Madrid.

Sa nature fougueuse ne pouvait s'accommoder de vivre dans une prison. François Ier tomba gravement malade; il faillit mourir, et toutes les églises d'Espagne furent remplies de fidèles qui priaient Dieu de rendre la santé au roi de France. L'Espagne chevaleresque aimait ce noble vaincu.

Marguerite vint près de Charles-Quint pour négocier la

paix. Elle vit son frère le lendemain même où Charles-Quint s'était décidé à visiter son royal prisonnier et à lui donner du réconfort.

La douce Marguerite trouva son frère bien changé, le roi demeurait sans entendre et sans voir.

Marguerite resta longtemps silencieuse, regardant son frère, demandant à Dieu de lui rendre la santé et la liberté avec son doux royaume de France.

La tendresse des êtres comme Marguerite est une sorte de magnétisme qui, près des malades, appelle le mieux, quelquefois la guérison.

François Ier sortit de sa torpeur, la fièvre se calma, il tendit la main à sa sœur, et tous deux, à voix basse, s'entretinrent longuement; puis une messe eut lieu dans la chambre du roi, et le frère et la sœur communièrent.

Le roi se trouva après quelques jours tout à fait bien; il conseilla à Marguerite de le quitter pour aller à Tolède tenter les négociations pour la paix.

Vous connaissez la suite.

Le roi resta encore prisonnier quelque temps, mais au moment où son compagnon, le maréchal de Montmorency, allait partir pour la France emportant l'acte d'abdication de François Ier, le roi céda enfin la Bourgogne que réclamait son terrible rival, quitte, pensait-il, à la reprendre aussitôt qu'il serait en France. Ce n'était plus chevaleresque du tout, la guerre recommença de plus belle, et pendant de longues années....

Vingt ans après Pavie, François Ier mourut d'une fièvre lente qui le minait; il errait de château en château, sans trouver le repos qu'il cherchait. Marguerite suivait anxieuse les progrès du mal qui rongeait le roi; elle souffrait aussi de voir la joie insolente des ennemis de François Ier qui guettaient l'agonie du roi en disant : « Il s'en va, le galant, il s'en va ».

Le roi mourut le 31 mars, à l'âge de cinquante-deux ans.

Pauvre Marguerite, pauvre ombre de François Ier! Elle ne se sentit plus aucune raison de vivre, elle chercha dans la lecture, dans les travaux de l'esprit, l'oubli momentané de sa grande douleur; elle ne le trouva pas, elle s'éteignit deux ans après son frère.

Marguerite d'Angoulême, la Marguerite des Marguerites, est une douce figure de femme qui rayonne dans l'histoire par son amitié fraternelle, comme celle de la touchante Électre, sœur de l'infortuné Oreste, au temps héroïque de la Grèce.

LE PORTE-ÉTENDARD DE JEANNE D'ARC

De toutes les poupées historiques du Musée pédagogique, il n'en est pas une qui excite plus vivement la curiosité que celle représentant le porte-étendard de Jeanne d'Arc.

Le petit personnage est posé sur un piédestal, à côté de la Pucelle d'Orléans, afin que l'héroïne se détache bien sur l'étendard blanc fleurdelisé qu'il tient à la main.

Malgré tout le respect que doit nous inspirer ce représentant de la grande sainte patriote, on ne peut s'empêcher de sourire en le voyant, car il est habillé comme un joli pantin avec un chapeau de feutre emplumé, plat devant, et des culottes, en soie bariolée.

Peut-être prouverait-on que l'ancienneté de son costume coïncide avec celle du jouet brillant qui amuse les bébés.

Le costume de la poupée a été copié exactement sur celui du porte-étendard qui peut se voir à Orléans dans une cage vitrée, au musée de Tabourg, ancienne maison d'Agnès Sorel.

La taille du mannequin représente un jeune garçon âgé d'environ quinze ans.

Ce personnage figura Jeanne d'Arc à la procession solennelle du 8 mai à Orléans, depuis 1725 jusqu'en 1830, soit, 105 ans, mais il est plus que probable que l'usage de faire représenter Jeanne d'Arc par un jeune garçon est antérieur

Le porte-étendard de Jeanne d'Arc.

à cette date de 1725; seulement les comptes de la ville n'en font mention qu'à cette époque.

Ce qui autorise cette présomption, c'est qu'en 1532, à la fête annuelle de Jeanne d'Arc, se trouvait un valet de ville habillé comme le fut depuis le petit porte-étendard lequel portait la bannière. Son costume était d'étoffe et de forme semblables à celles que nous présente notre poupée.

François de Saint-Mesmin, receveur des deniers de la commune, est chargé par les échevins d'Orléans de payer « LXII sols pour deux aulnes et demie de satin de Bruges jaulne et rouge à raison de XXV sols l'aulne, employés à faire un pourpoint à Philippe Villeret, serviteur de l'Ostel (hôtel) de la ville pour le jour de la feste des Thourelles du 8 mai de cette année, Item, par le même, payé XV sols, pour une aulne de doublure rouge pour doubler ledit pourpoint. Item, payé XVII sols VI deniers pour la façon des dits georget et pourpoint, donnés au couturier (tailleur). Item, payé XXX sols, pour achat d'une toque rouge et d'un plumet blanc, pour être baillés à Philippe Villeret, serviteur de l'Ostel de Ville. Item payé XXX sols pour une paire de chausses (souliers) de drap blanc à bords ronds, pour Villeret, qui portait la bannière à la dicte fête des Thourelles d'aujourd'hui. »

L'ABBESSE D'ÉPINAL

Vous lirez tout à l'heure la description curieuse des efforts que fit Mlle Laurain, directrice de l'École normale d'Épinal, pour reconstituer très parfaitement ce costume qui n'existe plus, la Révolution de 1789 ayant emporté dans sa tourmente toutes les abbayes de France.

Les abbayes dérivaient d'anciens couvents, celle d'Épinal remontait à Thierry Ier évêque de Metz.

Les chanoinesses qui en faisaient partie devaient être de noblesse d'épée très ancienne; certaines abbesses étaient princesses du sang.

Ces nobles dames ne dépendaient que du roi, de l'empereur et du pape; elles rendaient la justice sur leurs terres. Souvent, l'humeur guerroyante de leurs ancêtres eut à se manifester, quand elles durent défendre leurs droits et leurs privilèges attaqués.

Elles vivaient, autour de l'abbaye, chacune dans une maison. C'était comme un cloître ouvert. Elles étaient libres de sortir, de recevoir, de donner des fêtes.

Les abbesses devaient à cette liberté une générosité de manières dont profitait leur entourage.

Près du chapitre d'Épinal, qui comptait une vingtaine de religieuses, se trouvait le célèbre et riche chapitre de Remiremont qui en comptait soixante-douze. Ces nobles dames étaient sœurs par le costume et par les sentiments.

Un jour, il arriva ceci :

Les villages dépendant de l'abbaye de Remiremont devaient, selon la coutume, le lundi de la Pentecôte, faire hommage,

L'abbesse d'Épinal.

en procession solennelle, de rameaux fleuris, aux chants mille fois redits des kyriolés (sortes de *Kyrie Eleison*). Mais, une année, la veille de la procession, pendant la messe, un grand feu éclata, tous les paysans coururent éteindre l'incendie, et la nuit arriva sans qu'ils eussent trouvé le loisir de faire leur cueillette printanière. L'abbesse d'Épinal, ayant appris cette déconvenue, en avisa ses chanoinesses, qui après les vèpres, se répandirent dans la campagne et firent ample moisson de gerbes fleuries qu'elles firent porter dans des charrettes, au petit jour, devant les portes des paysans de l'abbaye de Remiremont, endormis encore par la grande fatigue du jour précédent.

À leur réveil, comme les enfants au matin de Noël, ils crurent à un miracle du ciel.

Village par village, suivant la coutume, bannière en tête, les paysans se groupèrent. L'abbesse de Remiremont, assise sur son trône, sous un superbe dais, les attendait, tenant sa crosse d'or enrichie de pierreries.

Près d'elle se tenaient les dames dignitaires, les secrètes, le chœur des chanoinesses, des officiers et des autorités de la ville.

Les villageois de Saint-Étienne commencèrent le défilé ; ils disparaissaient sous des branches de cerisier fleuries. Ceux de Saint-Nabord les suivaient avec des rameaux de roses de haies, petites églantines légèrement rosées. Raon agitait des grappes de genêt doré. Dommartin répandait en marchant les senteurs âcres des genévriers épineux. Saulxures-sur-Moselotte venait ensuite avec des branches de saule. Enfin Vagney parfumait l'air des senteurs miellées de ses thyrses de sureau.

Toutes les poitrines chantaient à tue-tête les kyriolés destinés à attirer les bénédictions de Dieu sur tout le chapitre, sur le duc de Lorraine et sur les pays environnants.

Jamais les chants n'avaient été enlevés avec tant d'ardeur.

Ces kyriolés se répétaient à l'infini par ces robustes paysans, tout émus de la surprise qu'ils avaient eue à leur réveil.

On devine l'impression profonde que produisaient sur l'assistance ces cris de prières répétés.

Cependant, un village, le plus éloigné de Remiremont, manquait à l'appel, celui de Saint-Maurice, au pied du Ballon d'Alsace.

Tout d'un coup, on aperçut au loin sa bannière qui brillait au soleil.

La redevance de ce village était assez singulière : au lieu de fleurs, il faisait don de quelques poignées de neige placée entre des morceaux d'écorce et qu'on déposait devant l'abbesse et la doyenne.

Les chants éclatèrent plus vibrants encore.

Ces fleurs et cette neige au pied de l'autel, c'était assurément un symbole gracieux du printemps succédant à l'hiver. La fête se terminait par des danses.

Voici pour la reconstitution du costume ce que dit Mlle Laurain :

« La précision des textes imprimés ou manuscrits ne nous a pas manqué. Elle est si grande qu'il nous a paru possible de reconstituer le costume de l'abbesse du chapitre d'Épinal comme il était sous Louis XV, c'est-à-dire à l'époque où le royaume de Lorraine venait d'être incorporé au royaume de France.

« Le premier est le principal des documents écrits qui nous ont servi est le *Dispositif de l'arrêt du Conseil d'État de Sa Majesté le roi de Pologne, duc de Lorraine et de Bar, faisant règlement pour l'insigne chapitre d'Épinal*, rendu le 20 janvier 1761.

« Nous avons aussi consulté avec profit :

« 1° *Histoire ecclésiastique et civile de Lorraine*, par Dom Calmet, édition de 1757, tome VII ;

« 2° *Histoire des ordres religieux*, par le Père Helyot, édition de 1721, tome VI ;

« 3° *Gallia christiana*, tome XIII, collection 1471 ;

« 4° *Chapitres nobles de Lorraine*, par Félix de Salles, 1888.

« Dans ces divers ouvrages, nous avons trouvé tous les documents qui nous étaient nécessaires pour couvrir notre abbesse de ses ornements ecclésiastiques :

« 1° *Le Manteau*. Le règlement de 1761, article 205, dit : « Porteront les dames chanoinesses, pour habit d'église, un grand manteau à queue traînante de laine noire, avec un collet d'hermine, et bordé des deux côtés d'hermine par devant. Celui de la dame abbesse sera d'une hermine mouchetée. »

« Il n'y a là aucune indécision. Il ne nous restait qu'à chercher la coupe de ce manteau. Nous l'avons trouvée à la planche II de l'*Art du Tailleur*, par de Garsault;

« 2° *L'Aumusse*. L'article 206 est ainsi rédigé : « Les dames porteront au chœur, les jours de fêtes et de dimanche, aux processions et à toutes autres cérémonies, une aumusse d'hermine mouchetée. »

« L'aumusse consistait jadis en une pièce de drap ou de velours, oblongue et fourrée. A l'une des extrémités, on avait ramené l'un contre l'autre les deux coins, d'où résultait une poche pointue. On mettait cette poche sur la tête, le reste de l'étoffe pendant sur le dos. Lorsqu'on ôtait son aumusse, on la mettait sur un bras, la fourrure en dehors.

« Cette coiffure resta affectée, dit Quicherat, exclusivement aux chanoinesses des chapitres séculiers. Dans la suite, elle ne fut plus qu'un ornement porté par elles sur le bras. C'étaient les pelletiers-fourreurs qui les faisaient;

« 3° *Le Couvre-chef*. La dame abbesse et les autres dames dignitaires portaient au chœur et dans les cérémonies, pour couvre-chef, une espèce de mante de toile de quintin, couverte d'étamine noire, attachée derrière la tête et descendant jusqu'à terre, et une grande coiffe de taffetas tombant sur les épaules (art. 207).

« Nous avons vu des mantes se rapportant à cette description dans Hélyot. La coupe ne présentait aucune difficulté. Il nous restait à choisir celle de la coiffe. Nous avons adopté la forme décrite par de Garsault dans l'*Art de la Lingère*, page 13 et planche 11.

« 4° *Insignes de la dignité abbatiale*. Au chœur, l'abbesse portait sur sa poitrine une croix d'or. Dans les cérémonies publiques, elle était accompagnée d'un gentilhomme qui lui donnait la main, suivie d'une demoiselle qui portait sa queue, et précédée d'un jeune clerc qui portait la crosse (art. 399). Mais dans quelques cérémonies religieuses, elle tenait sa crosse à la main. Cela nous a paru suffisant pour que notre abbesse, bien qu'isolée, fût représentée avec le signe le plus important de sa dignité. Pour la tête de cette crosse nous avons tâché d'imiter celle qui se voit dans le sceau particulier de la comtesse de Gourcy, dernière abbesse du chapitre d'Épinal, conservé dans la bibliothèque de la ville;

« 5° *Décoration*. Charlotte de Lenoncourt, abbesse d'Épinal, de 1645 à 1698 institua dans son abbaye une espèce d'ordre de chevalerie qui fut confirmé par le pape (Dom Calmet). Cette décoration consistait en un large ruban bleu, allant de l'épaule droite à la hanche gauche, et auquel était suspendue une croix d'or, à pointes, en forme de croix de Malte, ayant d'un côté l'image de la Sainte Vierge et de l'autre, celle de saint Goëry (*Règ.*, art. 211). Cette décoration, dit le Père Hélyot (*Hist. eccl.*, t. VI, p. 422), était portée par l'abbesse et les autres chanoinesses en tous temps et en tous lieux.

« Sous les ornements que nous venons de décrire, les chanoinesses, au chœur, étaient tenues d'être toujours habillées de noir. Partout ailleurs, elles s'habillaient à leur convenance, mais il leur était prescrit de ne porter que des costumes modestes et de se tenir dans l'état décent et convenable à des dames d'Église (art. 209). »

LE CHOUAN GROSSE-TÊTE

Moustache, Tranche-Montagne, Main-de-Fer, Danse-à-l'Ombre, Jambe-d'Argent, Cœur-d'Acier, etc., sont des surnoms que se donnaient les chouans entre eux ; le nôtre, c'est Grosse-Tête.

Il arriva au Musée pédagogique un jeudi d'avril 1905, répondant ainsi, un des premiers, à l'appel adressé par un arrêté ministériel, en février, à toutes les directrices d'écoles normales pour obtenir de leurs élèves des travaux de couture et de nouvelles poupées, destinés à renouveler et compléter les collections du Musée.

Chezeaud, le garçon de la bibliothèque, décloua la caisse soigneusement, il enleva les copeaux d'emballage et l'ouate qui entouraient la poupée et il sortit le petit personnage, tel que vous le voyez ici.

Grosse-Tête tenait un papier qu'il nous présenta.

Voici ce passeport original sur lequel était apposé le timbre de l'école :

« Chouan authentique, d'après les archives de Laval.

« Veste courte, d'où le nom mayennais *basvestiers* et en patois *baveziers*.

« Au revers, cœur en broderie calqué sur celui du fameux Chouan Jambe-d'Argent que nous possédons ici.

« Dans la main droite, la fameuse *ferte*.

« Guêtres et souliers ferrés.

« Un grand chapeau en feutre gris recouvre un bonnet en laine.

« Mme Peltier,
« Directrice de l'École normale d'institutrices de Laval. »

Je lisais à haute voix ce signalement à mon lieutenant fidèle, bien connu des visiteurs du Musée, Maria Duhamel, quand Grosse-Tête ajouta :

« Il est bon de dire que j'ai le corps entouré d'une haute ceinture blanche, que je porte un gilet à revers orné de gros boutons. Il me manque, il est vrai, un chapelet au cou, vous m'en ferez bien cadeau d'un, n'est-ce pas, vous êtes si scrupuleuse pour l'exactitude des costumes de vos poupées. »

Grosse-Tête parlait familièrement.

« Oh ! certes, mon joli ami, mais à une condition, puisque vous savez parler, il faut nous conter vos impressions depuis le moment où vous êtes entré dans le monde jusqu'aujourd'hui. »

Grosse-Tête plastronna; comme dit le poète Rostand, c'est-à-dire qu'il bomba sa poitrine pour se donner l'air très important, il voulut tendre le jarret droit, mais... il était déjà fixé sur un support de fer, il se contenta d'avancer sa ferte, c'est-à-dire son long bâton, et d'ouvrir sa main gauche, la paume tournée vers nous, ce qui est un signe de franchise.

Sa moustache monta d'un côté, descendit de l'autre, et il commença :

« Moi, poupée, j'ai été achetée dans le plus grand magasin de Laval, par Mme l'Économe de l'école, pour être habillée en Lavalloise de la vieille ville, car Laval est partagée en deux par la Mayenne.

« Les jeunes filles étaient réunies dans le jardin de l'école avec la directrice quand je fis mon entrée.

Le Chouan Grosse-Tête.

« Toutes voulurent me voir, me complimenter, mes boucles les charmèrent, on me trouva des yeux superbes.

« A ce moment, j'étais encore un bébé portant une simple

chemise ornée de dentelle à l'encolure et de trois nœuds du rose le plus tendre.

« Ces demoiselles discutèrent la toilette que je devais porter, la couleur de ma robe, l'étoffe, la forme de mon tablier, on demanda qui ferait la chose la plus difficile, mais la plus importante d'une toilette paysanne, c'est-à-dire la coiffe.

« Mais, s'écria tout d'un coup une brunette qui tenait en main le septième volume de *la Révolution* de Thiers, si nous habillions cette poupée avec un costume historique? Il y a beaucoup de poupées paysannes au Musée, que dites-vous de cela?

« — L'idée est à creuser, répondirent les autres. Laval a déjà fourni un Ambroise Paré qui est toujours en honneur, à côté de Louise de Lorraine.

« — Oui, je me rappelle l'avoir vu, dit une mignonne, on lui a mis un scalpel nu à sa ceinture en guise de poignard.

« — Naïf, fit une écolière rieuse, mais est-ce bien un scalpel? c'est à vérifier.

« — Écoutez, fit une grande blonde, enveloppée d'un tablier noir de laine d'où n'émergeait rien de blanc, sinon un long cou taillé comme dans du marbre de Paros, si nous faisions pour la poupée un costume pittoresque, celui d'un chouan, puisque la chouannerie est née ici, ce chouan pourrait être Grosse-Tête qui fut de ma famille et qui mourut aux côtés du prince de Talmont?

« — Ah! firent les jeunes filles.

« — Attendez la fin. Grosse-Tête eut le bonheur, dans cette guerre terrible, de ne jamais tuer personne. C'était une sorte d'infirmier, soignant les blessés qu'il ramassait dans les fourrés, qu'il cachait ensuite dans des *carnichots*, il ensevelissait les morts, il consolait les mourants. C'était un saint!

« — Est-ce que Grosse-Tête n'était pas un cousin des frères

Cottereau, de ceux qui créèrent la chouannerie dans le Bas-Maine pour défendre la royauté contre la République naissante?

« — Non, Grosse-Tête était simplement du même pays qu'eux, il n'avait aucune initiative guerrière, seulement il avait la passion de se dévouer à ses compagnons, il savait découvrir les terrriers où, comme des bêtes fauves, les chouans pouvaient se cacher. Il montrait aux femmes le chemin lorsqu'elles venaient apporter à manger à ces hommes qui vivaient dans leurs repaires, guettant l'ennemi comme les fourmis-lions, au fond de leur entonnoir.

« — Les fourmis-lions interrogea une jeune fille de première année. C'est un joli nom! Que désignez-vous ainsi?

« — Comment, vous ne le connaissez pas? riposta une scientifique. Le fourmi-lion est un insecte qui, à l'état de larve, creuse dans le sable un entonnoir sur le bord duquel tombent les insectes imprudents attendus par lui avec une patience inlassable.

« — Ah! mais alors ce n'est pas pour rien qu'on appelle cette bête guerrière fourmi-lion, elle a du lion toute la noblesse, son guet-apens est à ciel ouvert, tandis que les chouans avaient leurs repaires à ciel caché, c'étaient plutôt des taupinières humaines, invisibles, cachées sous des feuilles, sans lumière et sans air. »

« L'heure de rentrer à l'étude était sonnée, la conversation des jeunes normaliennes s'arrêta net pour être reprise plus tard, à l'heure de la couture.

« Finalement, il avait été décidé en grand conciliabule que je serais Grosse-Tête. Le portrait des chouans avait été tracé par Victor Hugo : « Tous avaient de grands feutres ou des bonnets bruns avec des cocardes blanches, une profusion de rosaires et d'amulettes, de larges culottes ouvertes au genou, des casaques de poil, des guêtres de cuir, le jarret nu, les cheveux longs, quelques-uns l'air féroce, tous l'œil naïf. »

« L'œil naïf, c'était bien mon cas. Mais les jeunes normaliennes voulurent être mieux renseignées encore sur le costume que je devais porter, elles allèrent avec la maîtresse de couture au Musée de Laval.

« On prit des croquis, des notes, on feuilleta les archives, puis on acheta dans la ville les étoffes nécessaires pour édifier mon costume. Dans les villes de province on peut trouver des étoffes dont l'usage n'est plus courant, c'est un grand avantage, les magasins se transmettent de père en fils; ce n'est pas comme à Paris où votre Bon Marché, votre Louvre, votre Printemps liquident toujours les marchandises dont la vogue est passée.

« Enfin, à l'heure réglementaire de la couture, on me prit des mesures, on me fit tendre le bras, le replier, on mesura le contour de ma taille, de ma poitrine, de mon mollet, la hauteur de mes jambes, puis des dessins géométriques commencèrent sur le tableau noir, sur du papier réglé. Ce fut très long et très monotone, la coupe de mes habits commença, on me les essaya, les coutures suivirent.

« Pendant ce temps, quoiqu'elle fût souvent interrompue par la nécessité du travail, une normalienne lisait le roman épique *Quatre-vingt-treize* de Victor Hugo.

« Je serais mort de peur, s'il n'y avait eu les passages si jolis où le poète raconte l'histoire des trois petits enfants enfermés dans le haut de la tour de la Tourgue assiégée, alors qu'ils s'y reveillèrent. Quelle éclaircie délicieuse au milieu de ce sombre drame !

« Mon costume achevé, je fus trouvé à souhait, je voulus essayer de lancer quelques cris de chat-huant, ces *hou hou* qui donnent, le soir, lorsqu'on les entend à la campagne, envie de se signer, et que lançaient les chouans, d'où leur nom, pour s'appeler entre eux, mais je ne pus le faire, une poupée est un mannequin pacifique que ne peut trahir aucun cri de guerre.

« Je ne suis pas trop farouche; pour tenir ma ferte, il a fallu me l'assujettir à la main avec une courroie.

«Enfin, me voilà au Musée. Puissé-je ne pas effrayer toutes les paysannes qui sont ici, ajouta Grosse-Tête avec malice.

— Oh! fit mon lieutenant, les paysannes du Musée sont filles de France, elles n'ont pas froid aux yeux, n'ayez crainte, Grosse-Tête, elles ne les baisseront pas devant vous, et pour cause.

— Allons, tenez-vous bien, qu'on vous place dans une vitrine. »

A côté des fines Berrichonnes, Grosse-Tête faisait trop un effet de matamore; on le mit à côté d'une forte Angevine très aimable, presque une compatriote.

Grosse-Tête, sans doute, lui redit sa petite et grande histoire car l'Angevine m'a semblé très attentive à l'écouter.

POUPÉE DITE « LA REINE AMÉLIE »

Cette poupée est dite la *Reine Marie-Amélie* parce qu'elle est vêtue comme les femmes élégantes de l'époque où vivait cette reine femme de Louis Philippe.

Elle est grande, blonde, a des cheveux nattés qui s'enroulent de chaque côté de la figure qui est en cire. Sa robe, ample jupe, est ornée de trois volants découpés, elle est en soie, à carreaux irréguliers bleus et blancs. La taille est couverte d'un mantelet léger en tulle point d'esprit, à deux volants, dont les ourlets sont doublés d'un ruban bleu.

Le chapeau cabriolet porte sur la coiffe le nom de Mme Foissy, la grande modiste d'alors, rue de l'Université, il est en paille de riz, à bavolet, garni sur le côté d'un bouquet de fleurs roses. A l'intérieur, un tour de tête en blonde encadre le visage, il est orné d'un petit nœud de velours et de deux petits bouquets; les brides sont blanches et forment un large nœud.

C'est M. Lavaud, avocat à la Cour d'appel de Paris, qui, après la mort de sa mère, ayant trouvé cette exquise poupée, en a fait don au Musée pédagogique. Ni lui, ni sa sœur ne la connaissaient.

Pourquoi cette poupée mignonne avait-elle été ainsi conservée loin de tous les regards?

Ce qui est certain c'est qu'elle est restée d'une fraîcheur

La poupée dite « la Reine-Amélie ».

remarquable, brillante comme il y a soixante ans lorsqu'elle sortait des mains des bonnes faiseuses, et que l'on ne peut la regarder sans être ému.

Si l'histoire de cette poupée reste un mystère, il n'en est

pas de même de toutes ses compagnes, toutes ont des papiers de famille, classés dans de petits registres, fort curieux à constater.

Vous allez en juger dans ce volume où nous avons recueilli les mémoires les plus intéressants de ces petites personnes.

FRANCE

II

POUPÉES PAYSANNES

UNE ALSACIENNE DE BELFORT

Deux jeunes gens se fiancèrent en janvier de l'année terrible ; la jeune fille, Marguerite, était de Belfort et le jeune homme, Fritz, de Schlestadt, près Sainte-Marie-aux-Mines.

Fritz, de son métier, était ébéniste d'art.

Or, la coutume alsacienne veut que le commerçant qui fournit le mobilier aux mariés ajoute en présent, à la commande, une petite commode de poupée.

C'est une sorte de coffre de mariage où la jeune mariée serrera ses bijoux, ses dentelles, des portraits et souvent son livre de prières.

Le patron de Fritz était des plus habiles, il voulut montrer à son ouvrier toute son estime et fit construire un meuble ravissant.

La petite commode était en thuya, incrustée sur le dessus d'une étoile à quinze branches en bois de cerisier, entourée d'une guirlande de feuilles de chêne en joli frêne rayé ; elle comportait trois tiroirs dont les fermetures mignonnes étaient en cuivre ciselé. Le tiroir du haut, légèrement bombé, s'appuyait à ses extrémités sur deux fines colonnettes en sycomore. Marguerite fut ravie lorsqu'elle reçut ce bijou d'ébénisterie.

L'intérieur en fut, par ses soins, garni de soie piquée d'un vieux rose délicieux, provenant d'un tablier d'aïeule.

Elle disposa dans le tiroir du bas ses souvenirs d'enfants, puis dans le second tiroir elle déposa, sur un oreiller de dentelle, sa chère poupée qui était vêtue comme notre image : jupe verte, couleur adoptée par les protestantes (le rouge est réservé aux catholiques), fichu brodé aux soies de couleurs, guimpe blanche ornée de valenciennes à mailles carrées, nœud alsacien attaché à son petit bonnet de velours brodé de cannetille d'or et de paillettes.

Marguerite embrassa la poupée, la remerciant de toutes les joies enfantines qu'elle lui avait dues, elle la couvrit d'un sachet de papier rose dans lequel elle avait semé des grains de camphre.

Le dernier tiroir, celui du haut, resta vide, elle sourit ; c'était là qu'elle placerait ses cadeaux de noces.

Marguerite et son mari devaient habiter Schlestadt où Fritz avait son travail.

Le mariage fut célébré avec grande pompe. Il y eut soixante personnes, toutes joyeuses, qui ne se doutaient guère que le malheur planait sur elles, malheur effroyable qui les frapperait dans leurs amitiés de famille, de foyer et de patrie.

La lune de miel des jeunes époux dura à peine quelques jours ; la guerre éclata, le jeune Fritz dut partir, laissant Marguerite à Belfort, chez ses parents.

Fritz et Marguerite avaient à la hâte fermé leur maison à Schlestadt, couvrant tout d'étoffe et de papier.

Mais la jeune femme avait plus précieusement encore protégé sa petite commode, à cause de sa poupée. Elle mit dans le tiroir libre sa pièce de mariage, quelques fleurs séchées de son bouquet de mariée, et encore mille riens auxquels elle tenait. Elle enveloppa le meuble précieux dans un morceau de molleton épais, elle l'entoura de paille et de papier et le cacha dans la cave au milieu de bouteilles vides.

Hélas! les journées de deuil commencèrent. Enfermée dans

Alsacienne de Belfort.

Belfort assiégé, Marguerite restait sans nouvelles de son cher Fritz. L'hiver était affreux, il ajoutait sa note de souffrances physiques à toutes les douleurs dont chacun avait sa part.

Fritz, avait été pris dans le désastre de Sedan, mais il avait profité du désarroi général qui régnait alors pour se sauver, non vers Belfort, mais où il y avait à combattre, il avait rejoint le général Vinoy et avait fait partie des soldats qui accomplirent la belle retraite vers Paris.

Fritz fut donc un témoin actif du grand siège.

A la sortie de l'Hay où périt le commandant héroïque Christiani de Ravaran, il fut blessé et transporté dans une ambulance particulière, rue du Cherche-Midi.

. . . .

Enfin Belfort ayant recouvré sa liberté après Paris, Fritz, guéri, revint près de sa femme.

Tous deux étaient bien changés. Ils ne pouvaient retourner à Schlestadt, ils ne voulaient pas y retourner, le patron de Fritz était mort à Sedan et leur maison avait été brûlée.

Ils restèrent à Belfort.

Quelques années s'écoulèrent, la famille s'était augmentée d'une jolie petite fille qui avait environ cinq ans.

Un dimanche que Marguerite, Fritz et la petite Jeanne se trouvaient à Saint-Dié chez les grands-parents de Fritz, la petite fille réclama une poupée.

Il prit alors à Marguerite le désir fou de partir à Schlestadt à la recherche de la sienne; elle communiqua son idée à Fritz qui l'accepta de suite.

Il était huit heures du matin, on laissa l'enfant aux soins des grands-parents.

On embrassa la petite Jeanne en lui disant : « Nous allons te chercher une poupée » et à neuf heures, tous deux étant prêts, arrivèrent à la place où stationnait la diligence qui va de Saint-Dié à Sainte-Marie-aux-Mines. Ici je laisse la parole à Marguerite qui a écrit son curieux pèlerinage.

« A cette époque, il fallait pour entrer en Allemagne un passeport, les Allemands étaient très sévères, à la moindre infraction ils emprisonnaient les femmes et envoyaient les hommes dans une forteresse.

« Nous n'avions aucun papier, nous avions été pris du désir subit de revoir les ruines de notre maison et nous étions partis sans accomplir cette formalité qui aurait demandé un ou deux mois.

« Nous étions entrés dans la diligence sans souffler mot au conducteur de notre absence de passeport, nous craignions qu'il ne voulût pas de nous. Pourtant, à moitié route, nous parlons de cela aux personnes qui se trouvaient avec nous. Consternation générale. « Jamais, nous fut-il répondu, vous ne passerez, les Allemands sont terribles, vous n'êtes pas, non plus, habillés comme les gens d'ici, parlez au conducteur, c'est un bon Français, il vous donnera un conseil. »

« Notre homme, mis au courant, nous dit : « Nous allons tâcher de vous faire passer tout de même. Vous, madame, enlevez votre chapeau, mettez un fichu sur votre tête, monsieur s'achètera une casquette et une pipe. Lorsque vous arriverez sur les hauteurs de Vas-de-Ville, vous laisserez votre valise et vos chapeaux dans ma voiture, je vous procurerai un petit garçon qui vous conduira en promeneurs à travers la forêt jusqu'à Sainte-Marie-aux-Mines où vous retrouverez vos affaires à l'hôtel où je m'arrête, si vous avez la chance de parvenir jusque-là sans encombre. Sinon je reprendrai vos colis à mon départ du soir et je les mettrai à la consigne du chemin de fer de Saint-Dié. »

« Le petit garçon choisi était très gentil et parlait l'alsacien aussi bien que le français. Ce que nous appelons l'alsacien, c'est le patois, un mélange d'allemand et de français.

« Tu veux bien nous montrer le chemin à travers la forêt? lui dit mon mari.

« — Oui, monsieur, mais c'est l'heure de garde du grand

rouge, et s'il nous voit, nous risquons d'être arrêtés, c'est lui le plus méchant.

« — Qui est-ce grand rouge ?

« — C'est le gendarme.

« — Allons partons. Et à la grâce de Dieu ! »

« Nous entrâmes dans la forêt de sapins dont la terre était couverte d'un tapis de neige, mais comme c'était la fin d'avril, le soleil avait fondu la neige par place, et des pâquerettes et des violettes sortaient leurs petites têtes de la verdure. Au bout d'une demi-heure de marche, à un tournant nous aperçûmes, assis sur une roche, le fameux gendarme rouge qui fumait une énorme pipe en porcelaine blanche. Le pauvre gamin s'arrêta court.

« Il faut nous en aller, madame, sans cela il nous arrêtera.

« — Non, lui dis-je, marche nous allons rire et causer en alsacien. »

« Justement à quelques pas du gendarme rouge, en plein soleil, il y avait des fleurettes, je dis à mon mari :

« Continue à marcher avec le petit, moi, tout en chantonnant, j'irai cueillir les fleurs. »

« C'est ce que je fis, et cet homme que l'on disait si terrible me regarda souriant en touchant sa casquette pour me faire un salut.

« Le danger était passé et nous arrivâmes sans difficulté à l'hôtel de Sainte-Marie-aux-Mines à l'ébahissement de nos voisins de la diligence.

« Nous étions très fiers d'avoir passé au nez et à la barbe du grand rouge sans passeport.

« Nous déjeunâmes avec notre petit guide, qui, bien réconforté, bien payé, retourna en France.

« Il s'agissait ensuite d'arriver à Schlestadt à la recherche des ruines de notre maison.

« Elle était située dans la Bornert-Gasse. Elle avait été une de ces maisons anciennes au toit pointu, haute de deux étages, ayant un auvent sous lequel les enfants venaient jouer les jours de pluie. La boutique du menuisier-ébéniste se trouvait dans le renfoncement, et sous la boutique était la cave où j'avais enterré ma petite commode. En plus des souvenirs qu'elle contenait, il y en avait un qui me tenait particulièrement au cœur depuis la guerre, c'était le plus beau des rubans que m'avait donnés mon mari quand il n'était que mon fiancé et qui provenait de son tirage au sort.

« L'habitude en Alsace est que lorsqu'une jeune fille est fiancée à l'époque du tirage au sort, son fiancé lui donne les rubans dont il est couvert pour fêter ce jour.

« C'est avec le plus beau et le plus large que les filles font le nœud qui orne leur tête, il est toujours de couleur claire avec des fleurs variées brochées dans la soie.

« Le nœud des paysannes, celui de tous les jours, est noir ; elles le portent aussi bien aux champs qu'à la maison, et même elles le gardent sous les paniers ou les baquets à eau qu'elles portent sur leur tête.

« Hélas ! qu'elles nous parurent tristes les ruines de la maison où nous avions vécu nos premiers jours de mariage.

« Elle avait été brûlée et n'avait pas été reconstruite ; cependant notre cave était pavée avec de gros silex, ma petite commode avait été bien cachée, le feu n'avait pas dû aller jusqu'aux profondeurs de la maison.

« Avec l'aide de quelques vieux voisins qui nous avaient reconnus et qui pleuraient de joie de nous revoir, nous traversâmes les décombres tout couverts d'herbes folles et d'orties.

« Nous trouvâmes presque intact l'escalier solide de la cave.

« Dans l'endroit où j'avais mis ma commode, il y avait un amoncellement de verres brisés. Doucement avec des pincettes et une pelle, nous détournâmes ces débris de bouteilles recouverts de poussière.

« Et alors nous vîmes le paquet où était ma commode. Mon cœur sautait dans ma poitrine, les vieux amis et mon mari suspendaient leurs conversations.

« Je revis alors la belle étoile dont le dessus du meuble était orné. Qu'elle me parut jolie, ma petite commode ; mais je n'avais pas de clé pour l'ouvrir.

« On apporta un trousseau de petites clés, et enfin, après quelques essais, au grand jour j'ouvris le tiroir où était ma poupée, ma petite Alsacienne. Une larme coula de mes yeux, que je dissimulai.

« Au milieu de toutes les horreurs de la guerre, six ans après, elle avait gardé son sourire !

« De retour à Saint-Dié, je la mis dans les bras de notre fillette qui la couvrit de baisers.

« Aujourd'hui, à Belfort, le ruban de conscrit de mon mari est placé comme un nœud alsacien au-dessus d'une grande carte de France, et ses bouts flottants tombent comme exprès sur la tache noire du pays qui nous fut enlevé. »

LA FLEURIOTTE

Toquat est le nom de la coiffure élevée que porte cette petite poupée champenoise. C'est un reste de la *fontange* créée vers la fin du xvii° siècle. L'histoire de cette coiffure est bien amusante. Un jour de chasse royale, Mlle de Fontanges, ayant été décoiffée par le vent, noua ses cheveux avec un ruban dont un bout retombait sur le front. Louis XIV trouva cette invention charmante; les dames de la Cour l'imitèrent, joignirent au ruban un nœud de dentelle, puis enfin portèrent un bonnet garni d'une haute passe façonnée en rayons qui dardaient le ciel! On appela le ruban, puis ensuite la coiffure, une *fontange*.

Pour garnir le frontispice de la coiffure, les cheveux furent amoncelés en boucles, en tortillons, en tresses de toutes sortes, désignés par des noms pittoresques si nombreux que l'on pourrait, dit Quicherat, en composer un dictionnaire.

Il y eut les *choux* ou cheveux noués en paquet; les *tignons* ou torsades contournées en divers replis; la *passagère*, touffe bouclée près des tempes; la *favorite*, touffe pendant sur la joue; les *cruches*, petites boucles sur le front; les *confidentes*, autres petites boucles près des oreilles; les *crève-cœurs* plaqués sur la nuque; les *bergers*, boucles tournées en haut avec une houppe; les *meurtriers*, les *souris*, la *duchesse*, assortiments de menus rubans pour lier ces diverses boucles; les *firmaments*, *papillons*, etc.

Le fond du bonnet s'appelait *culbute*.

Pendant trente années que la mode des fontanges dura, les femmes courbèrent la tête en passant sous les portes. Le roi, devenu vieux, se repentit d'avoir jadis approuvé cette mode qui amenait de telles folies dans sa maison, mais il ne put obtenir l'abandon des hautes coiffures.

Ce n'est qu'en 1714, un an avant la mort de Louis XIV, qu'une dame anglaise, étant venue à la Cour avec une coiffure basse, fit tomber comme par miracle tous les édifices de cheveux portés par les dames d'alors.

A Troyes, la fontange, devenue le *toquat*, rappelle une histoire bien triste, du commencement du siècle qui vient de s'achever. Un littérateur délicat[1], né dans cette ville même, a relaté les péripéties de cette cause célèbre dans un roman qui porte en titre : *la Fleuriotte*.

D'autres artistes ont écrit l'histoire touchante des nobles femmes qui moururent sur l'échafaud pendant la Révolution : il était juste qu'un homme de talent notât le martyre d'une humble fille du peuple qui mourut victime de la justice de ce temps.

Petite fille de nobles émigrés, mais abandonnée sans nom, à son entrée dans la vie, elle fut élevée aux Enfants trouvés. Puis, lorsqu'elle fut en âge, on la plaça chez une fermière dont l'âme féroce décelait les plus mauvaises passions.

La pauvre servante champenoise était simple d'esprit, à force d'être douce et sans méfiance d'autrui, mais elle était d'une beauté idéale : son doux visage rappelait les vierges de Raphaël. Elle avait le goût de la beauté et elle se com-

---

[1]. Louis Ulbach, né à Troyes en 1822.

plaisait sans malice à disposer sur sa jolie tête le bonnet

La Fleuriotte.

aux étages de dentelles, à la mode d'alors et qui couronnait si bien d'une auréole sa figure de madone.

La méchante maîtresse avait à payer la location de sa ferme et n'avait point d'argent; elle avait à venger aussi le dédain d'un brave soldat qui avait refusé de l'épouser et lui préférait sa servante.

Elle inventa l'horrible stratagème de mettre elle-même le feu à la ferme, et de disposer toutes les preuves de ce forfait contre son innocente domestique.

La pauvre fille apprit par la fermière que le brave soldat voulait l'épouser. Elle était si modeste qu'elle eut un éblouissement de bonheur.

Aurait-elle jamais pu croire que quelqu'un songerait à elle?

Mais en même temps la mégère lui insinua que c'était cet homme qui avait mis le feu à la ferme et que si, elle, la servante, ne se sacrifiait pas pour le sauver, c'est lui qui serait condamné.

Sur cette idée généreuse la pauvre fille donna sa vie.

Le peuple était très sympathique à cette belle jeune fille; il l'appelait le *beau toquat*, et le nom est resté à cette douloureuse histoire.

Le toquat joue un rôle important dans l'affaire. La pauvre victime ne peut s'en séparer, elle le protège pour qu'il demeure intact afin de pouvoir le mettre aux assises, elle y ajoute une idée de dignité. Elle est si pure, elle craint si peu la mort qu'elle se plaît à parer sa tête, cette tête idéalement belle que le couperet du bourreau dut cependant abattre.

Quant au brave soldat, il découvrit plus tard le sacrifice de celle qu'il affectionnait et toute la méchanceté de la fermière. Un jour, emporté par la colère, il la tua comme un chien, puis, ayant repris du service, il se jeta au fort d'une mêlée et tomba sous les balles ennemies.

LA MEUNIÈRE DU BASSIGNY

Elle est tout à fait gracieuse, la légende de la meunière du Bassigny. Il faut d'abord vous dire que Bassigny est un ancien nom de pays de France, qui désignait une région appartenant aux trois départements limitrophes de la Meuse, de l'Aube et de la Haute-Marne : Vaucouleurs, près de Domrémy, était un lieu important du Bassigny lorrain. Notre histoire s'est-elle passée dans le Bassigny champenois ou le Bassigny lorrain, c'est ce que nous n'avons pu déterminer, mais il serait facile de découvrir la localité exacte.

C'était un lieu accidenté, traversé de nombreux cours d'eau où l'on pouvait pêcher de petites truites. Un moulin de quatre étages, aux épais murs de granit percés tout autour de fenêtres carrées, était placé au plus bas du terrain, à l'endroit le plus propice pour que l'eau abondante et limpide pût en faire tourner les roues multiples. Trois maisons de paysans, disparaissant sous les rosiers et les glycines, peu distantes du moulin; des hauteurs boisées, des prés coupés par des ruisseaux, quelques ponts formés de silex accumulés pour aider au passage des eaux où des canards barbotaient un peu partout, tel était le petit hameau appelé encore, au moment de notre histoire, *le Moulin neuf*, quoiqu'il remontât au moins à quatre générations de meuniers de la même famille.

Le moulin était à meules, vieux système qui tend à disparaître pour faire place aux moulins à cylindres, dont la farine est blanche mais moins riche en gluten. Il était dirigé par une jeune fille de vingt ans, *la jolie meunière* comme on l'appelait. Elle en avait hérité de ses parents, elle le conduisait très bien, aidée par ses propres cousins, deux jeunes gars intelligents.

Un dimanche d'avril de l'année 1833, il faisait un temps affreux amené par la lune rousse. La pluie tombait fine et froide, enveloppant le paysage d'une brume blanchâtre.

Dans un vieux château, à une heure du moulin, il y avait réunion de jeunes gens, comme c'était la coutume, chaque dimanche, après la messe.

Les jeunes filles jouaient du piano, chantaient, dansaient. Il arriva un moment où ils furent las.

Rangés autour de petites tables, dans un salon immense, aux boiseries blanches encadrant de belles tapisseries anciennes, les jeunes gens causaient. La phrase : « Que le temps est triste ! » venait à toute minute scander leur causerie comme « ayez pitié de nous » d'une litanie.

Tout à coup, un jeune homme s'écria :

« Une idée, si nous allions visiter le moulin de la belle meunière, on la dit fort avenante ; savez-vous comment le blé se change en farine? Moi, je l'ignore, nous l'apprendrions.

— Oh ! oui, répondit en chœur toute la société.

— Faites mieux, ajouta la châtelaine qui venait d'entrer dans le salon, emportez d'ici un sac de blé au moulin tout comme nos fermiers. »

Un grand char à bancs fut attelé, on hissa des tabourets et un sac de blé trouvé dans le grenier.

A ce moment, la pluie monotone s'arrêta de tomber et un

La meunière du Bassigny.

pâle soleil, caché par les nuages qui couraient sur le ciel, éclaira un peu l'horizon.

La réunion était charmante; les jeunes filles portaient des robes très courtes, des manches à gigots et des souliers à cothurnes.

La distance du château au moulin parut courte à cette jeunesse qui, au plein air, avait retrouvé sa gaîté.

Le char à bancs arriva, après quelques cahots, dans la cour du moulin où picoraient des mères-poules toutes jeunes, menant devant elles de petits poussins couleur d'or.

La meunière apparut; elle sortait de la vacherie où elle surveillait de jeunes veaux dont la bouche était cachée par un panier.

La jolie apparition! Reportez-vous à notre poupée. La meunière était d'une beauté idéale; ses grands yeux bleus, d'une douceur malicieuse, ne pouvaient vous fixer sans vous émouvoir; sa bouche était une petite cerise.

Se sachant jolie, elle était très simple mais très coquette. Comme c'était un dimanche, elle avait arboré un tablier à soie changeante orné de nœuds de ruban, et mis sa croix en rubis balai, ancien bijou d'une réelle valeur.

Sa grande coiffe blanche plissée, avait été protégée de la pluie par une capeline qu'elle venait d'enlever puisque la pluie avait cessé.

« Nous apportons, dit le porte-parole de la petite caravane, un sac de blé à moudre de suite et nous serions bien aises de visiter votre moulin pendant que notre grain se tranformera en farine. Est-ce possible? »

La meunière sourit, ouvrit le sac qu'un de ses cousins venait de descendre de la carriole, et prit une poignée de blé.

« Le moulin ne peut s'arrêter pour prendre votre grain, fit-elle, mais comme votre blé est de la même qualité que celui qui se travaille, je peux garder le vôtre pour une autre mouture et vous donner la même farine et le même son.

— C'est entendu. »

Les jeunes gens tendirent la main aux jeunes filles qui,

légères comme des gazelles, sautèrent des roues de la carriole sur le marchepied, et du marchepied à terre.

La jolie meunière passa la première pour montrer le chemin.

Les grosses roues tournaient avec bruit, formant un accompagnement sévère au léger gazouillement de la société.

On monta au premier étage du moulin par un escalier à claire-voie très étroit, sans rampe.

Trois paires de meules étaient en action.

« Cette quatrième, sur laquelle un de mes cousins est assis tenant en main une sorte d'outil de sculpteur, dit la meunière, est au rhabillage. »

A ce mot de rhabillage, chacun s'arrêta.

La meunière expliqua que deux roues immenses fort épaisses, ayant leur centre vide, sont toujours posées l'une sur l'autre pour broyer le grain; qu'une de ces meules, celle de dessous, reste immobile, tandis que l'autre tourne sur elle, mais que toutes les deux sont creusées de rayons très fins dont les saillies s'usent par le frottement, ce qui oblige à un certain moment de recreuser des sillons.

« Le rhabillage, fit la meunière, est une opération très longue, difficile, dure, car la pierre à meule, d'un grain très serré, est d'une dureté égale au cristal de roche.

« La première opération à faire subir au grain de blé, c'est de lui faire la barbe. »

Toute la troupe se mit à rire.

« Mais oui, la barbe, ajouta la meunière, le blé a une petite barbe très dure comme pas un de vous ne la porte encore.

— Montrez-nous cela », fit une jeune fille.

La meunière jolie, se prêtant à ce badinage instructif, prit dans sa main quelques grains, chacun, avec des yeux qui n'avaient pas besoin de lunettes ni de loupe, vit au haut de chaque grain de blé un duvet formé de petits poils blancs.

« Et où donc est le barbier?

— Dans ce cylindre. Ce cylindre fait l'office de rasoir, il enlève sur une râpe la barbe du blé et une poussière qui adhère au grain, mais ce n'est pas suffisant, il faut le débarrasser de toutes les graines étrangères qui le salissent.

« Voyez, fit-elle, voici, des graines d'ivraie dont la farine est très dangereuse et donne de l'ivresse, voici encore les graines de nielle à enlever.

— Comment, ce joli œillet violet de nos champ est malfaisant?

— Mais oui; regardez encore ce grain qui s'écrase dans ma main en poussière noire, c'est le charbon qui a pris la place de la farine, voyez aussi ces graines de vesce, de cynoglosse. Il y en a encore bien d'autres, mais montons à l'étage au-dessus, vous verrez le *trieur*. »

La jeune bande commençait fortement à s'intéresser à l'histoire du blé, à la toilette minutieuse qu'il devait subir; elle grimpa lestement le deuxième escalier.

La meunière appela un de ses cousins, qui déboutonna une longue armoire horizontale où le trieur était enfermé.

« Vous êtes vraiment bien aimable, mademoiselle la meunière », dit un jeune homme.

Il fallut quelques efforts pour détourner les grosses vis qui fermaient les volets du trieur.

« Nous nettoyons cela une ou deux fois l'an. »

Un volant de bois fut enlevé, laissant à découvert un cylindre percé de trous.

« Il fait six cents tours à la minute, dit la meunière, et ne garde dans son intérieur que les grains de blé qui ne peuvent traverser les trous du cylindre.

— Je suis intriguée, fit une jeune fille de savoir comment le blé arrive au trieur, car il n'a pas monté l'escalier.

— Pardon, mademoiselle, répondit toujours souriante la belle meunière, regardez. »

Elle ouvrit, en face le trieur, une petite porte étroite et haute qui enfermait une colonne creuse dans laquelle le blé, en petit tas, posé dans de petits godets attachés à une courroie circulaire, montait tranquillement comme dans un ascenseur, puis se jetait dans le trieur.

« Le blé, ainsi ébarbé et trié, descend par d'autres godets sous une des meules que vous avez vues, et là il est broyé. Mais dans toutes ces opérations, il a gagné chaud.

— Irait-il au café?

— Oh! non, il est trop sage; pour se rafraîchir, il va gagner le dernier étage du moulin. Montons la troisième échelle.

— Voyez au plafond, dit la meunière, cette sorte de soupente fermée, c'est là que le blé est remué par un râteau pour se refroidir. Mes cousins montent par cette échelle mobile à la chambre au râteau, mais je ne peux pas vous y faire aller. Venez par ici. »

Un tas de son était à terre à l'extrémité de la pièce et près d'une autre grande armoire horizontale à porte de bois.

On entendait le tic tac, tic tac du moulin.

« C'est la bluterie, dit la meunière, qui donne ce bruit. La bluterie est l'endroit où la farine moulue perd le son, se sépare en fleur de farine et en gruaux. »

Son explication fut interrompue par l'arrivée d'un jeune chasseur qui, plus heureux que celui de la chanson, était entré dans le moulin pour rejoindre ses amis.

Il y eut force poignées de main comme dans un salon, présentation de la belle meunière, du jeune arrivant, nouvelles explications répétées par les jeunes filles et les jeunes gens qui semblaient réciter une comédie.

La bluterie fut débarrassée de son manteau de bois et l'on vit dans des tuyaux à séparations, larges, en treillis de soie plus ou moins serré, s'agiter la mouture cherchant son passage et se classant d'après sa finesse. Ici passait le son, là, la fleur de farine qui descendait ensuite dans une grande chambre à farine à l'étage inférieur.

Enfin les *gruaux*, tombaient dans des sacs.

« Les gruaux, fit la meunière, ressemblent à du sable, ils retournent à une meule où deux ou trois fois ils sont remontés jusqu'à ce qu'ils ne donnent plus que la fine farine.

« Mon histoire est terminée », dit gracieusement la meunière.

Lestement cette folle jeunesse descendit les trois échelles, non sans se blanchir sur les degrés et sur le mur du moulin.

Un sac de farine et un autre de son furent alors fermés et portés dans la carriole.

« Combien vous doit-on pour ce travail du moulin? dit le jeune chasseur.

— Rien, dit la meunière.

— Comment, rien! s'écrièrent en chœur les jeunes gens.

— Oui, rien, redit la meunière jolie.

— Mais combien prenez-vous à l'ordinaire, quand vous n'avez pas autour de vous une société aussi curieuse que la nôtre?

— Un franc cinquante.

— Un franc cinquante, mais que c'est peu.

— C'est assez, fit-elle, pour les cultivateurs.

— Voici un louis, dit le chasseur, pour vos cousins qui vont avoir à refermer le trieur et la bluterie. Nous restons bien reconnaissants envers vous, mademoiselle. »

Et il lui tendit la main.

Et voici que cette petite main se mit à trembler et que les beaux yeux de la meunière s'emplirent de larmes.

La meunière si fine venait de passer une heure inoubliable avec cette aimable jeunesse, et elle pensait que cette joie était passée, qu'elle allait reprendre sa vie solitaire dans ce coin isolé du Bassigny.

« Je ne veux pas de votre pièce d'or pour mes cousins, dit-elle, ils ont ce qu'il leur faut, mais ici, il vient de pauvres paysans, je me permettrai, si vous le voulez, de leur remettre, avec leur farine, un peu de cette monnaie », ajouta-t-elle rougissante.

Oh! qu'elle était jolie, la belle meunière, dans cet élan de bonté qui illuminait sa délicieuse figure.

Le retour au château de la joyeuse société fut charmant, le temps était devenu d'une pureté parfaite, les oiseaux chantaient, les jeunes gens contaient leur visite, seul le chasseur était soucieux.

Quinze jours après, il vint au moulin dans un carrosse avec ses parents. C'était un des plus riches héritiers de la contrée.

« Mon fils, dit le père à la meunière qui les recevait dans une pièce où brûlait un feu de sarments dans une haute cheminée, à côté de la huche brillante où l'on faisait le pain, mon fils veut être meunier. Vous lui avez paru aussi bonne que belle, il m'a prié de vous demander en mariage. »

Le jeune homme regardait la meunière comme s'il était en prières devant une madone.

Elle leva au ciel ses grands yeux si doux et s'écria :

« Que Dieu nous bénisse, il n'y aura jamais plus de pauvres dans le Bassigny. »

A ce moment, un pigeon familier s'échappa du colombier et vint voltiger autour de la tête de la jeune fille, complétant ainsi ce charmant tableau.

Le mariage se fit un mois après; les fêtes eurent lieu au château: tous les gens du Bassigny y furent conviés.

Le moulin de la belle meunière resta sa propriété, gérée par ses cousins, tout le blé moulu fut toujours moulu pour rien.

Puis les cousins se marièrent. Le moulin, qui était vieux, fut détruit par un orage, mais la légende de la belle meunière est restée dans la mémoire des habitants du Bassigny qui la content encore à l'heure du repos de midi, les grands jours de la moisson! Elle nous a été redite par une élève de l'École normale de Chaumont où la poupée a été habillée.

CHALONNAISE ET ARDENNAIS

Nos deux poupées champenoises ont été habillées par les directrices des Écoles normales de Bar-le-Duc et de Châlons.

Les costumes locaux ont disparu parce que la Champagne a été une terre de luttes contre l'ennemi; les Cosaques, en 1815, y ont laissé des traces aussi terribles que les Prussiens en 1870. Les vieilles modes ont disparu dans la tourmente.

Le costume de notre Châlonnaise est celui d'une aïeule : il est léger, gracieux, copié avec de vieilles étoffes. Quant à l'Ardennais, il porte la blouse courte, rigide, lustrée, encore en usage, mais peu pittoresque.

L'accueil fut très cordial quand nos poupées champenoises arrivèrent au Musée et furent placées dans la vitrine destinée aux poupées de l'est de la France.

« Contez-nous des histoires », dirent de suite les Alsaciennes désireuses d'entendre le langage si doux de leur France aimée; la jolie dame de Troyes, coiffée du toquat, et la noble châtelaine de Chivel supplièrent à leur tour.

Alors le beau gars de Vouziers regarda malicieusement sa compagne la Châlonnaise. Tous deux éclatèrent de rire, la même pensée venait de traverser leurs petits cerveaux.

« Eh bien! dirent-ils ensemble, puisque les méchantes langues disent que « quatre-vingt-dix-neuf moutons et un Champenois font cent bêtes »[1], comptons chacun une histoire de bêtes. Vous déciderez laquelle sera la plus intéressante, et comme nous autres, Champenois, sommes des simples, incapables de mentir, nos histoires seront absolument authentiques, les Champenois n'inventent pas.

— Commencez donc, gentille amie de Châlons.

— Mon histoire est celle d'un perroquet, fit-elle. Il avait été rapporté de Ceylan à M. Virguin, curé de Saint-Alpin, vers l'année 1835.

« Mlle Kœnig vous dira que sa grand'mère et sa mère l'ont connu, car elles demeuraient en face de cette vieille église dont les vitraux curieux représentent au v° siècle l'évêque saint Alpin, à l'instant où il oblige le farouche Attila à quitter Châlons. Ne manquez pas, si vous passez par Châlons, d'aller visiter Saint-Alpin. Le pavé de l'église est formé de pierres tumulaires couvertes d'inscriptions dont une des plus bizarres est celle-ci :

« *Teil com estes, teil fumes nos; teil come somes, teil ceres vos. Par amour Deu, pries por nos et si aies merci de vos.*

« Tel comme vous êtes, tel fûmes-nous; tel comme nous sommes, tel serez. Pour l'amour de Dieu, priez pour moi et ayez également pitié de vous. »

« Le voisinage de cette église sombre était assez triste

---

[1]. On sait quelle est l'origine de ce proverbe populaire qui vise bien plus la malice de nos paysans champenois que leur simplicité. La Champagne fut de tous temps grande productrice de moutons, et ces animaux étaient conduits autrefois directement à Paris par les routes. Un édit décida que ces troupeaux lorsqu'ils atteindraient le chiffre de cent animaux paieraient un certain droit de circulation. Dès lors, les rusés Champenois réduisirent le chiffre de leurs troupeaux à quatre-vingt-dix-neuf moutons. D'où nouvel arrêté que quatre-vingt-dix-neuf moutons et le berger les conduisant seraient comptés pour cent « bêtes ».

quand le perroquet arriva à la cure. M. le curé fut distrait de ses graves pensées par la jolie bête, *Psittacus alessandra*, ainsi nommée parce que c'est la première de ce genre qui

Châlonnaise et Ardennais.

vint en Europe et fut donnée au grand Alexandre, roi de Macédoine. La nouvelle arrivée était fort belle, sa queue très longue était mêlée de vert et de bleu d'azur. Elle avait une voix tonnante mais peu criarde qui égayait tout le voisinage.

« Il est bon de se distraire, disait M. le curé, saint Jean le recommande. »

« Le perroquet fut placé sur un haut perchoir; la patte attachée par une mince chaînette d'argent. Il participait à tous les repas du curé, savait se taire quand il lisait son bréviaire. Ce perroquet n'était pas banal, répétant sans réflexion les phrases qu'on lui apprenait. Il ne répétait pas, il répondait avec esprit, faisait le coq, l'âne, le merle, le chien, le mouton. Les paroissiens de Saint-Alpin le connaissaient bien et s'en amusaient.

« Si un enfant était triste, malade, M. le curé le faisait monter chez lui et toute la gaîté du perroquet passait dans l'âme de l'enfant.

« Des années s'écoulèrent ainsi paisibles, dans la cure, entre M. le curé, ses paroissiens fidèles et son aimable perroquet. Mais, hélas! un jour le perroquet disparut. Qu'était-il devenu? Toutes les paroissiennes s'émurent, le cherchèrent en vain pendant de longs jours, les tambours de ville des environs annoncèrent la perte qu'avait faite M. le curé de Saint-Alpin, la jolie bête était bien perdue!...

« Six mois se passèrent, on ne parlait plus du perroquet, quand un jour, un voyageur de commerce passant à X... petite ville de la Marne, eut à faire enlever un clou à sa chaussure, il entra chez un cordonnier de la localité et s'assit, priant qu'on lui réparât sa bottine.

« Un perroquet à longue queue était dans une cage, parlant si vivement qu'il assourdissait le savetier et son client.

« Tout d'un coup, d'une voix claironnante très nette, il cria : « J'appartiens à Virguin, curé de Saint-Alpin ».

« Le voyageur tourna la tête vers l'oiseau qui reprit d'une voix tonnante : « J'appartiens à Virguin, curé de Saint-Alpin ».

« Mais, fit le voyageur, cet oiseau, comment le possédez-vous? C'est celui qui fut si cherché de tous côtés, il y a plusieurs mois. Vite, donnez-le-moi que je le reporte à son propriétaire. J'ai ma voiture, payez-vous. »

« Il jeta une pièce de monnaie sur l'établi et emporta la cage avec l'oiseau. Le cordonnier coupable ne souffla mot.

« Cocotte, allons vite, cria le voyageur à son cheval en faisant claquer son fouet, nous portons de la joie à tout Châlons! Hue! Hue! »

« Le perroquet dans sa cage tenait la seconde place de la banquette du tilbury, à côté du voyageur. Tous deux firent une entrée triomphale à Châlons. Le perroquet exalté par l'air, la locomotion, criait à perdre haleine : « J'appartiens à Virguin, curé de Saint-Alpin ».

« Tous les enfants sortant des écoles suivirent la voiture, mais ce fut plus curieux encore quand la voiture tourna devant le portail de la sombre église; les fenêtres s'ouvrirent de tous les côtés, les voisins s'approchèrent : « Comment, c'est toi! Où étais-tu caché? »

« On courut prévenir M. le curé qui descendit à la hâte revoir sa gentille perruche. Quelle allégresse! Elle sortit de sa cage, grimpa sur les épaules, sur la tête blanche du vénérable pasteur, elle l'embrassait, battait des ailes.

« Cette histoire vraie fut longtemps, ajouta la gentille conteuse, redite dans les familles, à tous les petits enfants lorsque les parents voulaient leur apprendre leurs noms et leurs adresses afin qu'ils fussent retrouvés si jamais ils étaient perdus.

— Jolie, votre histoire, dirent les poupées qui l'avaient écoutée, très jolie. »

Alors l'Ardennais, redressant s'il était possible, sa haute taille, commença à son tour :

« Mon histoire est plus récente. C'était en mai de l'année 1886. Mlle Léonda, célèbre dompteuse, arriva en notre bonne ville de Vouziers avec sa troupe composée de cinq superbes lions de l'Atlas : Roméo, Prince, Mouti, Sultan et Malouik.

« Les représentations annoncées avec grande pompe commencèrent et furent accueillies avec un intérêt immense par les spectateurs, quand tout d'un coup, Malouik, le plus magnifique lion de la ménagerie, refuse d'obéir à sa dompteuse. Il ne mange plus, il ne dort plus, il pousse des rugissements effroyables. Qu'a-t-il? Une dent malade, une molaire cariée; ses rages sont terribles, il cogne sa tête sur les barreaux de la cage, il écume, ses narines fument, sa queue s'agite désespérément.

« Mlle Léonda et son dompteur Rodolphe se consultent, on appelle les dentistes, mais qui voudrait, qui pourrait soigner l'animal furieux?

« Cependant dans Vouziers demeurait, et demeure encore un vétérinaire renommé pour sa science profonde, son adresse, sa bravoure et son amour pour les animaux souffrants, c'est M. Hyacinthe Latour.

« Il vient à la ménagerie, est pris de pitié pour la superbe bête qui souffrait d'un abcès occasionné par la dent cariée. M. Latour prend la résolution d'arracher le lendemain à Malouik sa dent malade.

« En effet, le jour suivant M. Latour vient de très bonne heure voir son *client*, il avait apporté avec lui des instruments *ad hoc* pour l'opération.

« Mlle Léonda, la dompteuse, n'osait plus entrer dans la cage, parce que Malouik ne la supportait plus. Le danger était immense, d'autant plus que les quatre autres lions partageaient la même cage, on n'avait pu isoler Malouik. Cette opération difficile exigea en essais, préparatifs, ruses pour saisir l'animal, une journée entière, de huit heures du matin jusqu'à six heures du soir. Enfin les jambes du féroce animal furent attachées, M. Hyacinthe Latour ouvrit la gueule du lion et arracha vivement et d'un coup la molaire douloureuse. Malouik rugit de plus belle, détacha ses liens par un effort, déchira même la chemise de son sauveur; mais, se sentant délivrée, la bête intelligente secoua sa superbe crinière, Malouik redevint le roi des animaux, comprit le bien qu'on avait voulu lui faire et se laissa caresser. Mlle Léonda rentra aussitôt en grâce.

« Le surlendemain, M. Latour revint soigner l'abcès de l'animal; il profita de l'occasion pour servir de pédicure au lion, comme l'a écrit à Mlle Kœnig Mme Latour toute fière de l'exploit de son mari, et il enleva à Malouik une griffe malade.

« Ceci avait lieu exactement le 22 mai de l'année 1889. »

Le conteur se tut, les bravos éclatèrent de tous côtés avec de nombreux : « Vivent les Champenois! Vive M. Latour! Vive le perroquet du curé de Saint-Alpin! »

LA CHAMPAGNOLAISE
OU LA FÊTE DES CONSCRITS

C'était le premier dimanche de juin de l'année 1870, minuit sonnait à l'église, tandis qu'un tapage étrange de cris, de pas et de coups se rapprochait de plus en plus de la demeure paisible de deux femmes, une tante et sa nièce, qui logeaient au bout d'un petit village du Jura, près de Champagnole.

La vieille dame ne dormait pas, elle suivait le bruit avec inquiétude, quand tout d'un coup elle crut entendre fracturer sa porte, elle prit peur réellement, et cria à sa nièce qui reposait dans la pièce voisine :

« Marie, Marie, qu'est-ce que j'entends?

— Eh bien! tante, répondit gaiement la jeune fille, vous oubliez donc toujours la fête du pays? C'est demain la Sainte-Julitte et la Saint-Cyr, la fête de nos conscrits, ils plantent à notre porte l'image habituelle de nos saints.

— Tu as raison Marie, c'est la fête. Cette année, l'image qu'ils plantent à notre porte sera blanche, car notre deuil est passé. »

Cette coutume est fort étrange et fort ancienne, espagnole sans doute : les conscrits de l'année accrochent, la veille de la fête du pays, à toutes les portes, des images, grandes comme des compliments, rouges pour les notables, blanches pour les autres, noires pour les personnes en deuil, et vertes

La Champagnolaise.

pour les conscrits et les *conscrites*. Les conscrites ce sont toutes les jeunes filles ayant l'âge des conscrits, vingt ans.

Les images varient selon les fêtes du pays du Jura. Ici

l'image représente sainte Julitte et son fils saint Cyr, tous deux martyrs, lors de la persécution de Dioclétien à Tarse.

La sainte tient son enfant par la main, c'est un petit de trois ans, elle le regarde tendrement. Rappelez-vous que l'enfant voyant sa mère frappée cruellement, s'était mis à pleurer si fort que les bourreaux avaient redoublé de cruauté, et qu'ils jetèrent l'enfant sur les degrés du tribunal, où le pauvre martyr fut brisé et mourut à l'heure même, sous les yeux de sa mère, qui fut peu après décapitée.

Sur l'image, l'enfant est nu-pieds, sainte Julitte a des sandales, et tous deux marchent dans un chemin fleuri qui les conduit au Paradis.

Cette fête est préparée longtemps à l'avance. Chaque conscrit prend un repas chez chacun de ses futurs frères d'armes, et les reçoit à son tour, cela a lieu le dimanche, et est calculé de manière que le dernier repas ait lieu avant la fête.

En l'année 1870 elle avait été avancée à cause des foins.

« Les conscrits sont-ils nombreux? interrogea la tante lorsque le bruit cessa à sa porte, alors que les conscrits s'éloignaient en chantant.

— Oui, fit Marie, il y en a quatorze, le fils du maire, le fils du notaire, deux petits cousins à nous, Louis et Charles.

« Ils ont un drapeau plus beau encore que de coutume, car M. le maire a donné une cotisation énorme.

— Tu achèteras demain des gâteaux, fit la tante, et tu remonteras de la cave les dernières bouteilles de vin de paille récoltées par ton père.

— Ce bon vin, dit la nièce, comme il devient rare, le soleil nous boude! »

Dès le matin de ce jour, les promenades habituelles des conscrits commencèrent dans le village, le grand drapeau fut porté haut par un gars superbe, ainsi qu'un croûton de pain au bout d'une longue perche.

Croûton est une manière aux conscrits de parler, il indique leur joli appétit de montagnard, car c'est un pain entier, toujours le même.

Deux estrades étaient dressées pour le bal des conscrites et des conscrits.

Le temps était magnifique, tout le village était dehors. La joie était partout.

Marie était sortie pour voir la fête, acheter les provisions, voisiner à droite et à gauche, elle s'était même un peu attardée pour le déjeuner, aussi elle rentra en coup de vent, elle tenait en main l'image de la porte.

« Tante Emma, fit-elle à celle-ci qui était assise près d'une fenêtre, devant une table couverte de livres et d'ouvrages commencés, tenez, regardez l'image de notre porte qui s'est détachée d'elle-même. »

La vieille dame pâlit étrangement, prit l'image dorée où les pointes étaient encores passées, la regarda longtemps, enleva les petits clous, et dit d'une voix blanche.

« Ma chère Marie, les superstitions, les croyances de nos parents laissent en notre esprit une hantise contre laquelle nous nous défendons bien mal, ma mère eût vu dans ce fait l'annonce d'un grand malheur.

« Nos saints ne veulent plus nous protéger, aurait-elle dit, quand leur image tombe de notre porte.

« Cela a eu lieu en effet, murmura la tante Emma, l'année de l'invasion des Cosaques. »

La dame âgée qui parlait ainsi était une Champagnolaise. Elle portait le costume de notre poupée, reconstitué à dessein, à l'École normale de Lons-le-Saunier, la poupée lui ressemble. Est-ce un effet du costume?

Un air de bonté extrême était répandu sur son visage, elle avait de très grands yeux, une petite bouche, des cheveux très abondants partagés de chaque côté en nattes serrées qui tournaient autour des oreilles; elle avait, étant jeune, posé pour la coiffure de la statue de Lille, dressée aujourd'hui sur la place de la Concorde. Un bonnet très clos cachait maintenant sa belle chevelure, un nœud violet, selon la mode se rejoignait au-dessus de sa tête.

Ses mains, petites et blanches, semblaient disparaître dans ses manches, et toujours elle portait, les jours fériés, ce merveilleux et brillant mouchoir de soie, à grands ramages, orné d'une frange aux larges réseaux. Celui de la poupée en est un morceau.

Dans le pays elle était connue sous le doux nom de la « Bonne demoiselle », car elle ne s'était jamais mariée.

Elle était très savante dans les choses de la nature; elle connaissait par leurs noms les plus petites bestioles et les plus petites herbes, elle avait été l'élève de son père d'abord, et du grand Jussieu ensuite, car elle avait vécu longtemps à Paris.

Lorsqu'elle n'était pas chez elle, les paysans disaient dans leur langage : « La demoiselle est à l'herbe ».

Elle était aimée de tout le monde, chacun lui devait quelque service. Sa nièce était aussi sa fille adoptive, car elle l'avait élevée après la mort de sa sœur.

« Alors, tante Emma, vous croyez à un mauvais signe parce que l'image de la sainte Julitte est tombée de notre porte?

— Je ne peux te dire que je crois, dit la dame, mais j'ai peur. »

Elle tenait en mains un ouvrage de laine, car la savante était aussi une fée au travail, et elle continua de tirer sa navette. Pour détourner l'attention de la jeune fille, elle lui montra la belle dentelle au filet qu'elle terminait. Marie resta pensive, la jeunesse est si impressionnable !

Elle reprit plus tard :

« Tante Emma, autrefois une image est tombée de la porte de votre mère comme aujourd'hui, cette image qu'est-elle devenue?

— Je vais te la montrer, fit la tante, elle est dans mon secrétaire. »

La vieille demoiselle se leva, ouvrit un tiroir à secret comme en comportent presque tous les vieux meubles, et tira un paquet d'images. Quelques-unes étaient noires car bien des deuils avaient marqué l'existence de la vieille tante, le dernier, avait été celui du père de Marie, son frère cadet, qu'elle avait adoré.

« Tiens, la voilà », fit-elle, après quelques recherches.

Marie l'examina, puis regarda la nouvelle, puis les deux images juxtaposées devant une vitre, et s'exclama :

« Oh, tante Emma, voyez donc une chose singulière, les trous laissés par les pointes dans les deux images sont absolument aux mêmes places. »

La vieille demoiselle prit ses lunettes, regarda comme elle savait regarder, bien attentivement, et dit :

« Oui les mêmes piqûres ici à droite, trois trous ; à gauche une piqûre suivie de quatre, en bas une déchirure qui a amené la chute des images.

— Tante Emma, croyez-vous aux génies du foyer?

— Ma mère, en entendant chanter le grillon dans la cheminée, expliquait son langage, et si le bois crépitait sur les landiers, elle disait : « C'est une bonne, c'est une mauvaise nouvelle ».

— Mais vous, tante Emma?

— Moi je pense comme George Sand, je ne nie rien, mais,

comme elle, je n'ai pas vu dans nos champs, ni dans les carrefours de nos bois, ni sur le brouillard de nos rivières, aucun grand veneur, aucun fantôme, je n'ai jamais entendu de loup parler.

« Seulement il y a des coïncidences si étranges souvent dans la vie, qu'elles me rendent rêveuse; il y a une légende de chez nous qui ne m'a jamais laissée indifférente, il est vrai que ma jeunesse a été, avec la fin de l'empire de Napoléon, tout émotionnée par cette légende.

— Tante Emma, dites cette légende.

— C'est celle de la pendule des sauniers de Salins.

— Oh! dites-la-moi. »

La vieille image fut repliée, la nouvelle aussi, et le tiroir à secret fut refermé.

La tante reprit sa navette, Marie s'assit en face de sa table avec un ouvrage et la conversation continua.

« A l'époque dont je te parle, quand la sainte image tomba de la porte de mes parents, les sauniers de Salins avaient depuis longtemps observé, dans un endroit retiré de la mine, une colonnade de cristaux au milieu de laquelle s'élevait une espèce d'église en sel très transparent; les tours carrées et le clocher fort élevés conservaient une suite de lignes très régulières. Au-dessus du portail on voyait un cadran, où les heures et les aiguilles immobiles étaient figurées par des traits rouges dus à des infiltrations de fer.

« Les sauniers appelaient cette construction « la pendule de sel ».

« Or, les sauniers contaient que lors de la fête du village, à l'époque même où sainte Julitte et saint Cyr étaient tombés ici, à la porte de notre demeure, l'horloge de la cathédrale de sel de Salins s'était tout d'un coup mise à tinter lugubrement.

« Deux jours après, l'ennemi pénétrait dans nos villages du Jura.

— Et la cathédrale de sel? dit Marie.

— Elle resta dans la roche, vénérée comme un autel, elle y est encore, m'a-t-on dit.

— Tu ne pourras jamais, ajouta la tante, enlever cette croyance de la mémoire de nos vieux sauniers de Salins, jeunes alors comme je l'étais : ils ont entendu sonner l'heure fatale, disent-ils. »

Les deux femmes demeurèrent silencieuses, filant, tricotant, tandis que leur esprit gardait cette vague terreur, qui suit les contes fantastiques, mais elles furent distraites par l'entrée joyeuse des conscrits qui faisaient leur ronde chez tous les habitants.

Le vin de paille, ce vin couleur de soleil couchant, fut trouvé exquis, on but à l'amitié, à la patrie, à la douce gaîté. Hélas!

Quelques jours après cette belle journée, un vif émoi se répandit dans les montagnes du Jura, sur les hauts plateaux, de Salins à Lons-le-Saunier, de Champagnole à Beaufort, où la fête des conscrits tombe aussi à la Sainte-Julitte et à la Saint-Cyr, et où encore l'année dernière la fête a battu son plein : les sauniers avaient entendu le cadran de la cathédrale de Salins sonner douze coups, comme un glas funèbre; un soir suivant, le ciel s'était éclairé des lueurs sanglantes d'une aurore boréale.

Le malaise devint général comme celui qui précède chez les personnes impressionnables, l'annonce d'un grand orage.

Et subitement la guerre avec l'Allemagne était déclarée, la même année que l'image de sainte Julitte et saint Cyr était tombée de la porte de la « Bonne demoiselle ».

La vieille Champagnolaise et sa nièce préparèrent leur maison en ambulance, parfilèrent de la toile, coupèrent des bandes pour les blessés, et partirent à Salins chez des amis, dont les quatre fils étaient engagés.

Il y eut, après les défaites sans nombre de cette guerre terrible, un combat à Dôle entre les Prussiens et les Français. Les Français eurent le dessous, mais les montagnards jurassiens prirent leur revanche à Salins. Postés sur les deux côtes de la montagne quelques jours après, ils hachèrent les ennemis. C'était en janvier 1871.

La vieille Champagnolaise fut séparée de sa nièce pendant ces heures affreuses; chose étrange on ne la revit plus. Quelques vieux sauniers dirent plus tard, avoir aperçu cependant l'ombre de la « Bonne demoiselle » errer dans les galeries de la mine de Salins, elle était coiffée de son bonnet de Champagnolaise, le nœud de ruban violet croisé sur la tête, ses petites mains blanches presque cachées dans ses manches, et le fichu éclatant de couleurs, si soyeux, et si beau avec sa frange madrilène aux larges réseaux.

Trente-cinq ans se sont passés depuis le combat près de Dôle, tous les vieux sauniers sont morts; la fête des conscrits continuera-t-elle encore d'être observée maintenant qu'il n'y a plus de tirage au sort? Il est bon de recueillir les souvenirs de notre pays; nous remercions Mme la directrice de l'École normale de Lons-le-Saunier de nous avoir donné la poupée champagnolaise.

MATELOT ET MATELOTE DE BERCK-SUR-MER

Jéresse, la matelote berckoise, est une vaillante femme : avec ses voisines, matelotes comme elle, elle est allée dès le petit jour, la marée l'exigeait ainsi, dans la baie de l'Authie, et à l'aide d'une petite pelle à long manche, elle cherche dans le sable mouillé les vers qui doivent former l'appât pour la pêche de son homme, Michel.

Sans compter sa fatigue, car il y a plusieurs lieues à parcourir pour cette récolte, Jéresse rentre au logis, à Berck-Ville.

La petite maison est basse, au sol de terre, mais bien propre, car les murs sont tous les ans badigeonnés à la chaux bleuie.

C'est l'heure du repas; elle fait cuire dans une marmite du poisson bouilli, des pommes de terre, unique nourriture des matelots, et donne à manger aux enfants; puis elle met de l'ordre et se hâte ensuite de préparer des centaines de mètres de lignes à l'aide de petits hameçons amorcés tous les dix centimètres avec les vers recueillis à l'Authie, et auxquels elle fait subir une certaine préparation.

C'est le seul temps où Jéresse reste assise. Les lignes préparées, elle les met dans des corbeilles à deux anses appelées mannes et qu'elle porte, comme vous le pouvez voir, sur le dos à l'aide d'une courroie qui lui traverse les bras et la poitrine.

Brave Jéresse! sa mise pittoresque n'est pas basée sur la coquetterie, mais sur l'utilité. Tous ses vêtements comme ceux de son homme ont leur raison d'être en tant que tissu et façon, et le détail ne saurait vous être indifférent.

Elle a une « h'mise » en flanelle de coton de couleur, à manches longues, montante et bien serrée au cou par une coulisse. Dessus, elle revêt son principal vêtement, le *pichou* à *pointes* et à *planque*, c'est-à-dire une jupe et un corsage sans manches en très beau molleton rouge. La jupe forme de nombreux plis à la taille, qui augmentent encore sa rotondité; la pièce placée derrière, la planque et les deux pointes sont le dernier cri de la mode, disent en souriant les baigneurs, mais la vérité c'est qu'ils facilitent les enjambées de la matelote. Cette sorte de robe revient au moins à vingt-cinq francs.

La matelote passe dessus un jupon en toile bleu sur bleu dit *gardien*.

Le *gardien* et le *pichou* s'arrêtent à mi-jambe. Le *gardien* a un pli énorme fait avec la main et tout autour.

Jéresse n'oublie pas de prendre sa large poche de laine doublée dans laquelle elle cache ses moufles, ses *gartier's* (jarretières) et ses *houzettes*.

Elle part de Berck-Ville pour Berck-Plage, jambes nues, pieds nus; il y a deux kilomètres et demi. Il est vrai que la plage de Berck, qui a cinq lieues d'étendue, est merveilleuse : elle ne présente ni un trou, ni un galet. C'est un tapis de sable absolument uni, s'étendant en pente douce vers la mer.

L'air salin iodé qu'on y respire est fortifiant et explique pourquoi ce lieu est choisi pour refaire les constitutions débiles des malades et surtout des petits enfants. Ces pauvres mignons délicats peuvent en reprenant de la santé, s'ébattre sur cette plage immense sans craindre aucun danger.

Pour les matelots berckois elle a un défaut, elle n'a pas de

Matelot et matelote de Berck.

port pour les barques de pêche, il faut les échouer en plein sable, le dimanche, qui est le jour de repos très observé, le seul où le pêcheur vive en famille.

Mais nous sommes en semaine, Jéresse va retrouver la

barque de son homme, lequel lui donnera le poisson qu'il aura recueilli. Il prendra les lignes nouvellement amorcées, les vivres préparés et il repartira.

Comment se fait ce travail? Oh! c'est là que la matelote est vaillante; elle entrera dans la mer jusqu'à la ceinture à la portée de la barque.

Alors savez-vous comment la brave et digne femme s'y prend pour rester convenable? Elle baisse sa jupe de coton qui formait un pli, puis elle relève dans sa ceinture sa *h'mise* et son *pichou*, et fait le va-et-vient de la rive au bateau.

Michel descend aussi de sa barque, entre dans l'eau, aide sa femme; son caleçon que vous apercevez sous son gros pantalon est fendu de chaque côté pour l'écoulement de l'eau.

Lorsque tout le poisson est dans la manne, Jéresse et Michel parlent un peu des enfants, du temps, la grande préoccupation de tout homme de mer, et ils se disent un cordial « au revoir ».

Jéresse tord alors la pointe d'arrière de sa jupe de coton qui est trempée, elle descend sa h'mise et son pichou, passe la pointe essorée de la jupe bleue dans sa ceinture et enfile « ses houzettes ».

Ce sont des jambières en laine non tordue qui sont destinées à empêcher ses jambes mouillées de s'entamer au contact de la laine du pichou.

Vous voyez combien le buste est protégé : elle a un corsage noir sans manches, à basques rondes, en gros molleton, très ajusté auquel l'hiver elle coud des manches « marronnes ». Et enfin le mouchoir ou fichu gris en laine à carreaux, croisé sur la poitrine et dont on rentre les pointes sous le corsage pour empêcher le vent de jouer avec elles.

Sur la tête, Jéresse porte le bonnet que vous voyez en étoffe à pois et qui s'appelle *la calipette* comme l'ancienne coiffe des femmes de Caen.

Mais laissons Jéresse retourner chez elle et voyons un peu Michel dans sa barque. C'est un homme très solide comme tous les matelots de Berck, large d'épaules. Il a sur la tête une casquette à oreilles presque toujours relevées, à moins qu'il ne fasse un vent à tout rompre.

Vous distinguez sa pipe. Ce n'est pas ainsi qu'il la pose; nous avons voulu la montrer, il cache le foyer, on n'aperçoit que le tuyau. Elle est bien jolie, cette petite pipe de poupée! mais combien dans la réalité cette compagne rend de services au matelot. C'est sa distraction, son repos, son rêve! La vie est si dure sur mer à pêcher le poisson!

Sur sa vareuse, Michel met des vêtements huilés ou cirés, c'est du calicot à 75 centimes, trempé trois fois dans de l'huile de lin et séché à l'air, il faut deux ans pour obtenir ces vêtements.

On en fait des vestes, des *surois*, des cotillons. Les cotillons sont des sortes de jupes courtes cousues au milieu et qui se mettent par-dessus le pantalon et les bottes.

Vous vous demandez pourquoi Michel, que vous ne voyez pas en vêtements cirés, porte sous son bras cette paille et et pourquoi il a un bâton à la main.

C'est qu'il est représenté traversant la plage pour se rendre à son bateau. Une fois dans le bateau, il met ses bottes énormes, très hautes, en cuir mou pouvant se rabattre, coûtant 50 francs la paire, et il les bourre avec de la paille à l'aide de ce petit manche à balai. Cette paille le préserve du froid et de l'humidité.

Enfin, il a un vêtement fort caractéristique pour le protéger du mauvais temps quand il rentre chez lui, c'est le

capot blanc, en gros molleton, à capuchon et portant, devant, un cœur rouge sur lequel son nom est marqué.

Un matelot, tout gréé en vêtements d'une bonne qualité, porte sur lui pour 200 francs d'habits qui durent à peine une saison.

Ce prix est bien élevé pour ces pauvres pêcheurs auxquels la vie est si pénible, qui n'ont pas l'hiver plus de 2 ou 3 francs par semaine à dépenser dans une famille de cinq ou six personnes.

C'est bien souvent la misère noire. La saison d'été est meilleure; il y a les extra, la pêche à la crevette, les promenades en barque pour les promeneurs.

Ces matelots un peu frustes, un peu durs, sont de braves gens qui acceptent le travail sans murmurer.

C'est qu'ils ont pour eux ce qui manque à l'ouvrier des villes, le plein air qui dilate la poitrine et le cœur, qu'ils voient toujours une large étendue de ciel, qu'ils vivent dans la grande nature et que tout cela donne de la santé et du bonheur.

Un mot pour terminer : nous tenons ces deux poupées berckoises de deux institutrices de Rueil, Mlles Roton et Penhouet, qui les ont fait habiller à Berck-Ville, par Armande, couturière pour gens de mer et matelotes, et qui nous les ont offertes en souvenir de guérisons obtenues là-bas, à Berck, sur leurs élèves. N'est-ce pas là une pensée touchante!

LA BOURGEOISE DE TOURCOING

Cette Tourquennoise a été photographiée malgré elle, car il faut bien que vous sachiez qu'en vivant dans le monde aimable des poupées, on arrive à deviner leurs petites pensées jamais trop compliquées. Nous avons les coquettes qui font la roue pour être admirées, puis les vives, les méridionales, toujours prêtes à s'en aller, puis les réservées du Nord, des travailleuses qui n'entendent rien à la vie de repos qu'elles mènent au Musée.

Notre poupée de Tourcoing est de ce nombre : « Je ne suis pas élégante, semblait-elle nous murmurer pendant que nous l'installions sur une selle devant l'appareil photographique ; choisissez une de mes voisines. Faites le portrait d'Isabeau de Roubaix, si richement vêtue, dont la robe de velours bleu à traîne est si coquettement drapée sur son jupon vert brodé d'or. Vos lectrices me trouveront très ordinaire. Je suis petite et grosse. Ma mise est vulgaire, mon bonnet n'a rien d'artistique. C'est une coiffe sans éclat. »

« Ma petite amie, lui avons-nous répondu, ne savez-vous pas qu'il faut de tout pour faire un monde? Si vous n'avez pas l'air endimanché d'une poupée qui va à la noce, ou qui a beaucoup de temps à passer à sa toilette, si votre costume est simpe, il ne nous déplaît pas. Vous êtes l'image de la brave femme des cités du nord de notre pays, moins rêveuse qu'active, la meilleure des ménagères, la travailleuse impeccable dont la maison reluit de propreté, du seuil extérieur au grenier, compagne courageuse de son mari, son bras droit, son plus sûr conseil, la mère parfaite qui donne le meilleur exemple à ses enfants. Comment, vous qui représentez une tradition séculaire de vertus, de travail et d'honneur, vous ne plairiez pas aux lecteurs de ce gentil volume? Ah! que vous les connaissez peu! »

En effet, il n'est rien de plus intéressant que l'histoire des vieilles cités flamandes et de leurs ménagères. Parmi celles qui sont restées françaises, il en est deux bien intéressantes, deux cités sœurs : Tourcoing et Roubaix, au nord de Lille.

Elles étaient déjà connues au moyen âge pour leurs fabriques renommées de tissus de laine dits parmes, serges, camelots, camelaudes, etc.

Les camelots étaient en poil de chameau, d'où leur nom; mais comme ces étoffes, jolies pourtant, étaient de peu de durée, il en est dérivé le mot camelote, qui désigne une étoffe ou un produit de mauvaise qualité.

La prospérité de ces deux villes, très voisines l'une de l'autre, grandissant chaque jour, on croit que bientôt elles se confondront. Elles rivalisent avec Bradfort en Angleterre, et l'emportent par le choix des dessins et les inventions de la fantaisie.

Il entre à Tourcoing, aux bureaux de douane, pour 155 millions de francs de marchandises.

Autrefois la sayette ou laine peignée était transportée de Tourcoing à Roubaix, et le seul moyen de locomotion était *la brouette.*

A certaines heures, des hommes appelés brouetteux, par

abréviation *broutteux*, avaient la charge d'aller de Tourcoing

La bourgeoise de Tourcoing.

à Roubaix et *vice versa*, en poussant devant eux le véhicule caractéristique.

Cet usage n'était pas entièrement aboli, il y a une quinzaine d'années, la ville comptait encore quelques brouetteux.

La brouette est restée l'emblème de la cité tourquennoise. Les uns en font un objet d'agrément : porte-bouquets, vide-poches, porte-cartes, les autres s'ingénient, à tort, à la ridiculiser, en répétant la légende suivante :

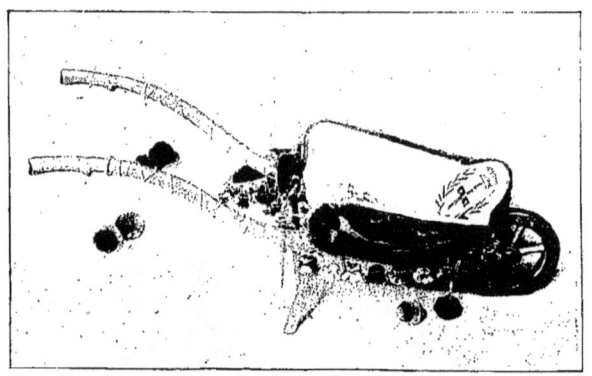

La brouette tourquennoise.

« Un Tourquennois voulait entrer à Lille avec une gaule posée en travers sur sa brouette. La porte de la ville n'étant pas assez large, le brave homme ne vit rien de mieux que de retourner à Tourcoing avec gaule et brouette. Là, le conseil de mettre sa perche en longueur lui fut donné, ce qui permit au Tourquennois d'entrer dans la capitale flamande, sans difficulté. »

Les Tourquennois ou Broutteux sont si fiers d'appartenir à leur cité, qu'ils veulent que tout le monde le sache, lorsqu'ils sortent en promenade, dans les environs. A cet effet, ils emportent avec eux une petite brouette, un joujou, et lorsqu'ils reviennent, le soir, ils la plantent comme une fleur sur leur coiffure. Ils ont un journal en patois *le Broutteux*, qui se vend à la gare du Nord et sur toute la ligne.

La jolie brouette ornementale que vous voyez ici, est un porte-cartes. Les armoiries de la ville y sont brodées au fond. Elles sont d'argent à la croix de sable, chargée de cinq besans d'or.

L'ÉCOLIÈRE DE PARIS

C'est bien elle, l'enfant de la Ville, avec son petit air délicat, plein de malice ; elle se rend à la belle École, élevée comme un palais pour abriter de petites âmes, auxquelles de braves institutrices enseignent les connaissances littéraires et scientifiques qui composent le petit bagage de l'Instruction primaire.

A l'école, l'enfant de Paris est abrité comme sous l'aile maternelle, vêtu, s'il n'a pas d'habits, nourri s'il n'a pas une nourriture suffisante dans son petit panier. L'organisation pour son bien-être est aussi délicate que possible.

L'école a douze classes, soit une population de mille fillettes. Chaque classe se reconnaît à la couleur d'un ruban de laine passé diversement sur le tablier de mérinos noir.

Les cheveux de l'enfant, s'ils sont courts, sont enserrés dans un ruban toujours propre ; s'ils sont longs, ils sont réunis en une grosse natte qui pend sur le dos et est arrêtée par un nœud. Cette natte unique dégage complètement la fillette du souci de sa coiffure. Un petit col blanc crocheté par elle égaie un peu son costume austère.

Quelle différence présente cette petite écolière avec celle d'autrefois. Il y a une quarantaine d'années, les enfants n'étaient pas du tout jolis, j'entends ceux du peuple. Ils

L'écolière de Paris.

n'avaient pas cet air de netteté qui les caractérise aujourd'hui ; l'hygiène n'était pas entrée par la porte de la modeste demeure familiale ni par celle de l'école.

Les petites filles étaient mal habillées ; même celles de la classe aisée portaient, dans la dure saison, de longs pantalons en laine, semblables d'aspect à ceux des garçons, ils descendaient jusqu'aux brodequins, des bonnets noirs ou blancs couvraient leurs têtes.

Il n'existe heureusement aucune trace de cette mise grotesque et peu soignée. Grâce au bon marché des étoffes et des vêtements, la fillette, en courant, fait briller les notes gaies de ses bas roses, bleus ou rouges, ses jupes sont courtes, ses pantalons sont blancs. Sa tête mignonne reste nue, aussi chaque matin un coup de peigne vient à bout de sa chevelure.

La petite Parisienne, c'est un petit être sensitif, intelligent et travailleur, pleine d'esprit comme son frère le gamin de Paris ; elle égrène de rires gais toutes ses causeries ; elle est surtout bonne, elle partagera son déjeuner avec une compagne et saura apporter une fleur cueillie sur le jardinet de sa fenêtre à sa directrice qu'elle adore, elle aime le beau et le bon. Peut-être rit-elle trop, se moque-t-elle un peu, mais ce trésor de bonne humeur, c'est, dans la ville luxueuse, sa sauvegarde contre l'envie. Son esprit critique, qui s'aiguise sur tout, lui montre la vanité des choses.

Ce n'est pas isolée qu'il faut voir la petite écolière, mais au milieu de ses compagnes, à la sortie de l'école. Tout ce petit monde alerte reprend à l'air libre un entrain délicieux. On dirait une nuée de pierrots au sortir d'un buisson, même costume sombre, même vivacité, même mine éveillée, même effronterie. Tout cela bourdonne, rit, jase, se penche l'une sur l'autre, se raconte mille histoires.

Ces petites filles ont sur leur tête des chapeaux impossibles, cabossés, cassés, couverts de plumes étiques, de rubans sans couleurs, de fleurs passées. Ont-ils jamais été neufs?

Ces singulières coiffures, très amusantes, sont à l'arrivée à l'école placées à des patères, mais y subissent des poussées qui les brisent, puis les poussières, les chutes, le soleil et la pluie font le reste.

Il est dans l'année un moment bien pittoresque pour nos petites écolières, c'est la veille des prix. Dès le matin, elles vont l'une après l'autre chez les différents coiffeurs de leur quartier, se faire tourner les cheveux en papillotes, elles sortent des boutiques, la tête lourde comme un boisseau, toute sonnante du bruit que font les papiers en grosses boules autour de leur drôle de petite figure. Ces papillotes, de toutes les couleurs, échelonnées sur plusieurs rangs, font un étrange effet.

Le lendemain, l'écolière se vêtira d'une robe blanche, souvent celle de sa première communion, sa taille sera entourée d'un ruban de couleur, couleur de sa classe, et tous ses cheveux retomberont en grosses boucles sur ses épaules.

Quelques-unes seulement rapporteront des prix, car si les prix sont beaux et bien choisis, ils sont rares, mais les aînées s'en consolent, elles tiennent dans leurs mains un parchemin qui vaut bien un prix, c'est le certificat d'études; les autres ont les dessins qu'elles ont exposés, de beaux travaux à l'aiguille. On leur a donné une couronne pour encadrer leur jolie coiffure, puis elles ont vu la cérémonie, les classes ornées de fleurs en papier, les banquettes couvertes de crépine rouge, il y a eu des discours, et quelle qu'en soit l'éloquence, la petite écolière aime entendre discourir comme ses grands-parents, les Gaulois.

C'est fini de l'école pour beaucoup. Notre petite écolière

deviendra peut-être l'ouvrière habile devant laquelle les plus grandes dames s'inclineront pour être vêtues avec élégance, habillées ou coiffées par ses doigts de fée. C'est elle qui créera les modes nouvelles imitées du monde entier.

Ce n'est pas à l'école qu'elle a appris l'histoire de l'art, mais dans l'air ambiant de Paris, devant ses magasins, ses revues, au théâtre.

La Parisienne, c'est un être d'élite, bien souvent calomniée par les esprits superficiels qui ne voient dans la grande ville que l'écume apportée par le courant provincial ou étranger, car tout ce qui est mauvais arrive à Paris pour y vivre mieux caché.

Ce vilain monde n'est pas Paris. Aux heures sérieuses du siège, Paris, livré à lui-même, a montré ce qu'il valait, ce qu'il contenait de vertu et de courage, les femmes du siège, les femmes du peuple ont toutes été des héroïnes!

Mais pardon, petite écolière, d'évoquer en parlant de toi, gai rayon de soleil, une image aussi triste, j'aime mieux finir sur un de tes refrains d'école :

> Sonnez chansons, riez beaux yeux.
> Battez ô cœur joyeux!

L'ÉLÈVE DE CUISINE

Cela paraît étrange de trouver, au milieu de la foule des poupées paysannes ou grandes dames du Musée, cette gentille petite cuisinière si soigneusement habillée, près de ce minuscule fourneau à gaz, outillé à merveille.

Qu'est-elle donc?

Elle représente une élève de cuisine de l'école primaire supérieure de Paris, Edgar-Quinet.

Sur la nappe, au coin, à gauche, vous voyez les initiales de la maison.

Depuis la création de l'école, M. Driessens y a fait jusqu'à ce jour un cours de cuisine, et c'était fort intéressant de le voir, aidé de l'aimable Mme Driessens, donner ses conseils au jeune auditoire.

Les jeunes filles avaient toutes un tablier à fond blanc, piqueté de fleurettes. Elles étaient alignées, debout, dans le réfectoire de l'école devant une immense table et, sous les ordres du maître, préparaient une omelette au lard, des rognons sautés, une crème à la vanille, etc. On goûtait ces mets qu'on trouvait exquis.

Oh! comme M. Driessens était coquet de la tenue de la cuisine, il voulait qu'elle fût plus soignée que le salon! Lui-même professait en habit!

Nous parlons au passé parce que M. Driessens est un peu las et que cette année sera, sans doute, la dernière de son professorat; il est arrivé à la retraite, il est décoré.

Mais aussi, c'est que ce maître en cuisine est doublé d'un philanthrope.

Tous ces cours, il les a faits pour l'amour de l'art comme fait M. Bouchor pour la musique. Dans un ordre d'idées différent, ces deux apôtres de l'enseignement sacrifient leur vie aux écoliers. Non seulement M. Driessens donnait sa peine, mais il apportait à l'école toutes les choses qui se cuisinaient : légumes, viande, condiments, aromates.

Il faisait davantage.

Le jour de la distribution des prix, à côté des beaux livres destinés aux jeunes filles, on voyait sur la table, mêlées aux couronnes, des casseroles, des sauteuses, des bouilloires en cuivre étincelant, à l'intérieur étamé.

C'étaient les prix de cuisine donnés par le maître généreux.

Nous avons vu des hommes très graves, des ministres présidant la cérémonie solennelle, sourire en remettant eux-mêmes de superbes casseroles aux jeunes lauréates.

Le Musée, lui aussi, a de la reconnaissance envers cet homme de bien. Ce petit fourneau a coûté 100 francs à M. Driessens, qui l'a offert lors de l'Exposition de Lyon, à laquelle le Musée prit part en 1896; il marche au gaz, il est bondé de marmites, de plats de toutes formes, d'écumoires, voyez rien n'y manque; il fait la joie chaque jeudi des enfants qui visitent le Musée.

Notre petite cuisinière vient de disposer avec art des fruits sur une tarte; elle sait combien de temps son gâteau exige de cuisson.

Elle sait bien des choses : établir des menus bon marché,

reconnaître les bons aliments des mauvais, ne pas confondre le beurre avec l'affreuse margarine.

Certains matins, M. Driessens allait avec ses élèves aux

L'élève de cuisine.

Halles centrales et leur apprenait *de visu* à choisir le poisson frais, les fruits mûrs, les légumes frais cueillis, à reconnaître les viandes, les volailles, etc.

C'est que la cuisine est un art bien nécessaire à savoir; de la cuisine dépend la santé, de la santé dépend le travail, la gaîté, et souvent la bonne harmonie des familles.

Les écoles de cuisine se généralisent. Nous connaissons une femme du grand monde qui distribue dans les campagnes des fourneaux et donne, elle-même, aussi des leçons profitables aux paysannes pour bien faire cuire les aliments et établir des menus nourrissants, à très bon compte.

Toutes les jeunes filles, quel que soit leur état de fortune, doivent connaître les principes de la cuisine, toutes sont appelées à être mamans, il faut bien surveiller la nourriture des gentils bébés, celle du mari.

Il arrive, hélas! quelquefois des maladies; lorsqu'on a des convalescents, ce n'est pas trop de l'œil de la maîtresse de maison pour veiller à ce que certains petits plats s'élaborent comme il convient.

La table peut être jolie, couverte de fleurs et de dentelles, mais toute cette pompe n'est rien si les mets sont mauvais.

Les maisons où l'on mange bien deviennent rares; il n'en était pas ainsi autrefois. Aujourd'hui, la hâte d'en finir vite domine tout. Voyez les lunchs, les buffets des soirées, tout cela est atroce au point de vue culinaire. A plus forte raison, doit-on réagir, il faut soigner l'alimentation. C'est à table que la famille se réunit, c'est à table qu'on fait les affaires, qu'on cimente les unions, c'est à table qu'on fête les naissances, les anniversaires des jours heureux.

Croyez que l'art culinaire n'empêche nullement la femme d'être bien tenue. Venez voir au Musée la toilette de notre élève de cuisine, c'est un chef-d'œuvre d'élégance et de couture : la jupe est doublée de soie claire, mais ne s'altérera pas, car la cuisine doit être irréprochable de propreté.

Connaissez-vous une attitude plus gracieuse que celle d'une jeune fille du monde qui met un tablier de cuisine et qui goûte au plat qu'elle vient d'élaborer? Rien qu'à la voir, l'eau vient à la bouche.

Cette même jeune fille, tout à l'heure après le dîner, s'assiéra au piano et charmera ses parents par un chant bien rythmé, ou brodera, sous la lampe, une fine dentelle. On ne saurait trop applaudir à l'enseignement raisonné de la cuisine dans les écoles et dans les familles ; il faut savoir mettre la main à la pâte, l'art de la cuisine est fort digne ; qui ne sait que Rossini excellait à faire certains plats?

Dans la corbeille de noces de sa fille, une mère spirituelle et prudente mit, au fond, un minuscule petit livre recouvert de soie blanche comme un cantique le jour de la première communion : c'était un délicieux traité de cuisine, édité chez Hachette et Cie et publié sous le titre de *la Cuisine des petites ménagères*.

Ne devons-nous pas tous, comme le bonhomme Chrysale, vivre de bonne soupe?

POUPÉES NORMANDES DE CAEN
ET DE BAYEUX

« Si tu veux être heureux, va entre Caen et Bayeux », dit un proverbe normand. Donc voulant être heureuse, nous avons accompli ce petit voyage, et nous avons rapporté les petites dames que voici.

La plus modeste représente une femme de Caen en costume actuel; la seconde, qui a été accablée de compliments aux expositions de Rouen et de Paris, est une élégante fermière de Bayeux, dont le riche bonnet ne se porte plus, et c'est bien dommage.

Les coiffes très hautes, si élégantes, les voiles légers qui volaient au moindre souffle d'air, les papillons immenses, en dentelle, qui seyaient très bien aux opulentes Normandes, tout cela a disparu.

Alors la coiffure de Caen, si humble qu'elle soit, nous paraît-elle intéressante, puisqu'elle n'est pas de la mode, qu'elle est encore un type, portant un nom spécial : *la bonnette*.

Les Caennaises donnent ainsi une preuve de grand bon sens, de même les femmes de Granville qui portent aussi une certaine coiffe originale aux pans relevés sur la tête. Mais à part ces exceptions et le bonnet de coton qui disparaît

POUPÉES NORMANDES DE CAEN ET DE BAYEUX.   115

également, vous ne trouverez plus les coiffures d'autrefois en Normandie. Bien entendu nous ne parlons pas des personnes âgées; il existe encore partout dans notre cher

Femme de Caen et fermière de Bayeux.

pays, de vieilles personnes, restées fidèles au costume de leur belle jeunesse. On les rencontre aux noces, aux premières communions, aux grandes expositions, ce qui explique que tout le monde a raison, et ceux qui disent : « Il n'y a plus de costumes en France », et les autres qui ajoutent : « Pardon, il y en a encore beaucoup pour ceux qui savent chercher et voir ».

L'évolution qui s'est faite dans la coiffure de la Caennaise, est amusante.

Après les hautes envolées de dentelle, la femme de Caen portait, il y a quarante ans environ, la *calipette*, sorte de bonnet auréolé comme celui de la Boulonnaise, terminé derrière par un large nœud de ruban, souvent écossais et dont les bouts flottaient sur le dos, mais tandis que le bonnet de Boulogne descend sur le cou, le fond de la calipette montait et enfermait les cheveux, soutenus par un peigne à la girafe.

Aujourd'hui la *bonnette*, vous le voyez, n'a d'original que cette sorte de couronne d'un gaufrage spécial, en ruban de soie ou de coton, qui s'attache à l'arrière, à l'aide d'un ruban ou d'un nœud de dentelle. Un velours noir formant serre-tête dépasse la bonnette et fait valoir la dentelle.

Avec la calipette a disparu le fichu à bordure de cachemire aux voyantes couleurs; il est remplacé par le triste caraco qui n'a aucune grâce. Plus de guimpe blanche, par conséquent plus de bretelles en velours pour tenir le large tablier.

Puisque la Normandie n'a point été, comme la Bretagne, fidèle à la tradition de ses costumes anciens, consolons-nous-en par le souvenir, en regardant dans une vitrine du musée, les Normandes d'autrefois.

Notre belle dame de Bayeux a été habillée, comme la Caennaise, par les jeunes filles de l'école de Caen, mais avec quel soin, quelle richesse, quelle exactitude ! En province on peut acheter, dans les magasins, des étoffes, des bijoux, datant de cinquante, soixante ans. A Paris, on ne les trouverait nulle part peut-être, car les magasins d'antiquités n'ont que des choses très anciennes ou d'époques très caractérisées. C'est à ce concours de circonstances que notre groupe de poupées normandes doit ses qualités d'exactitude. Les bijoux sont en or, adaptés à la taille de nos petites personnes, et les étoffes ont enchanté les gros commerçants

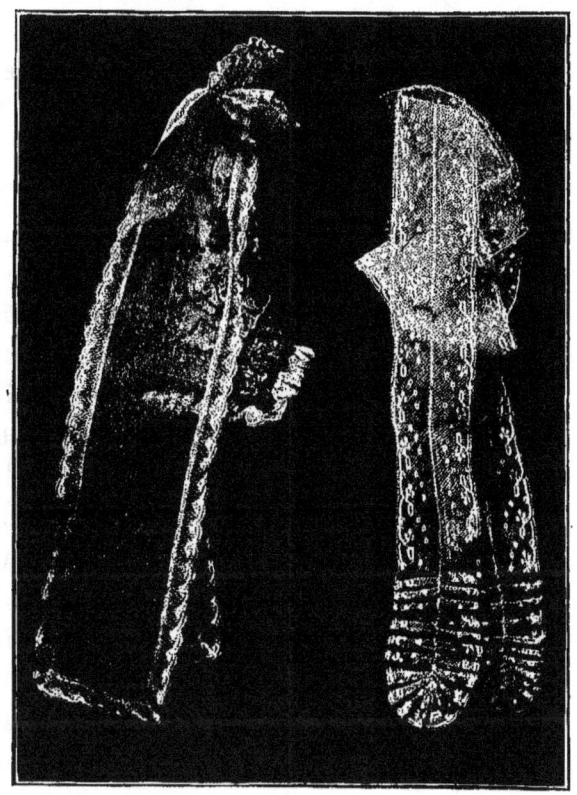

Bonnet cauchois et bonnet de Bayeux.

de tissus de la région normande, parce qu'ils y retrouvaient des types intéressants.

Le bonnet de la fermière est très riche, il est en vraie valenciennes à bord uni, à réseaux carrés. Voyez aussi la photographie des deux points de Bayeux qui ornent les jupons, ils ont été copiés d'après d'anciens modèles de cette dentelle qui se faisait à Bayeux même.

Une femme très érudite, Mlle Amélie Bosquet, a écrit le texte de deux in-folio sur la Normandie [1], ses usages, ses costumes ; parlant des coiffes, elle rapporte les immenses bonnets à deux types dont voici des exemples : 1° le bonnet de notre fermière de Bayeux, 2° le bonnet cauchois.

« Ce dernier, dit-elle, fait exception avec tous les autres ; il se portait dans les environs de Dieppe, du Havre, d'Yvetot, c'est-à-dire dans le pays de Caux.

« Il se composait, ajoute-t-elle, d'une carcasse en soie, richement brodée d'or ou d'argent, et affectait la forme d'un cône ou d'une longue corne un peu recourbée. A l'extrémité s'attachaient les barbes, souvent plissées et tuyautées, formant sabot, qui retombaient ensuite jusqu'à mi-corps, en jouant autour de la tête et des épaules ; quelquefois même, elles étaient assez longues pour descendre jusqu'au bas de la robe, mais alors on les redoublait et on rattachait les extrémités à la hauteur du chignon. L'emploi de la carcasse, qui était la pièce principale de la coiffure, et l'absence complète de passe et de fond, constituaient une différence marquée entre le bonnet cauchois et les autres bonnets normands. »

Remarquez que le bonnet de Bayeux a, en effet, une passe et un fond couverts de dentelle, et que les barbes ne sont pas disposées comme celles du bonnet cauchois. Les barbes de celui-ci ressemblent à un voile, tandis que celles du bonnet de notre fermière simulent plutôt des brides flottantes. C'est à dessein que nous avons placé, à côté l'une de l'autre, ces deux jolies coiffes, afin que vous puissiez les comparer, car on les confond quelquefois.

Excepté les hauts bonnets ressemblant à celui de Bayeux, toutes les coiffes normandes s'éloignent du type cauchois ;

---

[1]. *Normandie illustrée.*

elles n'ont pas de barbes flottantes, mais rigides, tenues toujours par le pied de la dentelle, et simulant des ailes; ou bien elles sont plissées et tuyautées et tournent autour du bonnet. Celui-ci se pose droit sur la tête, le fond en haut, ou s'abaisse plus ou moins jusqu'à prendre quelquefois la

Bords de jupons en point de Bayeux.

direction horizontale. Nous avons un bonnet de Louviers (Eure), qui se pose ainsi, il s'appelle la *pompe à feu*.

Mlle Amélie Bosquet est très intéressante à suivre quand elle veut donner au bonnet cauchois une origine qu'on ne lui connaît guère. Il est d'usage de rapporter toutes les hautes coiffures au hennin du XVe siècle que portait Isabeau de Bavière. Mlle Bosquet trouve qu'elles se rapprochent davantage d'une coiffe appelée *Bourgogne*, qu'elle a vue dans le département de la Manche; elle pense qu'il y a une analogie entre le bonnet cauchois et celui que portait Marie de Bourgogne.

A vous de décider la question.

LA FERMIÈRE BERRICHONNE OU LA FÊTE DES VIGNERONS A PLANCHES DANS L'INDRE

C'est une mode, on ne veut plus boire de vin dans certaines familles; ce vin, que la nature prodigue généreusement au sol de France, on l'accuse de tous les maux. Et qui fait cela? Les propres enfants de notre riche pays vignoble.

Jadis, nos pères buvaient ferme, et nous avons là sur nos étagères, de grands verres sans pied qui leur étaient d'un usage journalier, et où sans doute, ils mettaient plus de vin que d'eau.

Mais aussi le vin était pur. On ne le falsifiait pas, on n'avait pas trouvé des bouquets chimiques pour sophistiquer avec bon aspect et bon goût des mixtures infâmes.

Ces bons vins ont contribué à créer les caractères d'hommes de notre cher pays, mais quel que soit l'ostracisme que subit le vin sur certaines tables, il reste cependant de nombreuses vieilles familles où le vin continue d'être la boisson en usage, où la cave est un endroit respecté, où les bouteilles différentes de forme, selon les crus s'alignent avec soin dans des casiers à clés, encapuchonnés de couleurs variées, où l'âge des vins est inscrit, dont on tient même un registre, cave dont le soin est réservé au maître de la maison, quelquefois même à la maîtresse.

Ces vins sont distribués aux convives avec dévotion les jours de fête, baptêmes, première communion, noces d'argent,

Fermière berrichonne.

anniversaires des enfants. Bien que ce ne soit plus l'habitude, on choque encore, au dessert, les verres à la santé des uns, à leur prospérité, au bonheur de tous.

Notre jolie poupée, fermière berrichonne, est un portrait

exact d'une femme née près d'Issoudun dans l'Indre; elle porte, comme elle, le costume, de la Saint-Vincent, la fête des vignerons. Ce costume est fort curieux, car toutes les étoffes dont il est formé ont été filées et tissées à la main au temps du roi Louis XVI. Elle est coiffée du *berryate*, c'est-à-dire du bonnet berrichon dont la forme est la plus ancienne.

C'est à l'école primaire supérieure de Gien que cette poupée a été habillée avec des morceaux de ces vieilles étoffes, dont nous venons de parler, par les soins de Mme Rochas-Faure.

Le ministère de l'Instruction publique ne lui avait pas adressé de demande personnelle comme aux directrices d'écoles normales, mais Mme Rochas-Faure, qui fut longtemps dans une école d'Alger, a voulu nous offrir cette curieuse paysanne, pour nous témoigner de son amour pour notre œuvre et du bonheur qu'elle a d'être revenue dans la mère patrie, près des siens.

Nous sommes donc à Planches, en grande fête vigneronne, à la Saint-Vincent.

Pourquoi la Saint-Vincent, direz-vous ?

> C'est qu'à la Saint-Vincent,
> La sève monte dans le sarment.
> S'il gèle, elle en descend.

Un propriétaire du pays qui possède des vignobles a acheté à Paris dans le quartier Saint-Sulpice, rue Madame, un saint Vincent magnifique, en ivoirine coloriée et dorée.

Tous les paysans sont endimanchés et les vieilles mamans ont sorti de leurs écrins leurs bijoux anciens : longs pendants d'oreilles, broches qui sont des portraits de famille, longues chaînes de cou, vieilles montres curieuses faisant de la musique, et surtout elles ont mis leur coiffe ancienne de dentelle.

Quels souvenirs cette fête leur rappelle! le temps de leur jeunesse, le mari qui souvent n'est plus, car à Planches comme ailleurs les veuves sont très nombreuses.

Leurs filles sont habillées à la mode de Paris. C'est regrettable, mais comment faire comprendre à la jeunesse que leur taille plus lourde que celle des citadines se prêterait mieux aux lourds tissus coupés plus largement?

Non, elles veulent être tête nue, ébouriffées, avoir des corps de guêpe, des jupes collantes et des cols en carton. Elles supportent d'être gênées, mais la nature ne tient pas compte de leurs désirs, elles restent villageoises quand même, elles sont de fortes et belles filles. Le soleil prend soin de poudrer leur visage de sa chaude poudre d'or, qui vaut bien la poudre froide et blafarde appelée « de riz » par nos élégantes.

La statue de saint Vincent est portée sur un pavois comme nos premiers rois mérovingiens, une procession est organisée, elle part de chez la fermière berrichonne, traverse le village et se rend à l'église, elle marche au son d'un biniou.

La messe est dite par le bon curé qui ne manque pas de prononcer une allocution à ses paroissiens pour remercier Dieu de ses bienfaits, lui demander une bonne récolte. Il n'oublie pas de citer Noé, le premier viticulteur, mais il recommande surtout à ses ouailles de ne pas suivre l'exemple du patriarche, de boire du vin avec modération, puisque, plus savants que Noé au moment de ses premiers essais, ils connaissent le danger du jus de la treille.

A la sortie de l'église, les groupes se forment, on parle du bal qui doit avoir lieu, à cause de la saison rigoureuse de la fête, dans une salle prêtée par un habitant.

Cette salle, le soir, est éclairée par des lampes à pétrole, dissimulées sous des guirlandes de feuilles de vigne découpées dans du léger papier vert mousse, lesquelles retombent sur les glaces avec grâce.

Il y a de nombreuses lanternes vénitiennes descendant des poutres saillantes du plafond, qui n'est pas plafond du tout dans l'acception rigoureuse du mot. On y voit suspendus dans les intervalles des poutres, et toujours enguirlandés, tous les instruments qui servent à la culture de la vigne, à la fabrication du vin; des paniers de toutes formes, de petits tonneaux, des hottes, des serpes.

L'orchestre est disposé sur une estrade, il est constitué par deux violoneux et un joueur de cornemuse.

On danse sans arrêt, on ne boit guère.

Les parents sont assis sur des chaises avec M. le Maire et les notables du pays ; la fermière tient en mains, car elle est très vénérée, un bouquet de fleurs artificielles, n'oublions pas que nous sommes en janvier.

Alors quelques érudits récitent des vers, nos vieilles campagnes comptent beaucoup de bons vieux qui ont fait leurs humanités, jolie expression qui valait mieux que les titres modernes, ils savent encore leur grec et leur latin, comme au sortir du collège, ils parlent des fêtes de Bacchus, du vieux Silène, dont le nom n'est plus rappelé chez nous que dans notre flore par de jolis œillets ventrus.

Tandis que les danseurs épais s'animent, font trembler les planches du parquet sous leurs lourdes chaussures, en enlevant haut leurs jeunes danseuses, un ancêtre récite avec émotion ces vers d'Euripide :

« Evohé! des ruisseaux de lait, des ruisseaux de vin, des ruisseaux de miel, nectar des abeilles, arrosent la terre, et l'air est embaumé des doux parfums de la Syrie. Bacchus, tenant une torche de pin allumée dans une férule, l'agite en courant, excite les danses vagabondes et les anime par ses cris, laissant sa blonde chevelure flotter au gré des vents; en même temps il fait éclater ses clameurs :

« Courage, courage, Bacchantes, délices du Tmolus, dont l'or enrichit le Pactole! Chantez Bacchus, au bruit des tambours retentissants! Evohé! célébrez votre dieu Evios par des cris de joie, par des chants phrygiens, lorsque les doux sons de la flûte sacrée font entendre des accents sacrés en accord avec vos courses rapides. A la montagne, à la montagne! Alors la bacchante joyeuse, semblable au jeune poulain qui suit sa mère dans les pâturages, bondit, et s'agite en cadence. »

LA TOURANGELLE ET LA NIORTAISE

La jolie Tourangelle, dégagée dans son fourreau en gros de Tours, coiffée du bonnet caractéristique de la région, cause avec sa nouvelle amie qu'elle veut entraîner à la découverte de quelques sites de la douce et poétique Touraine.

Mme la Niortaise est plus amplement vêtue : robe de soie gorge pigeon aux reflets rouges, crêpe de Chine admirablement brodé, frange d'une incomparable richesse et bonnet magistral.

Cette sorte de mitre rigide se rencontre très souvent en Poitou, plus ou moins haute, très étendue à Marans, élevée à prendre tout à fait la forme d'un casque à la Mothe-Saint-Héraye.

Elle doit, sous la mousseline, être piquée d'ornements blancs multiples; dame poupée ne présente pas ces broderies, c'est dommage mais si vous voulez vous rendre compte de cette coiffure, vous en verrez une fort ouvragée au Musée ethnographique du Trocadéro.

Les différences entre les façons de se couvrir la tête sont très étranges entre deux départements aussi voisins que la Vienne et l'Indre-et-Loire, mais retenez bien ceci : c'est que la mode de tradition qui a passé au-dessus des révolutions, est une question de province et pas du tout de départements.

En Guyenne et Gascogne toutes les coiffes cartonnées disparaissent, il n'y a plus guère que des foulards.

Mais écoutons nos poupées qui font connaissance :

Tourangelle et Niortaise.

« Vois-tu, dit la dame Poitevine, en jouant avec sa chaine de montre, à l'Exposition de 1900, j'ai obtenu avec d'autres, jolies comme moi, une médaille d'or, et, dans une splendide revue, nous avons été comparées à des fleurs de France, au milieu des moissons scolaires.

— C'est poétiquement dit, répond la Tourangelle. Moi, je

n'ai aucune histoire. Je suis née à l'École normale de Tours où Mme Sourdillon, la directrice, intelligente, douce et bonne, ne cherche jamais qu'à faire pour le mieux.

« Elle a fait donner un beau cadeau au musée de poupées : tous les bustes de femmes représentant les coiffes de France par le grand artiste tourangeau Delperrier.

— C'est très bien, mais, où me conduis-tu ainsi?
— Es-tu poltronne!
— Pas du tout.
— Eh bien! je veux te faire voir d'abord le côté terrible de notre département, œuvre des hommes, les prisons de Loches!... »

Elles entrèrent au donjon, elles étaient un peu trop élégantes pour descendre et monter les degrés moisis des tours, le joli crêpe de Chine faisait traîne sur les marches et ramassait des épaves de toutes sortes, des *bourreliers*, comme on dit en Touraine.

N'importe, les poupées ne regardaient pas à leurs pieds, elles levaient la tête vers le haut des tours, où passaient en croassant des quantités de choucas, — ce sont les petits corbeaux des ruines, — elles trouvaient la hauteur vertigineuse. L'enfer du Dante ne présente rien de plus effroyable. Tout d'un coup, la Tourangelle voit un lichen vert, délicat comme une dentelle, descendre entre les pierres disjointes, mais elle ne peut l'atteindre. Comment faire? Naïvement, elle dit au gardien : « Portez-moi! » et elle détache délicatement cette plante fragile comme du tulle, rarissime, pour l'herbier de l'École normale.

On arrive au cachot où fut enfermé un Poitevin célèbre, Jean de Poitiers, seigneur de Saint-Vallier, père de Diane de Poitiers.

Et alors, nos deux petites femmes, un peu précieuses, —

dame, quand on sort de deux écoles normales! — se rappellent leur littérature moderne, Victor Hugo, et toutes deux ensemble, sur les degrés, débitent avec gestes ces vers du *Roi s'amuse* que le comte de Saint-Vallier adresse à François Ier :

> Nous avons tous deux au front une couronne
> Où nul ne doit lever de regards indiscrets,
> Vous de fleurs de lys d'or et moi de cheveux blancs.
> Roi, quand un sacrilège ose insulter la vôtre,
> C'est vous qui la vengez, c'est Dieu qui venge l'autre.

Le gardien reste ébahi, c'était si étrange, cette scène au fond de ce terrible donjon.

« Dites-moi, mes mignonnes, fait-il une fois qu'on fut remonté vers les jardins, vous devez écrire dans les journaux! Quel esprit vous avez! Ici, il vient des princesses, jamais une seule ne m'a impressionné comme vous le faites! »

La Poitevine remercie en secouant un peu ses falbalas, la Tourangelle sourit.

« Nous allons prendre une calèche, dit-elle, car la Touraine ne se visite bien qu'en voiture découverte, en allant piano. On respire ainsi l'air subtil du pays, la poésie si douce des sites vous envahit, c'est un état délicieux qui tient du rêve!

— Je te remettrai à la frontière de ton département en te faisant visiter, excepté Chinon, des lieux peu explorés, Bossée, Manthelan, Sainte-Catherine-de-Fierbois et Richelieu.

— Un pèlerinage de Jeanne d'Arc, à Sainte-Catherine, oh! tant mieux! dit la Poitevine.

— Oui, mais mon but est double, prenons de la sciure de bois dans de petites boîtes.

— De la sciure, des boîtes, quoi donc?

— Laisse faire. »

Le temps était doux. Arrivées à Manthelan, elles descendent de voiture. Un gros tas de sable, blanc comme la neige, était au milieu de la place.

« Oh! fit la Tourangelle, la chance est pour nous. Enlève ton crêpe de Chine, mets-le dans la voiture, dépose aussi ton casque à grandes brides. »

La Poitevine obéit.

« Relevons nos jupes en lavandières et vite, à quatre pattes, devant ce tas de sable. »

« Ma compagne est folle! » pensait *in petto* la Niortaise.

La Tourangelle criait : « C'est ravissant! Je rêvais de ramasser des coquilles falunières, en voilà à tourner de plus fortes têtes que la mienne! Tu sais, la Touraine est célèbre pour ses faluns, sable coquillier qui sert d'engrais; mais, regarde ces coquilles intactes, vois cette délicieuse clochette avec ses rangées de perles. C'est la *Turritella bicarinata*. Quel joli nom!

— Oui, il sonne agréablement, répondit la Poitevine.

— Regarde cette volute, ce cardium, est-ce délicieux de forme?

« Vois-tu, la mer a couvert la Touraine au temps lointain et toutes ces coquilles l'habitaient. Quel monde! Que la nature est belle et variée. »

Et la Tourangelle remplissait ses boîtes où la sciure tenait lieu d'emballage.

La poupée de Niort s'amusait énormément.

Cependant tout a une fin. On se rhabilla dignement et on remonta en voiture pour Sainte-Catherine.

L'église était simple et recueillie. Puis à nouveau, longuement, on parcourut de belles routes et on arriva sur le tertre où se dresse la statue de Rabelais devant la vue panoramique de Chinon!

« Oh! quelle vue! s'écria la Poitevine.

— Vois, dit la Tourangelle, c'est, en effet, un paysage unique : sur la colline, tu suis les ruines de trois châteaux célèbres; tiens, vois, sur le milieu, c'est là où était la cheminée sur laquelle s'appuyait le roi, quand Jeanne d'Arc le reconnut. Ces trois châteaux occupent une demi-lieue d'étendue.

« Au contre-bas, serpente une rue que nous allons visiter; puis tu vois la troisième ligne des quais avec leurs maisons de date récente, et enfin, au bas du paysage, la Vienne qui va bientôt se perdre dans la Loire. »

La Poitevine admirait.

« Et, dit-elle, dans notre Vienne limpide se répète le décor magique que tu viens de m'expliquer!

— Rabelais, né ici, ne se lasse pas de contempler ce spectacle divin », ajouta la Tourangelle.

Dans la rue qui ourlait le bas de la colline, les deux poupées s'engagèrent, mais son étroitesse est telle, que leurs jupes de soie, avec leur envergure, occupaient presque toute la largeur.

On dirait être au xv° siècle, quand on parcourt cette rue aux petites fenêtres plombées, aux petites portes garnies de curieuses garnitures en fer forgé.

« Est-ce ici, dit la Tourangelle à un vieillard qui passait, la maison habitée par Henri II?

— Qu'est-ce que ce *particulier-là*? fit-il, je ne le connais pas, demandez à la boulangère. »

Vous pensez si les poupées sourirent. Mais la journée avançait, il fallait se hâter.

« Cocher, menez-nous à Richelieu! »

Richelieu, c'était la dernière étape.

Le trajet fut long, très long, et tout droit, on aurait cru aller au bout du monde. Enfin, après avoir parcouru longtemps la campagne, on se trouva tout d'un coup devant une sorte de Palais royal, l'effet fut saisissant. Richelieu, né là, y a fait élever à ses frais toute une ville magnifique, une longue rue dont toutes les maisons sont semblables et se tiennent. Mêmes balcons, mêmes grandes portes, mêmes ornements partout. Toute cette architecture a grand air. On ne pénètre et on ne sort de Richelieu que par des portes monumentales.

« Ah! que c'est beau! s'écriait la Poitevine, on croirait que c'est notre Mélusine qui, en une nuit, a déposé cette ville élégante ici, au milieu de cette calme nature! Quelle unité de construction!

« Quel décor merveilleux!

« Mais où est Louis XIII et sa cour et les collerettes en points de Venise?

— Oh! s'écria, lyrique, la Poitevine enthousiasmée, qui pourrait ramener la mode des rubans aux épaules, les pourpoints de satin, les grands feutres aux plumes retombantes, les épées traînantes? C'était le beau temps! »

Sur cette exclamation, les deux poupées se serrèrent les mains et se séparèrent.

LA MARIÉE D'OLÉRON

Une de nos poupées me rappelle une légende que mon grand-père se plaisait à nous conter.

Il était une fois, dans l'île d'Oléron, une vieille pêcheuse qui avait fait de sa fille cadette une vraie demoiselle, en ce sens que jamais elle n'avait voulu que son enfant s'occupât des soins du ménage, ni travaillât au dehors pour gagner un salaire.

Imelda ne savait que lire, écrire, broder sur le tulle et faire des tartes et des galettes.

La vieille pêcheuse et sa fille aînée Bastienne (le père était mort) gagnaient le pain quotidien, et s'occupaient de l'intérieur, c'étaient de rudes femmes à l'ouvrage.

Pourquoi Imelda ne partageait-elle pas leur labeur?

C'est qu'elle avait été très délicate de santé, étant enfant.

Imelda était regardée par sa mère et sa sœur comme un de ces jolis oiseaux des îles qu'on garde en cage et qui charment la maison par leur beauté, leur gaîté et leur chant.

Elle était grande, brune avec le teint blanc, gracieuse et affable avec tous. Condamnée à la rêverie par le manque d'activité, elle s'était fait de la vie une idée particulière, où les fleurs jouaient un grand rôle avec les oiseaux et les bêtes domestiques.

En un mot, Imelda, aidée par quelques lectures, toujours les mêmes, sur les légendes, les contes de sa province, Imelda était romanesque.

Arriva l'âge de la marier. Bastienne, sa sœur, avait déclaré rester fille et demeurer toujours près de sa mère, à la condition de voir Imelda contracter une union à son gré.

Les partis se présentèrent nombreux pour Imelda; dans ce monde de pêcheurs on se marie parce qu'on se plaît; il n'y a pas d'argent, on sait s'en passer.

Mais Imelda ne se décidait pas.

« Je suis très heureuse près de vous, ma chère mère et ma bonne Bastienne, disait-elle, pourquoi aurais-je hâte de vous quitter? »

Les jours passèrent.

Cependant un soir de fête, à la veillée, alors que les trois femmes causaient près de la grande cheminée en compagnie de trois jeunes gens de l'île, prétendants à la main d'Imelda, la vieille pêcheuse intervint un peu vivement pour décider sa cadette à choisir un mari.

Imelda, alors, releva son cou délicat, une teinte rosée se montra sur ses joues pâles et elle dit :

« Ma mère, je veux bien me marier, mais à une condition, c'est que je choisirai pour époux le premier jeune homme qui m'apportera une fleur dont je rêve, je l'ai vue peinte sur un livre d'église, il y a longtemps, chez défunte ma marraine, je ne l'ai depuis jamais oubliée. Elle a la forme d'une coupe très haute dans laquelle serait tombée la couronne d'une de nos saintes, cette couronne porte douze pointes, il me faut cette fleur pour la replanter et la voir fleurir chaque année. »

A ce récit étrange, les trois jeunes hommes se regardèrent.

« Cette fleur, dit l'un d'eux, est-elle fleur de France?

— De France, répondit Imelda, ma marraine me l'a dit.

La mariée d'Oléron.

— Alors rien n'est impossible, nous la chercherons », firent-ils; et ils quittèrent la maison de la vieille pêcheuse ayant tous les trois le même espoir dans le cœur.

Les jours se suivirent.

Imelda brodait tandis que sa mère et Bastienne continuaient leur vie de travail.

Les trois amis, familiers de la maison, avaient résolu de chercher la fleur couronnée, chacun séparément, et d'accepter leur triomphe ou leur défaite de bonne amitié.

Quoi de mieux! ils resteraient rivaux et amis.

Oléron et les îles voisines n'existaient pas autrefois, elles faisaient corps évidemment avec la terre ferme, ce n'est que les flots et les vents qui les ont détachées de la France en créant des détroits, souvent effroyables à traverser pour les bateaux, témoin ce terrible pertuis de Maumusson, appelé la Male-Bouche, au sud d'Oléron.

Un jour que le formidable détroit s'entendait à distance et faisait dire à la vieille pêcheuse et à ses filles : « Maumusson grogne », un de nos prétendants ne craignit pas de le traverser sur une barque légère.

Il doubla son île natale du côté des sables mouvants et aborda à l'île de Ré.

Il songeait à la fleur demandée par Imelda, mais, déjà découragé par des recherches vaines, il s'abandonnait aux mains du hasard.

Ayant fixé sa barque, il se mit à parcourir l'île du nord au sud et arriva à la lande.

Il s'assit près de la mer.

Tout à coup, ayant levé les yeux au sommet de la montagne de sable, il vit une grande fleur qui se balançait au vent et qui étoilait de sa blancheur nacrée la lande stérile.

« O mon Dieu », fit-il en comprimant son cœur qui battait à se rompre.

Il distingue de loin la finesse de la coupe, il gravit plein d'émoi la hauteur, le sable menu glisse sous ses pas, il arrive.

O joie, ô surprise, ô ravissement, la fleur embaume, il la regarde de près, il voit une couronne portant les douze pointes, disposées deux à deux.

Il ne peut se tromper.

C'est elle, la fleur d'Imelda, la fleur de missel à l'odeur suave ; elle est unique mais d'autres boutons l'entourent prêts à s'entr'ouvrir.

Après avoir jeté vers le ciel rayonnant de lumière et de soleil un soupir de joie, il songe à cueillir la fleur si longtemps cherchée.

Les difficultés commencent, le sable mouvant ne permet à la fleur précieuse d'éclore au soleil qu'à la condition d'être fixée très profondément dans le sol ; et c'est au prix de bien des peines que notre jeune homme, qui craint de briser la longue tige de la fleur, arrive enfin à découvrir un tubercule à plusieurs enveloppes qui forme le pied même de la plante.

La voilà dans toute sa longueur, étendue sur la dune. Il l'enveloppe avec soin avec des herbes marines et la porte précieusement à la barque où elle ne craindra aucun contact.

Le vent s'est apaisé, notre héros fait le tour de l'île et revient en Oléron par le terrible Maumusson dont les grognements ont cessé.

C'est l'heure du souper ; il prend la fleur précieuse et la porte à Imelda.

Imelda demeure un instant silencieuse.

« C'est bien elle, dit-elle, la fleur rêvée, la fleur du missel » ; elle la baise pieusement et tend la main au jeune homme.

Tous deux vont dans le jardin pour remettre la plante en terre ; la vieille pêcheuse et Bastienne sont heureuses.

Il faut creuser très loin, ameublir le sol avec de l'eau, creuser encore, préparer du sable pour remplacer la terre compacte qui ne convient pas à la fleur des dunes. Le travail est long, mais, ô surprise, à l'endroit même où doit être planté le précieux tubercule, le jeune homme rencontre une boîte en fer oblongue. Imelda l'ouvre et en tire un parchemin : c'est un feuillet de missel sur lequel la fleur est peinte dans toute sa pureté. Une inscription est au-dessous, Imelda la lit avec recueillement.

« Pour que le vent de l'adversité et le temps n'altèrent pas votre bonheur, cachez-en les racines au fond de votre cœur, c'est-à-dire aimez-vous bien ; mais c'est au soleil que la fleur doit s'épanouir, c'est-à-dire rendez heureux ceux qui vous entourent. »

Le mariage eut lieu peu de temps après cet événement.

Imelda était exactement vêtue comme notre poupée ; sa robe était d'un mauve très tendre, elle avait un fichu de blonde blanche et, sur la tête, la grande et large coiffe de dentelle qui est encore en usage en Oléron, ornée de fleurs d'oranger posées en peigne ; deux longues guirlandes de cette fleur nuptiale descendaient le long de son corsage et elle tenait à la main, entourée d'un joli papier dentelé, une fleur de missel éclose dans le jardin maternel, du pied même arraché dans les dunes de Ré par son époux.

Vous plaît-il de savoir le nom de cette fleur? C'est une Amaryllidée, elle s'appelle le lys Mathiole, en latin le *Pancratium maritimum*, c'est-à-dire la toute-puissante.

LA BELLE AGATHOISE

Le golfe du Lion dessine au sud-est de notre belle France une courbe gracieuse qui diminue chaque jour sous le recul de la mer et l'apport des fleuves riverains. Autrefois elle était marquée par une mer intérieure où évoluaient les tartanes, sortes de barques plates portant la voile latine attachée à une longue antenne.

Cette mer intérieure s'est transformée en étangs nombreux où vivent de jolies familles de plantes d'eau douce et d'eau salée, en compagnie de nombreux poissons.

Pour les naturalistes, c'est un voyage curieux à faire que l'exploration de tous ces rivages découpés comme ceux de la Grèce antique et qui ont le même ciel lumineux.

La ville d'Agde, d'où vient notre poupée, est située au milieu de ce golfe célèbre, à l'embouchure de l'Hérault. Elle est d'origine phocéenne comme Marseille, et son nom grec, Agatha, signifie *Bonne Fortune*, parce que c'était près de son rocher de Briscou, entre le cap d'Agde et la montagne Saint-Loup que se trouvait « le bon mouillage ».

Mais c'est sous un nom moins gracieux que le Vénitien Marco Polo, au xiiie siècle, la désigne ; il l'appelle « la Ville Noire », *Urbs nigra* ; même il ajoute, on ne sait pourquoi, « caverne de voleurs ».

Un évêque d'Agde qui aimait beaucoup cette ville curieuse, Mgr Rouvroy de Saint-Simon, la désigne comme une ancienne fournaise qui brûlait autrefois le pays.

Il recueillit longtemps au cours de ses fouilles des débris de lave, de pierre ponce, de basalte, et de scories en tout semblables aux pierres du Vésuve.

Il ajoute que la ville exhale une odeur de soufre après les pluies abondantes. Le saint évêque a peut-être exagéré, il a peut-être dit vrai; il vivait au xviii° siècle et vint mourir à Paris sur l'échafaud révolutionnaire.

Depuis ce long temps, la ville a pu changer d'aspect, s'améliorer comme hygiène, elle n'en est pas moins aujourd'hui une ville noire et sombre sous un ciel délicieux.

Ne nous étonnons plus après cela que, pour réagir contre cette tristesse locale, les femmes et les filles d'Agde soient très coquettes et très pimpantes.

Elles imitent la nature, elles apparaissent en effet, dans cette ville bâtie de lave et de basalte, comme les fleurs brillantes qui éclosent entre les fissures des rochers volcaniques.

Notre belle poupée attire l'attention par sa grâce et la richesse de sa toilette, toilette journalière cependant, malgré la soie et les perles dont elle est ornée.

La forme du bonnet est caractéristique, la dentelle de la passe se relève en tuyaux sur le sommet de la tête, tout comme la fontange, mais les côtés doivent être plats et appuyés sur les cheveux.

Une poétique légende m'a été contée sur cette riche poupée agathoise, je n'ai pas pu encore la vérifier, car il faudrait que je fusse à minuit, le jour de Noël, dans la salle du Musée.

C'est si bon de croire, que je préfère accepter sans examen la jolie croyance que voici :

La belle Agathoise.

Pour la fête de Noël on élève dans nos églises une crèche plus ou moins ornée selon la richesse de la commune ou la ferveur des habitants.

Dans certaines villes du Midi il existe une coutume bien poétique. Les enfants habillent, pour cette cérémonie, leurs chères poupées avec des habits neufs, et les portent à la crèche. Ces poupées, ordinairement vêtues à la paysanne, représentent les bergers et les bergères qui furent les premiers adorateurs de l'enfant divin.

Les fillettes croient que le petit Jésus pourra ainsi se distraire en compagnie de leurs poupées, et que les poupées seront heureuses d'assister aux cérémonies de l'église, d'entendre les pieux cantiques, et de respirer l'odeur suave de l'encens mêlée à celle des bouquets et des guirlandes.

Parmi toutes les poupées qui font cortège au petit Jésus, la croyance populaire assure qu'une d'elles est toujours regardée par l'enfant Dieu au coup solennel de minuit, et qu'elle devient alors une sorte de relique dont la présence peut guérir les malades.

On reconnaît la poupée privilégiée à ce qu'elle a la tête auréolée d'une lumière étrange au moment où le regard du petit Jésus se pose sur elle, phénomène qui se répète ensuite tous les ans à l'heure de minuit, le jour de Noël.

A l'École normale de Montpellier les jeunes institutrices devaient habiller une poupée pour le Musée pédagogique ; la directrice avait désiré envoyer une Agathoise et la jeune Blanche Martin avait été chargée de cet aimable travail.

Un autre motif avait porté sur elle le choix de la directrice, c'est que Blanche Martin était une fée pour les travaux à l'aiguille, attendu qu'elle était la fille d'une lingère distinguée qui faisait des merveilles pour les trousseaux de toutes les riches jeunes filles de la contrée.

Blanche avait donc reçu la poupée que vous voyez ; elle venait de chez Jumeau, elle était en belle peau blanche, très articulée et assez grande.

Mais, sur ces entrefaites, la petite sœur de Blanche tomba malade très gravement, non pas à Agde, mais dans une commune voisine, à quelques kilomètres.

Blanche demanda un congé à l'école, elle devait en profiter pour habiller la poupée sous les conseils de sa mère.

Ce ne fut pas très gaîment que les étoffes furent choisies et coupées. Cependant l'arrivée de Blanche et de la poupée avaient causé une grande joie à l'enfant. On avait pris pour la robe des morceaux d'une soie couleur tourterelle qui provenaient d'un costume de la maman.

La veille de Noël la poupée était habillée, mais la petite sœur de Blanche avait une rechute, la jeune fille alla à l'église prier Dieu et la bonne Vierge afin d'obtenir la guérison de la petite Cécile.

La crèche était installée : le petit Jésus reposait sur une botte de paille dorée à côté d'un bœuf et d'un âne d'une grosseur appréciable, et qui pouvaient sous un petit mouvement hocher la tête ; le bœuf était blanc marqué de roux comme ceux de la chanson de Paul Dupont, il portait au cou une grosse clochette suisse, l'âne brun avait d'admirables oreilles superbement dressées.

Les poupées des enfants de la commune et des environs étaient déjà installées, tenant en mains une guirlande de toutes petites roses en papier fin.

L'endroit est célèbre, car l'église est fort antique, c'est un de ces monuments du moyen âge qui servaient d'église et de forteresse, on priait dedans, on se battait dessus. Parmi les poupées il y en avait de bien curieuses, de vieilles datant de plus de cent années, rappelant les vieilles modes du pays, car si les costumes semblent ne pas varier, il y a cependant des modifications que les années accentuent.

Blanche Martin se dit : « Si j'apportais la poupée destinée

au Musée, ici à la crèche, elle sera bénite, ce sera la plus belle, et qui sait? qui sait? »

La nuit de Noël, si joyeuse partout, fut bien triste chez Blanche Martin.

Tandis que les cloches envoyaient à toute volée leurs joyeux carillons, la petite Cécile tombait dans une faiblesse extrême. Elle ne parlait plus, demeurait les yeux clos, haletante, ses deux petites mains croisées sur sa poitrine.

Le docteur, qui aurait pu trouver des paroles d'espérance, ne manifestait que des signes de pitié.

Les heures parurent longues, assises de chaque côté du lit, les deux pauvres femmes, la mère et Blanche, n'osaient se regarder. L'une d'elles se soulevait pour essuyer le front de l'enfant et c'était tout.

Enfin le jour se leva. La lumière apporte avec elle on ne sait quelle chaleur bienfaisante qui va droit au cœur.

La journée cependant se passa encore semblable à la nuit.

Vers six heures une dame du pays entra à petits pas, elle rapportait la poupée; hélas! la pensée de la poupée était bien loin.

La dame dit tout bas : « Nous n'avons pas voulu la garder plus longtemps pour qu'il ne lui arrive aucun accident ».

La belle poupée embaumait l'encens et les fleurs parmi lesquelles elle avait vécu enfermée à la crèche, et toute la chambre en un instant prit une atmosphère de chapelle après le Salut du Saint-Sacrement.

Que se passa-t-il alors?

L'enfant malade, ranimée sans doute par l'air parfumé, ouvrit démesurément les yeux et murmura :

« La poupée, la poupée! »

La dame la déposa doucement sur son oreiller, l'enfant se tourna pour la regarder.

« Maman ! » dit-elle.

La mère déjà dressée, avait ressenti au cœur un émoi indescriptible.

« Ma chérie, tu m'appelles ?

— Oui, petite mère, embrasse-moi, ne te fais plus de peine, ni ma grande Blanche, je sens que je vais guérir. »

Les joues de l'enfant reprenaient une couleur rosée comme la fleur de l'églantine des bois.

Le médecin arrivait avec sa figure attristée, il resta surpris sur le seuil de la porte.

« Dieu soit loué, dit-il, Cécile est hors de danger. »

Le lendemain et les jours suivants le mieux fit des progrès rapides.

Dans tout le pays on cria au miracle. Blanche put retourner à son École normale à Montpellier, emportant la précieuse poupée destinée au Musée.

Un des derniers jours de janvier, la petite Cécile se rendit avec sa mère à la vieille église, sa prière naïve fut touchante, elle dit : « Petit Jésus, pour que les mamans n'aient jamais plus de chagrin, permettez que toutes les poupées des petites filles malades fassent des miracles comme la belle Agathoise ! »

LE RACHO

Les avis sont très partagés sur l'agrément que présente la vue de ce bonhomme. Il plaît ou il déplaît. Point de milieu. Mais quelle que soit l'impression qu'il inspire, on le trouve original toujours.

Il est, en effet, très curieux, avec sa figure brûlée par le soleil, son accoutrement de velours si soigneusement rapiécé, et la charge énorme qu'il porte, et sous laquelle il n'a pas l'air de ployer.

Qu'est-il donc?

Un *Racho*.

Ce mot ne vous dit rien, peut-être. Un Racho n'est pas un paysan, il n'habite pas la campagne, et cependant c'est un homme attaché à la terre par le rapport et le plaisir qu'elle donne à la cultiver.

Le Racho est une sorte de propriétaire, mais d'un lopin de terre, d'une cabane.

Dans le midi de la France, ces sortes de maisons rustiques, composées d'une pièce ou de deux, s'appellent un mas vers Marseille, un *mazet* à Nîmes.

Le Racho, à cause de cela, est quelquefois désigné sous le nom de *mazetier*.

Le dimanche, comme tous les jours de la semaine, le

Le Racho.

Racho, armé de tous ses instruments de travail et d'un sac rempli de nourriture, quitte la ville, mais pour son mazet, afin de se reposer du travail des champs qu'il a fait dans la semaine pour un maître qui le paie. Il dit qu'il se repose, mais regardez-le, il bêche, il sarcle, il sème, il ébranche, il ratisse, il arrose. Il relève un pan de mur abattu. Le jour avance, il écoute le chant des cigales, du revers de sa main il essuie son front. Il songe au retour ; il cueille un bouquet de thym, sa fleur favorite, il fait un fagot d'olivier, il réunit ses outils et revient vers la ville.

Tel que vous le voyez, il vient de passer la place des Trois-Piliers.

Sous son aspect rustique, le Racho cache une âme très honnête. Il est bon et cordial. Tous les hommes qui aiment les choses de la nature, tous ceux qui éprouvent du plaisir à s'occuper de fleurs, de coquilles, de pierres, d'oiseaux, ont des mœurs douces et patientes.

Le Racho aime la terre avec passion pour l'air libre qu'il y respire, et parce qu'il la mène comme il lui convient.

C'est comme les enfants qu'on chérit pour la peine qu'ils donnent et d'autant plus que la peine est plus grande.

Vous pensez bien que le Racho a une petite vigne, qu'elle lui rapporte le vin qu'il consomme avec sa famille. Or il faut soigner sa vigne, elle fleurit, elle peut couler, il faut l'attacher, la défendre de ses ennemis, petits et grands.

On fait la vendange, c'est une fête. On récolte le vin, on le fait goûter aux amis, ce sont là des joies très simples. Et sous le ciel merveilleux du gai Midi, aucune de ces joies qui ne soit accompagnée de musique. L'homme, sous le riant soleil, chante comme l'oiseau !

Toutes les villes ont ainsi leurs rachos, c'est-à-dire des travailleurs, des journaliers, qui se répandent le dimanche dans la campagne où ils retrouvent un petit coin de terre qu'ils ont acheté de leurs maigres économies, sur lesquels ils ont élevé une petite maisonnette souvent d'un étage, entourée de quelque petit jardin, qu'ils cultivent avec soin, mais on ne saurait les reconnaître.

Le Racho présente un type local, bien caractérisé ; c'est un ouvrier de la terre qui travaille pour un patron, mais qui habite Nîmes. Celui-ci a trouvé un chantre pour le fixer dans la mémoire de ses compatriotes, c'est le fabuliste A. Bigot.

Il semble que la terre nîmoise soit propice aux fabulistes. Nous lui devons Florian dont le nom gracieux indique tout le charme tendre de ses vers.

A. Bigot est né à Nîmes en 1825, il est mort en 1897. Il a écrit dans le patois de sa ville natale un volume appelé *Li Bourgadieiro*, dans lequel il a noté l'idiome des travailleurs, avec sa rudesse et son harmonie. Ce livre n'est pas traduit ; voici quelques passages d'une chanson délicieuse qu'il contient : c'est la peinture de l'homme des champs, de l'amateur de terre, du Racho proprement dit, mais puissiez-vous l'entendre un jour par un Nîmois lui-même, dans son patois si chaud et si imagé.

CANSOUN DI RACHALAN

LA CHANSON DES RACHALANS

L'aoubo luzis, d'aou, rachalan,
L'aube luit. Debout, rachalan,
D'aou! Qu'ou yé y'a d'éspigno.
Debout ! Au lit point de retard.
La biasso ou col, l'ase devan,
L'âne en avant portant le dîner,
Caminén ver la vigno.
Nous cheminons vers la vigne.

L'er ès frès, lou ciel ès béou,
L'air est frais, le ciel est beau,
Et déman plooura béléou.
Demain il pleuvra peut-être.

    Refrain :

En éstrifan la tèro
En déchirant la terre
Créniguèn pa ni fré ni caou,
Ne craignons ni le froid ni la chaleur.
Et ténguén la misèro
Et tenons la misère
Yun dé nostis oustaou.
Éloignée de nos demeures.

L'aoubre din sa fieuyot d'étisou
L'arbre dans son feuillage d'été
Dé longo nou fai festo,
Longtemps nous fait fête,
Et li passéroun dou Bon Diou
Et les oiseaux du Bon Dieu
Cantoun sus nostis testo ;
Chantent sur nos têtes ;
L'aigo lindo din lou grès
L'eau claire dans le grès
Ris et tèn noste vin frès.
Rit et tient notre vin frais

End'is énfan, sus lou laouyé,
Assis avec les enfants sur le banc,
Véyan dou tèm dis airo ;
Nous veillons au temps des granges ;
L'iver, un fago d'oulivié
L'hiver, un fagot d'olivier
Nou caoufo et nou ésclairo.
Nous chauffe et nous éclaire.
Sara autour duo fio'scoutan
Serrés autour du foyer, nous écoutons
L'aoura qué passo en charpan.
Le vent qui passe en grondant.

LE RACHO.

Ou péyis sèn fier dé baya
Au pays nous sommes fiers de donner
Oly, vin et pan tèndre.
De l'huile, du vin et du pain tendre.
Mai s'éro alaqua,
Mais s'il était attaqué,
Souprian bèn lou désfèndre.
Nous saurions bien le défendre.
Contro un fusil chanjarian
Contre un fusil nous changerions
Lou béchar di rachalan!
La bêche des rachalans!

LA VIEILLE CÉVENOLE

Mlle Sophie Huc nous a envoyé, de Nîmes, cette curieuse poupée avec les armes de la ville, brodées par les jeunes filles de son école.

L'origine de ces armes est une ancienne monnaie qui joue un rôle dans l'histoire de la vieille Cévenole. Pour ne pas couper notre petit récit par une note, lisez cette explication, fort originale d'ailleurs, qui nous fait approuver cette pensée de Gérard de Nerval : « Connaître le blason, c'est savoir l'histoire de son pays. »

Ce beau crocodile que vous pourriez prendre pour une tarasque, car Nîmes est près de Tarascon, est bien le crocodile du Nil.

Quelques années avant Jésus-Christ, la cité de Nîmes, ou colonie nîmoise, fit frapper une monnaie de bronze qui porte : au droit, la tête de Marcus Agrippa, et celle d'Octave, devenu plus tard l'empereur Auguste. Au revers, un crocodile attaché à une tige de Palmier et la légende COLNEM, c'est-à-dire *Colonia nemausensis*, colonie de Nîmes.

Octave était le fondateur de la colonie, Agrippa en était le protecteur. Quant au crocodile attaché au palmier, il se trouvait là pour symboliser la conquête de l'Égypte après la bataille d'Actium, où la flotte d'Octave, commandée par Agrippa, avait battu Antoine et Cléopâtre.

La vieille Cévenole.

Ces monnaies sont très connues, on en trouve à chaque instant dans le vieux sol nîmois.

Lorsque François Ier visita Nîmes, en 1533, les consuls lui firent cadeau d'une réduction en argent de l'amphithéâtre romain de cette ville.

On avait eu la singulière idée de placer au milieu de l'arène un petit palmier auquel était attaché un crocodile.

François Ier trouva, sans doute, ce crocodile assez amusant, il en demanda l'explication, et lorsqu'il apprit que c'était là le type d'une ancienne monnaie de la colonie gallo-romaine, il résolut de donner, à la ville de Nîmes, le palmier, le crocodile et la légende COLNEM.

La concession officielle fut faite par lettres royales du mois de juin 1533.

Arrivons à notre histoire.

Figurez-vous bien que le petit monde des poupées est comme tous les mondes : un mélange de bon et de mauvais; seulement il faut avouer qu'ici le bon n'a pas de puissantes racines dans le cœur, et que le mauvais ne résulte d'aucune combinaison de l'esprit. Ce qui domine, c'est la légèreté, la coquetterie jointe à un brin de sottise.

Il arriva donc que le jour où la vieille Cévenole, si sombre, si sérieuse, fit son entrée au Musée de poupées, le joli petit monde se détourna d'elle. Sous sa coiffe noire, ses grands yeux brillaient comme des charbons allumés, et faisaient peur; ses rides profondes, son teint jaune, ajoutaient encore à l'effroi éprouvé par ces petites personnes roses, blanches, qui sourient toujours.

La nuit arriva. Fatiguée du voyage, la pauvre vieille, indifférente aux caquetages de ses voisines, s'endormit debout, comme un oiseau sur son support.

Une chose amusante se passa alors. Toutes les petites poupées vinrent l'une après l'autre rire de la nouvelle venue.

« Voyez donc, dirent-elles, ce vilain costume, quelle robe épaisse !

— Quels gros sabots !

— Tiens, elle a des chaussettes tricotées sur ses bas.

— Qu'est-ce que ce Saint-Esprit suivi d'une larme?

— A son âge met-on des boucles d'oreilles?

— Oh! qu'elle est laide!

— Quel parapluie! Toute la famille de Noé aurait pu s'y abriter du déluge. »

Mais voilà que le maraîchin, qui faisait chorus avec ces dames, riant plus fort qu'elles, aperçut dans la poche du tablier de soie de la vieille Cévenole, un petit livre relié en basane, il le sortit avec précaution.

« C'est de l'impression, fit-il, le psautier de la vieille. »

En le feuilletant, il fit tomber trois papiers, il lut le premier.

Complainte du châtaignier.

« Cévennes, pleines de rochers, hautes, hautes, hautes, Cévennes, pleines de rochers, faites-nous forts et croyants. »

Le second était une strophe traduite de Bigot, qu'il déchiffra.

« Vieux psaume de ma grand'mère, fais revivre ses qualités dans ma maison, péchère! A peine elle savait écrire, mais savait fuir le mal. Des choses que l'homme demande. je me passerais sans m'inquiéter, si comme elle j'avais les plus grandes : la justice et la charité. »

« C'est un sermon », fit une petite.

Le dernier papier était une feuille menue toute couverte d'une écriture fine et légère, le maraîchin lut :

Légende de la vieille Cévenole.

« Oh, lisez-nous cela ! » dirent en chœur les petites poupées, curieuses comme des femmes.

Le maraîchin descendit de son rayon assez lourdement, ce qui fit rire tout le groupe poitevin, d'autant plus que ce paysan épais porte derrière à la ceinture, un chou de ruban comme une jeune fille. Il commença dans le silence absolu :

« C'était dans le site très sauvage de Monoblet, en pleines Cévennes, le jour de Noël. La vieille Cévenole, que la persécution avait faite solitaire, s'apprêtait à se rendre au lieu du culte, c'est-à-dire à la Tour de Fressac, dans une grotte. Cet endroit mystérieux était nouvellement choisi, car la persécution était en pleine rigueur.

« La vieille s'était vêtue chaudement, elle avait mis son jupon en indienne fleurie, tout piqué, puis elle avait passé sa robe de bure ornée de trois troussis ou plis, appelés aolselts. Cette robe lui était chère, car son mari la lui avait fait tisser avec la laine de ses moutons du Causse.

« Pendant qu'elle s'habillait, les cloches joyeuses appelaient à l'église les gens du village. Elle était triste d'être seule, la pauvre femme. Elle aurait pu aussi aller à l'église pleine de cierges allumés et de fleurs brillantes, où l'enfant Jésus, en cire, sur une crèche de fine paille de froment, tendait ses petits bras, mais sa mère lui avait donné la religion réformée, et elle gardait la foi de sa mère.

« Les derniers appels des cloches ayant été répétés par les échos de la montagne, la vieille rabattit son capuchon sur son visage, afin de n'être pas reconnue, et elle s'éloigna vivement du village. La neige tombait. La route était couverte d'une ouate épaisse qui rendait la marche difficile, il fallait éviter des rochers, traverser des châtaigneraies; la neige aveuglante descendait en paquets énormes, il était impossible à la pauvre femme d'ouvrir son grand parapluie. Tout d'un coup elle fut prise d'effroi. Quelqu'un était blotti près d'un arbre, semblable à une statue. Mais de plus près elle reconnut un petit berger de la montagne. C'était un enfant de neuf ans environ; il pleurait.

« Que fais-tu là, mon petit? Pourquoi ne marches-tu pas?

« — Hier, dit-il, en sanglotant, j'ai entendu dire à la maison qu'il y aurait gros d'argent pour celui qui découvrirait

Les armes de Nîmes.

l'endroit du culte, alors comme nous sommes bien pauvres chez nous, j'ai voulu chercher le lieu où se réunissent les Cévenols; je connais bien la montagne, mais j'ai eu froid et je ne peux plus marcher. »

« La vieille dissimula vivement son petit Saint-Esprit d'or sous son fichu, puis elle secoua la neige dans laquelle l'enfant semblait enseveli. Aucun endroit n'offrait un refuge.

Elle lui enleva ses sabots dont elle passa les attaches dans les cordons de son tablier.

« Prends mon parapluie », fit-elle.

« Et d'un effort elle souleva le gamin dans ses bras. Elle enveloppa ses pieds dans les retroussis de sa robe, puis collant sa poitrine sur celle de l'enfant, elle le réchauffa et lui dit :

« De quel village es-tu?

« — De Saint-Hippolyte-du-Fort.

« — Je vais t'y conduire, fit-elle simplement.

« — Vous êtes bien bonne, madame, je vais me faire tout petit pour être moins lourd.

« — Non, fit-elle en le soulevant plus haut, accroche-toi bien seulement à ma ceinture. ».

« La route était longue, car il fallait à tout prix éviter la rencontre d'autres Cévenols, et ne pas approcher du lieu de refuge, de la grotte de Fressac. Un détour était nécessaire.

« La neige heureusement cessa de tomber. La vieille arriva devant le village du petit pâtre. Elle s'arrêta à l'entrée pour ne pas être reconnue. Alors, mettant le petit garçon par terre, elle lui tendit ses sabots, puis elle tira de sa poche une vieille petite médaille en argent, l'ancienne monnaie de Nîmes, et qui était le signe de reconnaissance des Cévenols entre eux, elle la lui offrit.

« Je n'ai pas d'autre pièce à te donner, dit-elle, mais tu vendras cette médaille, elle est très ancienne. Tu l'as bien gagnée, pauvre petit, en cherchant le lieu du culte, car le bon Dieu est partout. »

« Elle était bien lasse, la vieille protestante, quand elle revint à Monoblet; elle ne prit que le temps de se dégager de son grand manteau et de le poser sur un siège pour le faire sécher; elle enleva ses gros sabots, puis elle se jeta habillée sur son lit et s'endormit de suite en faisant un rêve divin : la neige fondait sous ses pas, le ciel était d'azur, un soleil radieux dorait la montagne, les arbres se couvraient de feuilles, les bruyères fleurissaient, les oiseaux chantaient et tous les paysans, devenus des amis, se serraient les mains d'allégresse.

« Pendant ce temps le petit berger racontait son histoire touchante et comment il avait dû la vie à une Cévenole, car on l'avait reconnue à la vieille médaille donnée à l'enfant.

« C'est depuis ce temps, dit la légende, que la persécution cessa dans ce pays. »

L'histoire était finie, les petites poupées écoutaient encore.

Le maraîchin, sans bruit, remonta sur son rayon ; la vieille poupée dormait toujours.

PAYSANS DE SAINT-CHRISTOPHE-EN-OISANS

C'est la bonne religieuse, directrice de l'École maternelle du Bourg-d'Oisans, en Dauphiné, qui a habillé ces deux curieuses poupées dans le costume des montagnards de Saint-Christophe; la croix qui orne la poitrine de la femme est un bijou ancien.

Combien elles sont intéressantes ces figurines, dans toute la vérité de leurs costumes! La photographie les a rendues parfaitement, mais les couleurs rouges du tablier devenant noires, le pain de seigle grossier qui est dans la poche de gauche ne se distingue plus.

Les paysans des Alpes dauphinoises sont loin d'avoir la délicatesse de peau que l'on distingue sur la figure des poupées : ils sont bruns, hâlés, l'expression du visage est sévère et indique une grande finesse d'esprit.

Le costume de l'homme serait complet s'il avait les culottes courtes qui ne se portent plus; la queue de cheveux devient très rare et celui qui la conserve n'est pas un adolescent, mais un vieillard très âgé, un vieux du pays.

C'est Napoléon Ier qui a amené partout la mode des cheveux courts. Autrefois, bon nombre de Français auraient rendu des points aux Chinois.

Vous pouvez vous rendre compte de l'épaisseur des tissus

des vêtements; elle est tout indiquée pour braver les chan-

Paysans de Saint-Christophe-en-Oisans.

gements de température au milieu des montagnes. Voyez aussi le caractère de ces mises paysannes.

L'auréole de dentelle noire qui encadre le visage de la montagnarde est posée au bord d'un bonnet piqué, de couleur sombre. Nous en possédons un de grandeur naturelle; il fut prêté à une jeune fille qui s'était travestie dans le costume de son pays natal, le Dauphiné; il lui allait à ravir.

Il faudrait venir regarder au Musée le tissu et la couleur des habits de nos montagnards, leurs grosses galoches, le bonnet de l'homme, les pièces à la jupe de la femme, son fichu à ramages, son tablier si fleuri de marguerites.

La collerette unie, semblable à celle de certains ordres de femmes, met tout le reste en valeur.

Nous avons désiré ces deux types pour la riche collection du Musée, parce que nous les avions vus lors d'un voyage, et parce que l'Oisans nous a laissé dans la mémoire des souvenirs inoubliables.

Mes jeunes lecteurs et mes jeunes lectrices, nous vous souhaitons le bonheur, qui nous a été donné, d'avoir de savants amis, aimant la nature et sachant la faire comprendre et aimer.

Les joies que donne l'étude de la nature sont sans mélange.

Après avoir, dans la jeunesse, couru dans les champs et les bois, après les fleurs et les papillons, ramassé sur les grèves des coquilles, cassé la pierre des carrières et des rochers, pour rapporter des échantillons de minéraux, plus tard, alors qu'on ne peut plus excursionner, parce qu'on a des occupations importantes, une famille à laquelle on se doit, c'est un plaisir inouï de feuilleter un herbier qui rappelle les promenades et les voyages d'autrefois, c'est-à-dire les heures bienheureuse de la vie, de regarder les collections recueillies avec les camarades et amis. Ces joies, nous pouvons en parler, les ayant eues si grandes.

Nous avons fait notre excursion dans l'Oisans avec une vieille amie, Mlle Magaud (de Beaufort) dont les élèves naturalistes sont nombreuses.

L'Oisans est un massif des Alpes, vous le savez, qui a subi des cataclysmes terribles.

C'est là que coule un torrent, le blanc Vénéon qui se jette dans un autre, la Romanche, laquelle arrive à l'impétueux Drac qui grossit l'Isère, mais bien entendu à l'époque de la fonte des neiges, car dix mois de l'année tout est immobile, tout est glace.

Le Bourg-d'Oisans, où nous arrivâmes d'abord, se trouve sur la route de Grenoble à Briançon.

Quelle route! Et combien elle est impressionnante à suivre pour les gens de Paris! C'est toujours des montagnes à droite et à gauche, des précipices, des cascades, des gouffres, des abîmes.

On arrive, bien après le Bourg-d'Oisans, ayant traversé les gorges de l'Infernet, au col célèbre du Lautaret qui est à 2 057 mètres d'altitude.

Oh! ce col merveilleux! Deux mois de l'année, après la fonte des neiges, il apparaît au fond de son entourage montagneux comme un bouquet de fleurs!

Les espèces rares y sont très nombreuses. On y trouve un saule de la taille du petit doigt, des gentianes délicieuses, les robustes et si mignons rhododendrons, et tant et tant d'autres! Nous ne vous en donnerons pas la liste, une nomenclature n'est agréable à lire que lorsqu'elle rappelle des objets connus.

Toutes hardies que nous étions, nous ne voulions pas, sans guide, aller sur les glaciers, coucher à la belle étoile ; or, c'est là-haut qu'on trouve d'autres espèces plus rares encore, comme les edelweis qu'on essaie de cultiver; nous en avons vu à la dernière exposition d'horticulture de cette année.

La culture peut faire des miracles, ces fleurs étranges toutes duvetées ne sont belles que venues sur la montagne.

A l'auberge du Bourg-d'Oisans, chez Martin, notre hôte, nous avions causé, devant la porte, tandis que la broche tournait, nous avions discuté notre excursion au Lautaret et déploré, car on n'est jamais satisfait, de ne pouvoir aller cueillir le *Geum montanum* et l'*anémone* des Alpes.

Aussi quelle fut notre surprise lorsque à l'auberge-refuge du Lautaret, on nous remit un bouquet de ces fleurs de la part d'un voyageur qui avait été les cueillir à la Grave pour nous.

Le lendemain, nous partions au clapier de Saint-Christophe avec un guide étonnant. Cet homme ne savait pas lire alors, mais il connaissait les pierres, leur structure, leurs gisements d'une manière merveilleuse. Il avait été formé à cette belle science de la minéralogie par le maire du Bourg-d'Oisans.

Son nom était superbe, Napoléon Albertazzo ; nous l'avons fait inscrire dans le *Guide du Dauphiné* de Joanne.

Le clapier de Saint-Christophe présente la désolation des désolations, nous déjeunâmes cependant là au bord du Vénéon et j'allai avec Napoléon à la recherche des échantillons les plus précieux. Il les détachait lui-même de la roche avec un petit marteau, ma vieille amie nous attendait.

Nous rapportâmes des cristaux merveilleux, des axinites violettes et vertes, des sphènes jaunes, des cristaux d'anatase, des écheveaux de soie d'un blanc merveilleux, c'est-à-dire de l'amiante. Dans ce temps-là, l'amiante ne s'employait pas comme aujourd'hui à faire les manchons des becs Auer.

Nous avions gardé pour la fin deux bijoux qu'on ne trouve que là, deux cristaux de roche dits *becs de flûte*.

Ils ont la longueur et la grosseur d'un manche de porte-plume, mais sur la pyramide hexagonale qui termine le prisme du cristal, une des six faces a absorbé toutes les autres et a formé ce bec de flûte.

Posséder ces deux échantillons, c'était bien beau. Est-ce que je n'eus pas la sottise, pour en constater la dureté, d'en jeter un par terre? Il se brisa : la dureté d'une pierre ne se mesure pas à sa force de résistance au choc, mais au frottement contre un autre corps.

« Que faites-vous, Marie? me dit l'amie. Le diamant le plus dur de tous les minéraux, peut se cliver, c'est-à-dire se séparer en petit cristaux en tombant.

— Je crois, lui dis-je, que la désolation du lieu où nous sommes, cette solitude immense, ce chaos me tournent la tête. »

Et j'ajoutai :

« Que sont ces montagnes, l'hiver, pour les habitants?

— Hélas! dit Napoléon, tout à fait inhospitalières, la neige couvre tout, les chemins sont impraticables. »

Les oiseaux de proie, qui l'été parcourent les cimes des montagnes désertent, les moineaux, les fidèles moineaux descendent dans les bas-fonds, il n'y a plus personne là-haut, l'on ne voit plus que la neige et le ciel implacable.

Les habitants imitent les oiseaux, ils partent et ils ont une spécialité assez curieuse, ils deviennent colporteurs de plantes alpines et font le commerce avec le monde entier, ils vont jusqu'en Amérique. Ils amassent ainsi un petit pécule qui leur permet de vivre indépendants à la fin de leurs jours....

Au retour de notre excursion, nous nous arrêtâmes à Venosc.

Venosc, c'est l'oasis rêvée au milieu du désert, c'est un village situé à 1050 mètres d'altitude, mais verdoyant, ombragé de noyers superbes. C'est le lieu d'où partent l'hiver tous les émigrants.

En nous rapprochant du Bourg-d'Oisans, nous aperçûmes

des montagnards accrochés à des cordes, qui descendaient dans des ravins où les bestiaux ne peuvent aller.

« Que font-ils donc? »

Notre guide nous répondit :

« Ils cueillent le génipi blanc dont on fait une liqueur exquise et qui sert aussi de médicament.

— Génipi blanc? Qu'est-ce donc? »

Ma vieille amie dit :

« C'est une artémise, une sorte d'absinthe, mais ici on ne trouve que le génipi blanc, plus loin il y a le génipi noir. Les bêtes sont très friandes de ces plantes aromatiques et on ne peut les recueillir que dans les endroits où les bestiaux ne passent pas. »

Et quand nous vous aurons dit encore, en regardant nos deux poupées, que la population montagnarde de l'Oisans est intelligente, brave, honnête, qu'elle porte haut, partout, le nom français, nous vous donnerons peut-être l'idée d'aller faire cette excursion rendue maintenant un peu plus facile qu'autrefois; vous trouverez des fleurs rares, du fer, du plomb, du zinc, de l'or même, oui, de l'or de la Gardette, montagne devant le bourg même, et tous les bijoux minéralogiques dont nous vous avons parlé, dans une roche granitoïde, la protogine, fort intéressante aussi.

Rapportez des aiguilles de quartz à bec de flûte, mais précieusement emballées, et puissiez-vous y joindre quelques autres beaux groupes par exemple : des quartz jaunis par le fer et qu'on appelle fausses topazes, ceux encore qui semblent contenir de la mousse, ou bien, les cristaux de roches fantômes ainsi nommés parce qu'ils contiennent intérieurement de petits cristaux parfaitement formés.

DEUX SAVOISIENNES

La Savoie est très bien représentée au Musée de poupées, et ce qui saute aux yeux des visiteurs, c'est qu'elle forme une région bien distincte avec toutes celles qui l'entourent ; voisine de l'Italie, elle ne lui ressemble pas.

La Savoie forme un tout géographique parfait, dit le grand géographe Élisée Reclus, et doit à sa configuration, à ses défenses naturelles, c'est-à-dire à ses frontières, sa longue indépendance.

Cependant sa pente générale est tournée vers la France, c'est donc bien à la France qu'elle devait, un jour, appartenir.

Ce fut avec un enthousiasme merveilleux que la Savoie vota sa fusion avec la nationalité française en 1792 ; et en 1860 ce vœu devint un fait acquis. Victor-Emmanuel, roi de Sardaigne, avait délié solennellement la Savoie du serment de fidélité qui l'attachait à sa personne et à sa dynastie, afin qu'elle pût manifester ses désirs en toute indépendance.

A une majorité immense, presque à l'unanimité, les Savoisiens (qui préfèrent ce nom à celui de Savoyards) demandèrent à devenir Français, mais les chiffres ont ici une telle éloquence qu'il est utile de les noter.

Il y avait 135 449 votants inscrits sur lesquels 130 839

prirent part au vote, et 130 533 pour l'annexion de la Savoie à la France.

Il est juste de rendre à ce brave petit peuple, dont l'honnêteté est proverbiale, amour pour amour.

La Savoie n'est pas aussi fréquentée que la Suisse, aussi ses costumes sont peu connus.

Les deux poupées qui sont ici représentées portent les plus originaux, ceux de Saint-Jean-d'Arves et du Bourg-Saint-Maurice.

Le Musée possède encore ceux de Sixt, de Valloires, de Montaimont, de La Roche, de Bellevaux près d'Évian, de Thonon, d'Alby-sur-Chéran.

Les coiffes savoisiennes sont très enveloppantes, elles sont, par des formes spéciales, très fixées sur la tête. C'est qu'au milieu des montagnes, dans les pentes, les ravines près des chutes torrentueuses le vent souffle souvent avec rage. Les vents de la Savoie sont très nombreux et portent tous des noms pittoresques.

C'est le vent de la Vanoise, si redouté des montagnards, qui régularise les courants de l'atmosphère entre la Maurienne et la Tarentaise, les deux localités habitées par nos poupées; mais il souffle encore la Lyonnaise, la Lombarde et tant d'autres. Que les hivers sont durs dans ces régions! Les habitants, pour avoir chaud, vivent dans les étables avec leurs bêtes, mais ils n'y amènent pas le soleil, hélas, le soleil si bienfaisant.

La poupée que vous voyez à droite de la gravure s'appelle la Tarine; elle est coiffée de la *frontière* ou Marie-Stuart. C'est un véritable édifice qui ne s'élève pas tous les matins; les cheveux, entrelacés d'un velours noir, sont cordés autour d'un cercle métallique que la Tarine pour dormir éloigne de sa tête.

Ce diadème donne à la femme un grand air.

La robe et le tablier de notre poupée sont en satin noir

Poupées savoisiennes.

brodés d'edelweis en chenille, le tablier est ravissant. Cette poupée est une des plus belles du Musée.

Quant à sa compagne, elle est de Saint-Jean-d'Arves dans la Maurienne, tandis que la Tarine est de Bourg-Saint-Maurice dans la Tarentaise; ces deux localités sont peu éloignées l'une de l'autre.

Nous lisons sur les parchemins de la poupée de Saint-Jean-d'Arves, — car nos poupées possèdent des papiers de famille, — que son costume remonte comme origine aux temps des Médules, avant Jésus-Christ. Est-ce trop dire?

Les Médules étaient un des peuples de la Gaule ancienne, ils habitaient les Alpes Grées et les Alpes Pennines, à l'ouest des Centrones et à l'est des Allobroges, c'est-à-dire la Maurienne.

A l'origine, dit la curieuse notice, on ne confectionnait les robes qu'avec du drap grossier et très fort, fabriqué par les tisserands du pays; les jupes froncées avaient une ampleur démesurée. Alors les femmes de Saint-Jean-d'Arves s'ingénièrent et trouvèrent le moyen de modifier cette forme disgracieuse, en plissant les jupes et en mettant les plis sous presse pendant plusieurs jours, de façon à les aplatir et à les amincir : telle est l'origine de la robe à plis flottants.

Notre petite poupée est placée trop de face pour que vous voyiez cette façon, nous le regrettons bien, tous ces plis très profonds forment un contour très gracieux; le travail de couture et celui du fer sont parfaits.

Les vêtements dont se compose ce costume, ajoute la notice, ont de multiples raisons d'être : la robe solide ne craint pas les accrocs, elle est faite pour être portée à travers les rocailles broussailleuses des pays accidentés ; elle abrite contre le froid et la chaleur.

Si celles qui la portent doivent s'asseoir sur les pierres froides ou la terre humide, les plis de la robe servent de siège. La large ceinture, qui entoure la taille sans la comprimer, prouve que le corset, proscrit par les médecins, n'est pas toujours indispensable.

Le cadran placé sur leur chignon figure le bouclier porté par les vaillants ancêtres, les Médules, dont le casque d'airain est représenté par leur coiffe de clinquant, garnie en avant d'une dentelle, diadème qui accompagne leur visage.

Emprunté aux Ibères, frères des Médules, le mouchoir de cou croisé sur la poitrine en dissimule la forme. La pudeur empêche la Maurienne de se décolleter.

Ce costume, porté par vingt générations successives de villageoises, est si bien approprié au séjour montagneux de celles-ci et à leurs occupations diverses, qu'il est ordinairement repris par leurs compatriotes lorsqu'elles reviennent dans leurs foyers après un séjour à Lyon ou Paris.

POUPÉES CORSES

Ces petites personnes sont vraiment un peu mièvres pour représenter les nobles montagnards de l'*île parfumée*, mais les costumes qu'elles portent sont très exacts, les poupées viennent d'Ajaccio même.

La petite gourde de notre berger est un vrai bijou, comme son mignon poignard sur lequel le mot *vendetta* est gravé.

La race corse est très belle : les hommes sont solides, les femmes sont grandes et vigoureuses.

Pour se rendre compte de la beauté des femmes, il faut les voir lorsqu'elles vont chercher de l'eau aux fontaines publiques, la tête couverte d'un mouchoir qui descend sur le cou.

Quelle démarche dégagée, quelle dignité, quel calme!

Lorsqu'elles élèvent le barillet ou le vase antique qui contient le liquide rare et précieux au-dessus de leur tête, leurs poses, leurs attitudes sont très harmonieuses et rappellent les chefs-d'œuvre de la sculpture.

L'île de Corse a une configuration géographique très curieuse, regardez-la en tournant la carte de côté, ne dirait-on pas le petit chapeau de Napoléon? Le devant est formé par la pointe de Bastia et le sommet par Ajaccio même.

Faut-il voir là un symbole?

L'histoire de l'île est fort intéressante, mais dominée entièrement par l'épopée napoléonienne.

Poupées corses.

A part cette merveilleuse légende, on connaît peu la Corse. Il semble qu'on ait tout dit sur elle avec les deux mots : *vendetta* et *banditisme* : encore prête-t-on à ces termes une signification qu'ils n'ont jamais eue dans la réalité.

Nous espérons vous donner leur sens exact.

Chez aucun peuple, on ne trouve l'esprit de famille plus développé; il y a peu d'hommes qui aient autant souffert pour la liberté.

Dans leur lutte cinq fois séculaire contre Gênes, certains théologiens légitimaient les crimes des oppresseurs en affirmant que les îles, étant séparées du continent, étaient excommuniées par la nature, et Pietri raconte qu'en 1739 un gouverneur de la Corse rentrait à Gênes; au moment où il débarquait sur le port, il rencontre un notable génois qui l'embrasse et lui dit : « Eh bien! quoi de nouveau en Corse? *Y avez-vous au moins laissé les montagnes?* »

Ces deux traits suffisent pour caractériser l'oppression terrible que subit, trop longtemps, ce vaillant et indomptable petit peuple.

Plus la Corse fut opprimée, plus elle se défendit en développant chez elle jusqu'à l'extrême, l'amour de la liberté, l'esprit de famille, l'honneur du foyer domestique.

La vendetta venge les injures faites contre l'honneur de la famille; le banditisme y ajoute une pensée politique : c'est l'étranger qu'il repousse.

L'honneur du foyer a pour base les vertus de la jeune fille, sa dignité parfaite; aussi malheur à qui l'attaque. On déclare la vendetta à la famille de l'offenseur en employant les termes consacrés : « Je me garde, gardez-vous ».

En 1865, quelqu'un demanda quelle était la dot d'une jeune fille. « Elle est pauvre, répondit-on, mais elle compte dix ou quinze cousins germains dans sa race. »

On voit, par cette réponse, combien l'esprit de famille est puissant en Corse, cette jeune fille n'était riche que d'honneur et de défenseurs de cet honneur même.

La parole d'un Corse comme celle d'un Breton vaut de l'or.

Quand des jeunes gens se plaisent, les familles se réunissent et sous les yeux des parents, ils s'embrassent. Cette cérémonie s'appelle l'*abraccio*; elle est plus importante que la cérémonie officielle; les fiancés sont liés par leur parole et ne sauraient manquer à leur promesse. Le fiancé vient-il à mourir avant le jour des épousailles, la jeune fille prend le deuil pendant un an; on dit même que dans certains endroits, elle se teint les dents et les ongles en noir.

Ces lois naturelles ont une certaine grandeur.

Souvent le point d'honneur est poussé jusqu'à l'héroïsme.

On cite ce trait : Un déserteur français s'était réfugié dans les environs d'Alata, près Ajaccio. Un jeune berger corse fut sommé par la maréchaussée de dire où se cachait le transfuge. Le berger refusa longtemps; on le menaça, on lui offrit cinq louis d'or, il céda enfin : sans rien dire, il désigna du doigt l'endroit où se dissimulait le déserteur!

Le père du berger ayant appris la faiblesse de son fils, le garrotte, court à Ajaccio, demande la grâce du déserteur. On la lui refuse.

« Eh bien ! dit-il, vous allez apprendre comment un Corse se conduit envers le fils qui a déshonoré son pays et sa famille, et si nous souffrons des traîtres parmi nous. »

Alors il délie son fils et devant sa famille réunie, il le fait agenouiller, et lui fracasse la tête d'un coup de fusil en lui jetant les cinq louis.

« Tiens, dit-il, garde le prix de ton crime. »

Mais revenons à nos aimables poupées.

Le petit garçonnet est un berger; il porte le justaucorps de laine, sa coiffure est un bonnet dans le genre de ceux que portent les Napolitains, mais il est moins large du haut. C'est le bonnet pointu qui donne son nom, *pinsuto*, à une tribu corse.

Les bergers se défendent du froid à l'aide d'un manteau très épais, en poil de chèvre, nommé *pelone* : il est sans couture, bien qu'il porte un large capuchon.

S'il pleut, le berger dresse son pelone droit comme une guérite, en le soutenant au moyen d'un pieu fixé en terre.

Pour dormir, il recouvre sa tête de son capuchon et il se roule dans son manteau sur la terre même.

Il n'y a pas de loups en Corse mais des renards, alors il tient son chien en éveil la nuit par des oh oup! oh oup! souvent répétés.

Les bergers sont très hospitaliers.

Ce pays granitique par excellence, qui n'a ni poussière, ni boue, a un ciel admirable, de belles forêts, un air pur et embaumé qui le fait recommander, pour une station hivernale, aux malades qui souffrent de la poitrine.

Cette belle nature élève l'âme et dispose à la poésie, les bergers jouent des chants de leur composition sur de vieux airs patriotiques en s'accompagnant du fifre, du chalumeau, ou de la cornemuse.

LES CHARENTAISES

Notre jeune ami, Jacques Morland, l'érudit littérateur bien connu de la jeunesse studieuse pour ses belles traductions allemandes, étant presque Charentais, nous lui avons demandé de vous conter des histoires à propos de ces délicieuses poupées, habillées dans les écoles normales d'Angoulême et de la Rochelle ; nous lui passons la plume.

Les plateaux du Limousin, ombragés de châtaigniers, s'abaissent doucement jusqu'à la mer, et le pays où s'effacent leurs dernières ondulations est l'un des plus fertiles de la France.

Ses habitants, quand ils en parlent, l'appellent « les Charentes », parce que le gracieux fleuve a donné son nom à deux départements. Il descend lentement vers la plaine, contourne de molles collines et son estuaire se cache derrière des îles qui le protègent.

Il semble que l'eau du fleuve ait donné son caractère aux habitants de la région. Et, ce qu'il est, ce caractère, une chanson de Maurice Bouchor nous le dit :

> Bien sûr que la Charente
> Doit vivre de ses rentes.
> Aimable et nonchalante
> Elle a le temps....
> Plus d'une Charentaise
> Comme elle prend ses aises...

Dans leur accent comme dans leur manière d'être, les Charentais ont cette même nonchalance. Ils marchent lentement dans la plaine avec le pas traînant des montagnards et, lorsqu'ils parlent, ils allongent l'avant-dernière syllabe du dernier mot de la phrase. Après cette inflexion, le ton de la voix se relève et l'on peut ainsi dire que l'accent charentais, saintongeais surtout, semble chantonner avec une molle cadence.

Pour retrouver les costumes que portent nos poupées charentaises, il faut maintenant s'éloigner des villes et du chemin de fer, fouiller les recoins de la côte, non pas du côté de la belle ville de la Rochelle, ni auprès des plages riantes de Royan et de Pontaillac, mais plutôt vers les terres les plus pauvres, où le terrible vent d'ouest courbe les arbres et dessèche les cultures.

Les fermes sont basses pour mieux lui résister. Comme il poussait le sable des dunes vers l'intérieur, on a fait des plantations de pins maritimes dont les racines profondes fixent ce sol mouvant. Les forêts qui garnissent la pointe de la Coubre et les rives occidentales des îles abritent des villages qu'elles ont sauvés de l'envahissement des sables. De grands espaces agricoles s'étendent maintenant jusqu'à la lisière des bois. On y cultive des céréales, le maïs aux lourds épis bronzés par le soleil, et surtout la vigne : c'est la richesse du pays, moins peut-être aujourd'hui qu'autrefois, avant le phylloxera. Alors le viticulteur n'avait que la peine de faire de grasses vendanges et de mettre le raisin sous le pressoir.

Les mères de nos poupées ont connu cette richesse. Mais leurs aïeules avaient plus de peine à vivre. L'Océan, les sables, la vase ruinaient les villages côtiers.

On raconte qu'un riche habitant du pays étant un jour à

la pêche prit une sirène dans ses filets : elle le supplia de la laisser dans l'eau en liberté. Il allait y consentir, mais sa femme qui était avec lui voulut absolument garder prisonnière

Poupées charentaises.

l'étrange créature. On l'emporta au château malgré sa résistance et ses menaces : elle criait que tous se repentiraient de ne l'avoir point remise à la mer. Au lieu de l'écouter, on ne songeait qu'à s'émerveiller d'une pêche si miraculeuse.

Le bruit s'en répandit. On vint de très loin pour voir la captive. Mais, le septième jour, une catastrophe arriva :

l'Océan envahit le rivage à grand fracas, détruisit le château, emporta le mari, les enfants, tous ceux qui étaient venus par curiosité et reprit dans son sein la sirène.

La femme qui n'avait pas voulu la laisser libre était grandement punie, veuve, ruinée, errante auprès des ruines. Chacun s'éloignait d'elle qui avait causé tant de malheurs.

En ce lointain passé, l'Océan n'était pas qu'un sujet de craintes. Il procurait aux gens de la côte quelques profits qu'ils n'ont plus aujourd'hui. Quand il y avait un naufrage, on se partageait les débris du navire.

Le seigneur de la côte prenait sa part : ce qui faisait dire à un comte de Léon qu'il « possédait dans ses terres une pierre plus précieuse que toutes celles de l'univers ». Il voulait parler du Raz qui lui procurait en toute saison de nombreux naufrages.

Dans les villages du littoral, on chantait des oraisons pour obtenir des épaves : « Mme Marie envoyez naufrage et n'en envoyez pas un seulement; envoyez-en deux, trois et beaucoup pour que chacun ait sa part. »

Et naturellement on aidait volontiers la tempête à faire des malheurs qui procuraient un riche butin.

En Saintonge et dans l'île d'Oléron, des misérables allaient promener la nuit sur la plage un âne boiteux. Ils lui attachaient au cou une lanterne allumée. Le baudet en marchant, donnait à ce feu un balancement régulier, semblable au tangage d'une barque, et les marins égarés au large, assurés que la côte ne se trouvait pas à l'endroit où flottait cette lumière, se dirigeaient vers elle avec confiance.

Leur bateau s'échouait et, après le naufrage, ils étaient dépouillés, massacrés souvent, par les pilleurs d'épaves. Ceux-ci, pour se préserver d'un mauvais sort, portaient chacun une ceinture de fougère mâle cueillie le jour de la

Saint-Jean. Ces feuillages bruns, aperçus à la lueur des torches, par les marins épouvantés, leur paraissaient de larges taches de sang et ils appelaient ces terribles bandits les « Ventres Rouges ».

Horrible légende qu'il faut croire fausse aujourd'hui que ce surnom de « Ventres Rouges » s'est étendu à tous les habitants de la région où quelques rares paysannes portent encore les bonnets de nos poupées charentaises. Peut-on croire que le renom sinistre de quelques pilleurs d'épaves se soit étendu au peuple placide et doux de la Saintonge? Il y a d'autres légendes qui expliquent ce surnom singulier.

On raconte que pour se reconnaître au milieu du combat, les Saintongeais portaient des ceintures de laine rouge.

Et, comme ils se battaient bien, leurs ennemis s'écriaient en les apercevant : « Fuyons! Fuyons! Voilà les Ventres Rouges! »

Ceci devait se passer pendant les guerres de religion. On peut préférer cette version agréable à l'amour-propre charentais.

Il y en a une autre plus savante : on dit que certaines peuplades gauloises se barbouillaient le corps de pâte rouge pour être à l'épreuve du sang et parce que c'est la plus belle des couleurs. Les Santons auraient eu cette coutume où l'on peut voir l'origine du surnom retentissant de leurs pacifiques descendants.

Ce qui est probable c'est que nos jeunes Charentaises ont voulu aller un jour à Saintes, la vieille ville, qui fut la première, dit-on, où dans l'église Saint-Pierre on sonna l'angélus, vers la fin du xive siècle.

Il y a auprès des arènes romaines de Saintes une fontaine dédiée à sainte Estelle qui attire beaucoup de jeunes filles. La tradition veut que chacune prenne deux épingles entre le pouce et l'index et les laisse tomber dans l'eau peu profonde. La demoiselle se mariera dans l'année si, arrivées au fond les deux épingles se trouvent placées en croix. Mais il est bien difficile de les reconnaître au milieu de tant d'autres! La jeune fille se console en voyant que l'une des épingles qu'elle vient de jeter forme la croix avec plusieurs de celles entassées déjà dans la fontaine.

Et à quelque temps de là, quand elle a été demandée en mariage par le beau garçon que son cœur a choisi, elle a commencé à enrichir de dentelles sa coiffe magnifique pour la faire plus belle que les autres et s'enorgueillir ensuite, toute sa vie, de cette petite victoire de sa coquetterie et de son amour-propre.

Plus tard, beaucoup plus tard, lorsque devenue très vieille, elle voit ses petites-filles aller à la promenade avec des chapeaux qui veulent ressembler à ceux des dames de la ville, une grande inquiétude la saisit; n'était-elle donc pas belle autrefois avec sa jolie coiffe en dentelles empesées et savamment tuyautées?

Elle a la chance quelquefois de rencontrer un monsieur dont elle a entendu vanter le savoir et l'expérience : il la console en l'assurant qu'aucune des petites folles d'aujourd'hui qui portent chapeau ne donne aux yeux un plaisir égal à celui qu'on a à l'imaginer, elle, la petite mariée d'autrefois, un peu guindée, un peu timide, sous sa haute coiffe que notre piété conserve dans des musées, au milieu des richesses dont notre patrie a été faite.

UNE ARLÉSIENNE DU XVIIIᵉ SIÈCLE

Vous connaissez le costume de l'Arlésienne, de cette Arlésienne rendue si populaire par la Mireille de Gounod et par la musique de Bizet sur la pièce d'Alphonse Daudet? Eh bien! ce costume n'est pas très ancien, comme vous pourriez le croire, et diffère en cela des costumes de nos vieilles provinces françaises.

Ce n'est guère que vers la moitié du siècle dernier que ce costume, aussi gracieux qu'élégant, a été fixé.

Personne n'oserait blâmer les Arlésiennes, si belles de traits et d'allure, d'avoir cherché longtemps une mode seyant à leur beauté. Tout autour d'elle les incite à cela : la pureté du ciel, l'éclatante lumière de leur chaud soleil, l'art répandu dans leur cité antique.

Nous avons décrit dans le volume *Poupées et Légendes de France*, le costume arlésien moderne; aujourd'hui nous vous présentons une poupée du xviiiᵉ siècle qui figurait à l'Exposition de 1900, à côté de l'Arlésienne actuelle.

Le contraste est très curieux entre ces deux poupées, et les visiteurs les admiraient également, ne pouvant déterminer celle des deux qu'ils trouvaient la plus jolie.

L'Arlésienne moderne étale son opulente chevelure en larges bandeaux. Un petit casque de tulle, entouré d'un large ruban, appelé le *riban de testo* ou simplement le ruban est posé sur l'arrière de la tête comme un léger diadème. Cette coiffure fait valoir agréablement la pureté des lignes de la tête et la grâce élégante du cou, resté libre dans tous ses mouvements.

Au contraire l'Arlésienne du xviiie siècle cachait ses beaux cheveux sous des dentelles et de fines mousselines, laissant seulement passer sur les tempes quelques boucles qui entouraient d'une ombre légère ses beaux yeux et leur donnait une douceur infinie.

Au désespoir des villes voisines qui ne peuvent l'imiter, l'Arlésienne moderne sait draper savamment, sur son corsage appelé *aise* et qui est toujours noir les jours de fête, trois fichus, dont l'un est de la couleur de la jupe; elle a soin de laisser libre, sur le devant de sa poitrine, la place des bijoux appelée *la chapelle*.

L'Arlésienne que vous voyez ici porte un unique fichu arrondi en pèlerine, très clos et dont les bouts disparaissent sous le devant du corsage.

Il mérite votre attention, ce délicieux vêtement appelé du joli nom de *droulet*. C'est un casaquin largement ouvert devant, à basques très longues et très étroites. Son tissu est une espèce de velours épinglé, d'un vieux rose exquis. Il repose sur une jupe en soie brochée, dont le fond d'un gris indéfinissable, est semé de grosses roses rouges au cœur éclatant.

L'envers de cette robe est doublé de mille bouts de vieilles soies dont les harmonieuses couleurs font songer à la palette d'un Mignard.

Le devant du corsage est semblable à la jupe, mais on ne remarque que le bouquet de fleurs qui est de côté et qui semble sortir de l'étoffe.

Les manches du droulet sont droites et se perdent au coude dans une garniture de dentelle en malines.

Une Arlésienne du xviiie siècle.

Enfin un tablier en toile de Jouy ajoute sa note imprévue et pittoresque à ce costume.

Voyez-vous le gros oignon qui y est dessiné et d'où sortent des radicelles et des feuillages menus?

Un oignon c'est assez original.

Toute la flore de ce costume n'est pas *stylisée*, comme on dit maintenant, elle est copiée sur la nature toujours belle dans toutes ses manifestations.

Les Arlésiennes d'autrefois portaient encore journellement un tablier de *camarette* et pendant un certain temps, il fut de mode d'y placer en un coin une pièce de chaffragand rouge, espèce d'andrinople, comme s'il y avait eu déchirure, quoique le tablier fût tout neuf.

Notre fine poupée est coiffée d'un délicat petit bonnet de tulle brodé à la chaînette, entouré d'une vraie malines qui s'appuie presque à plat sur le front. Sur cette coiffe, une fanchon (velette ou plechoum) en organdi, ourlée, formant bavolet, encadre le menton et les joues et se ferme par un nœud sur l'oreille gauche.

Toutes les Arlésiennes ne s'habillaient pas de même; le droulet était quelquefois remplacé par un casaquin noir sans basque aucune.

Les simples paysannes ne se permettaient pas les mêmes bijoux que les artisanes et celles-ci ne portaient pas les joyaux des damoiselettes, bourgeoises, filles de marchands, procureurs, notaires, etc.

Les paysannes ornaient leur cou d'un coulant d'argent qui tenait une médaille, représentant d'un côté un crucifix, de l'autre, l'image de la Vierge.

Les plus riches portaient encore une croix plate en or, avec un coulant creux de la grosseur d'une noix. Elles se paraient aussi d'une ceinture épaisse en argent.

Les artisanes, les ménagères, avaient au côté un *clavier* en argent très gros, très large, avec deux chaînes. Le clavier servait à tenir les clés. Elles portaient au cou une croix d'or ornée de sept diamants, au bras droit un coulant en or.

Dans la classe la plus élevée, les bijoux consistaient en une croix de Malte surmontée d'un papillon garni de diamants, suspendu à une chaîne, puis en longs pendants d'oreilles, bracelets au-dessous du coude, et bagues à tous les doigts.

La croix de Malte était un signe de noblesse, elle était en usage parce qu'Arles fut le siège d'une commanderie de Malte et qu'un certain nombre de chevaliers de cet ordre faisaient partie des familles nobles de la ville. La croix de Malte diffère de la croix latine : elle a ses quatre bras égaux.

Autrefois le trousseau d'une Arlésienne avait une importance capitale. C'était, disait la jeune fille qui se mariait, une mine féconde d'où, plus tard, elle pourrait tirer, *fondre* ses plus belles, ses plus vieilles indiennes pour l'habillement de ses enfants.

Arrêtons-nous sur cette pensée touchante, sur cette délicate prévoyance féminine.

PAYSANNE DE LA VALLÉE DE BARÈGES

Nous tenons ce groupe de la directrice de l'École normale de Tarbes. Voici exactement la notice qui l'accompagnait.

« Ce costume est celui d'une paysanne aisée de la vallée de Barèges, vivant il y a une cinquantaine d'années. Il a été copié sur celui d'une grand'mère des environs de Luz.

« La coiffure, assez compliquée, se compose d'une sorte de béguin en toile, dit serre-tête, d'un bandeau de même étoffe fixant le serre-tête, et destiné, en outre, à bien emprisonner tous les cheveux de la nuque; d'un bonnet de mousseline entouré d'un ruban ombré, cachant les cordons des diverses pièces de la coiffure, et maintenu par une épingle à tête taillée, enfin d'un capulet rouge bordé d'un ruban noir.

« La chemise est en toile, filée dans la maison et tissée dans le pays.

« Le jupon est en gros molleton, en général violet. La robe comprend un corsage et une jupe. Le corsage est une des pièces les plus curieuses de ce costume : il est échancré devant et derrière. Le dos comprend quatre parties, dont les deux petits côtés empiètent sur le devant. Le milieu du dos est orné, au bas de la taille, de deux petits coins, dits *tassettes*, fixés par deux boutons recouverts de soie.

« Le devant est composé de deux pièces croisées et fixées l'une à l'autre par trois épingles à tête taillée.

Paysanne de la vallée de Barèges.

« Ce corsage, qui est court de taille, est relié à la jupe par des agrafes, il est doublé en grosse toile de ménage. Un fichu blanc en mousseline, orné de dentelle et brodé, croise sur la poitrine et comble le décolleté du corsage.

« La jupe, très ample, est montée à plis couchés ; elle est munie, sur la droite, d'une ouverture conduisant à une poche indépendante où se trouve un mouchoir.

« Les bas sont tricotés avec de la laine écrue du pays et filée dans la maison.

« Les sabots, sans talons, sont ferrés de gros clous qui facilitent la marche dans la mauvaise saison, en empêchant la neige de se tasser sous le sabot et de faire corps avec lui.

« Enfin, un tablier de soie noire, long et sans poche, monté à plis couchés, complète la toilette de cette paysanne. De nos jours, ce costume est à peu près disparu, sauf le capulet.

« Cette paysanne conduit un âne au marché. Le bât de cette bête, dit *aubarde* dans le pays, repose sur un coussin ; il peut être chargé de bois ou de sacs. L'âne, ainsi harnaché, est l'unique véhicule des paysans de cette contrée. »

C'est à dessein que nous avons copié cette notice en entier, pour que vous compreniez la valeur de la collection des poupées si scrupuleusement habillées ; il n'est pas jusqu'à la doublure en toile du corsage qui ne soit exacte.

Dans les Hautes et Basses-Pyrénées, les villageoises portent le capulet, il est même en usage parmi les dames qui fréquentent les stations thermales de Cauterets, des Eaux-Bonnes, de Barèges et autres. C'est une laize d'étoffe pliée en deux et cousue dans les deux tiers de la longueur pour fermer la coiffe à l'arrière, mais elle serait deux fois trop large ainsi, celle de notre paysanne est repliée en un large revers. Le capulet n'existe plus dans l'Ariège, ni dans les Pyrénées-Orientales, excepté pour les veuves.

Dans la vallée de Bethmale, c'est un bonnet de laine souvent écarlate mais tout brodé et descendant à la moitié de l'oreille.

Quant à ce petit âne joujou, à l'œil intelligent, on dirait vraiment qu'il devine l'intérêt qui s'attache à sa mignonne personne.

Qu'elles sont curieuses les jolies bêtes destinées aux enfants! Lorsque les petits les ont tirées, ont sauté dessus, en ont fait leur œuvre, leur ont parlé, arraché des poils ou des plumes, enlevé un harnais, mis un nœud de ruban, lorsque ces animaux de carton ou de bois ont vécu avec les bébés, il leur reste un je ne sais quoi d'humain qui attendrit.

Notre petit âne, hélas! n'a jamais joué avec un petit enfant, il a gardé toute sa gravité et a pris, de par les compliments qu'il a reçus des visiteurs du Musée, une certaine suffisance. Les ânes qu'il représente sont de rudes bêtes, comme les gens de ces montagnes sont de rudes gens!

A propos d'ânes et de bois, nous nous rappelons deux anecdotes fort curieuses, contées par Taine dans le volume *Voyage aux Pyrénées*.

« Un jour de Noël, allant dans sa galerie, le comte de Foix vit qu'il n'y avait qu'un petit feu et le dit tout haut.

« Là-dessus, un chevalier, Ernauton d'Espagne, ayant regardé par la fenêtre, aperçut dans la cour quantité d'ânes qui apportaient du bois. Il prit le plus grand de ces ânes, tout chargé de bûches, et le chargea sur son cou moult légèrement, et l'apporta amont les degrés qui étaient vingt-quatre, et ouvrit la presse des chevaliers et écuyers qui devant la cheminée étaient, et renversa les bûches et l'âne les pieds dessus en la cheminée sur les cheminaux, dont le comte de Foix eut grande joie et tous ceux qui là étaient.

« La capitale de ces belles vallées pyrénéennes dont l'une conduit à Barèges, est Luz. Autrefois ces vallées formaient une sorte de république, chaque commune délibérait sur ses intérêts particuliers. Quatre ou cinq villages formaient un *vic* et les députés des vics se réunissaient à Luz.

« Le rôle des impositions se faisait, de temps immémorial, sur des morceaux de bois qu'ils appelaient *totchous*, c'est-à-dire bâtons. Chaque communauté avait son *totchou* sur lequel le secrétaire faisait, avec un couteau, des chiffres romains dont eux seuls connaissaient la valeur.

« L'intendant d'Auch, qui ne se doutait pas de ces usages, ordonna, en 1784, à un des employés du gouvernement de lui apporter les *anciens registres*, il arriva suivi de deux charrettes de *totchous*. »

Cette histoire nous paraît amusante, mais ces *totchous* officiels ont une grande ressemblance avec ces bois appelés *tailles*, sur lesquels on marquait et on marque encore, en certains villages, les pains apportés par le boulanger et qui ne sont pas payés comptant.

Ces tailles sont formées de deux lattes de bois, le fournisseur fait une entaille sur les deux à la fois à la livraison d'un pain, le boulanger garde une latte et le client l'autre.

Ce sont là des usages qui ont pris naissance dans l'ignorance, alors que lire et écrire étaient un grand luxe chez les gens simples. Malgré les chemins de fer, le télégraphe et toute la merveilleuse gamme des découvertes modernes, il y a encore beaucoup de gens ignorants, d'êtres simples, surtout dans les coins retirés des montagnes,

Notre poupée, notre paysanne barégeoise n'est guère aussi rusée que son âne.

Quand elle conduit son bourriquet, chargé de bois, dans la vallée ombragée par des arbres qui aiment l'eau : les aulnes, les bouleaux, les peupliers, quelles sont ses pensées?

Les mille ruisseaux qui serpentent tombent en cascades,

jasent à ses oreilles une romance délicieuse: l'air embaume ; elle marche lentement, côte à côte avec la bonne bête qu'elle caresse souvent. Elle songe à ceux qu'elle aime, pour lesquels elle travaille, à toute sa chère maisonnée, père, mère, enfants, animaux domestiques; la beauté de la nature emplit son âme, elle communie avec cette nature à son insu, elle parle avec Dieu du bonheur de tous les siens, de leur santé, de leur avenir.

Mais voilà que sur une branche de saule, elle aperçoit l'insecte étrange appelé mante religieuse, *Prega Diou* (prie Dieu), comme on dit là-bas. Notre paysanne barégeoise est superstitieuse. Elle regarde la bête avec attendrissement : c'est un signe heureux de rencontrer cet insecte en son chemin, non seulement à Barèges, mais en Afrique, dans l'Orient.

De quel côté indique-t-elle d'aller?

« Ah! c'est vers Barèges, cela me portera bonheur », dit notre paysanne.

Elle prend une allure plus vive, caresse le bourriquet qui, de son œil malin, a vu l'insecte, mais a profité de l'arrêt pour avaler un joli chardon de montagne : c'est toujours bon.

Tous deux satisfaits oublient la route qui devient laide, on arrive à la ville de soufre, triste et désolée comme un pays de volcan. Il n'y a de beau que l'admirable tente que forme, au-dessus du paysage et de la longue rue de Barèges, le ciel d'azur du midi de la France.

Demain, ce sera jour de marché à Luz. On recommencera la même route, on rapportera non du bois, mais, pour les baigneurs de Barèges, les fruits qu'ils aiment, les beaux raisins, puis des dentelles espagnoles, des rubans quasi fanés, des mantilles, des savons, des fichus en barège. Le barège n'est plus de mode, c'est dommage; car ce tissu, léger comme du crêpe et qui prenait si bien la couleur, faisait des robes d'été charmantes pour les jeunes filles.

La foule des baigneurs entourera l'étalage de notre paysanne; il faut bien que les malades se distraient comme ils peuvent, tout prétexte leur est bon, à Barèges surtout.

Notre paysanne reconnaissante, en repassant près du saule où guettait la mante religieuse, lui criera un gentil merci en patois.

Chaque jour amène ainsi quelque petit événement jusqu'à l'hiver, où il faut déloger de Barèges; il y fait trop froid, la neige rend les routes impraticables, tous les Barégeois se retirent à Luz, à Saint-Sauveur, aux alentours.

Quelques hommes restent seuls à veiller aux petites habitations, afin qu'elles ne subissent pas, sans réparation, les avaries de la mauvaise saison.

Cette vie ne ressemble pas à celle des citadins, si agitée, si bruyante, elle est peut-être plus heureuse!

LA MARIÉE DE DOUARNENEZ

Je revenais de Brest avec ma sœur, nous avions assisté à la messe du Saint-Esprit sur le bateau-école *Borda*, où son fils venait d'entrer. Vous devinez que nous étions tristes.

« Veux-tu, dis-je à ma sœur, aller passer quelques jours au bord de la mer; loin du bruit? » Et c'est ainsi qu'un dimanche nous nous sommes trouvées à Ris.

Ris n'a qu'une auberge sur la route, au bord d'une forêt, devant l'admirable baie de Douarnenez.

Il était six heures. En octobre, c'est presque la nuit. La plage de sable fin s'étendait au loin; d'innombrables mouettes y sautillaient à l'aise, buvant dans les petites lagunes, laissant la trace de leurs pieds où elles se posaient, puis s'envolaient toutes du même côté.

Déjà émues par la beauté majestueuse du paysage et le calme qui nous enveloppait, nous entrons à l'auberge, et après nous être entendues pour le coucher, nous descendons sur la grève.

La lune éclairait la nuit si tiède, les vagues s'avançaient petites, lentement, sans effort.

Un spectacle étrange se passa alors sous nos yeux. De chaque vague qui se brisait sur le sable en flocon d'écume sortait une poupée. Je les comptais, mais leur nombre augmentait toujours. Quelle fut ma surprise, je les reconnus.

« Mais, dis-je à ma sœur, ce sont mes petites Bretonnes du Musée. »

Mes yeux s'accoutumant à l'obscurité, je distinguai la plus belle de mes Quimpéroises, portant une robe de satin bleu, toute galonnée d'argent et de velours, avec son bonnet de clinquant, orné de deux rubans appelés scapulaires : les fortes poupées, les matrones s'étaient groupées; on entendait une marche cadencée de petits sabots, c'étaient les dames de Guingamp et de Tréguier, les Guernévesses, les Guénédouresses avec leurs hommes qui faisaient ce tapage. Je reconnus la matrone de Guingamp à sa grande catiole (coiffe), sa tache de vin sur le front, et son grand parapluie de coton vert.

« Tiens, fit ma sœur, voici toute la noce de Saint-Marc, les Plougastel, les Pont-l'Abbé, le groupe de Rennes. »

A ce moment, une petite bise chatouilla nos oreilles, comme un léger souffle de paroles.

« Mais, dis-je, mes poupées parlent, prêtons l'oreille. »

« Vous voilà chez vous, ma chère, dit une curieuse Bigoudine à une poupée vêtue de blanc, fille simple, facile à reconnaître à sa coiffe en filet brodé qui semble avoir été taillé dans un filet de pêche, un jour que les mailles auraient été entremêlées de débris de coquilles.

— Oui, répondit celle-ci. Oh! quel bonheur de revoir mon pays. J'en suis partie en mariée, avec un superbe châle en dentelle, tout brodé par les enfants de l'école, mais, ma chère, j'attends toujours mon mari! On me prend peut-être pour une communiante! Je suis tout étourdie, je tiens à peine sur mes jambes... Comment donc sommes-nous ici? »

La Bigoudine aux yeux de Chinoise reprit :

« Hier, la clef de la vitrine où nous sommes logées au

Musée était restée sur la porte ; une de nous, la petite de *l'Hôpital-Camfrout*[1], qui est si pâlotte, celle que vous voyez

La mariée de Douarnenez.

là, avec une guimpe blanche qui retourne sur le col comme un capuchon ; eh bien ! elle est allée trouver le gars de Gué-

[1]. L'Hôpital-Camfrout est une commune sur la rivière du même nom (Finistère).

nédour. Oh! c'est un savant. Tenez il passe, c'est lui qui a ce beau gilet à fleurs et une veste reluisante de sequins.

« — Ne pourrait-on sortir d'ici? lui a demandé avec douceur la petite Camfrout : on s'ennuie bien au Musée. »

Le gars a répondu : « J'ai une idée ». Il est descendu. Il a trouvé une bibliothèque où il y avait des livres et des livres, bien ennuyeux, mais en cherchant, il a découvert un vieux bouquin, de l'imprimerie d'Ý. J. L. derrière l'église à Quimper.

Là se trouve un ancien colloque français et breton comçant ainsi :

L'imprimeur au lecteur :

    Ami lecteur, l'ancien colloque français, etc.
    Va Mignon Lenner, ar C'hollocou, etc.

Il l'a lu longuement.

Il est arrivé à une page : « Si défunt ou figure de gens, l'on est de l'Armor, en disant les paroles cabalistiques suivantes, le soir où la lune (*al loar*) est à son dernier quartier (*an Discar : A ra ta chin to rat hac oc huc hic hac*, rien ne pourra plus vous tenir captif, et vous serez transporté où votre volonté le désirera jusqu'à l'aurore prochaine. »

Le gars de Guénédour est remonté; et tous nous avons dit avec lui la formule tragique.

Alors nous avons senti nos petites jambes se dégourdir, et, en passant par les fenêtres, nous avons été transportés sur cette plage bretonne.

« Qu'il fait bon, cette nuit, mes sœurs, fit en passant la Ouessantine, si digne dans son costume sévère.

— Je voudrais y demeurer toujours, ajouta l'élégante de Concarneau, à la riche collerette plissée.

— La nuit est merveilleuse s'écrie une petite blonde très

futée, Marie Driano de Jocelyn, dont les barbes de tulle voltigeaient autour de sa tête comme des papillons blancs. »

Prenant ses voisines par la main, elle commença une farandole délicieuse qui se déroula dans les grottes mystérieuses, où la mer de Douarnenez s'engouffre, à la marée haute, soulevant le sable sous les pieds légers de ses danseuses. Tabliers de soie, fichus de blonde, rubans, volaient autour des poupées, tandis que sur leurs poitrines les croix d'or scintillaient comme des étoiles. En dansant, les petites Bretonnes ne voyaient pas s'élever de la mer une vague d'écume qui prit la forme d'une jeune fille aux yeux d'émeraude, aux longs cheveux flottants, entremêlés d'herbes marines.

Coiffe bretonne en filet brodé.

La vision blanche s'élevait toujours plus haut sur les flots, ses yeux verts étincelaient.

La mariée de Douarnenez l'aperçut la première ; du doigt elle la montra à ses compagnes. La vision parla, un grand silence se fit :

« Petites poupées de France, rappelez-vous votre devoir. Vous représentez un monde qui s'en va. Les vieux costumes rappellent les vieux parents, les ancêtres, tous ceux qui ont fait le pays ce qu'il est aujourd'hui, avec sa grandeur et ses gloires. Il faut retourner au Musée enseigner au public l'art si doux du souvenir. Dites en chœur : « France, France aimée ».

Le jour se levait. Les poupées revinrent au Musée sans que le père Billard, le vieux concierge, les aperçut. Elles reprirent leur aplomb sur leur tige rigide, non sans avoir renoué les les cordons défaits de leurs petits souliers.

C'était fini.

Le garçon de la bibliothèque, Chezeaud, trouva le lendemain le livre ouvert à la page magique.

« C'est drôle, murmura-t-il, en grimpant sur son échelle pour le remettre à sa place, je n'ai pourtant donné ce livre à personne ! »

UN MARIAGE BRETON DANS LE MORBIHAN

Ces poupées représentent des Bretons, tels ils étaient vêtus le jour de leur mariage à Lanouée, commune du canton de Josselin, arrondissement de Ploërmel, dans le Morbihan.

C'est la mariée, Yvonne Dréano, qui a fait habiller la poupée par la couturière de Lanouée, avec les mêmes étoffes que celles de ses propres vêtements; c'est Mme Ruby, la directrice de l'École normale de Quimper, qui a fait reproduire le costume du gentil Quimperrois, son voisin.

Pour ce jour du mariage, le fiancé avait revêtu une veste bleue ornée de velours, sur un gilet aux broderies jaunes, lequel était fermé par de reluisants boutons de cuivre doré; il était chaussé de lourds sabots sculptés et sa tête chevelue était couverte d'un grand chapeau de feutre noir, d'où tombaient de longs rubans de velours.

Yvonne Dréano avait, comme la poupée que vous voyez, une robe de laine noire brochée, les manches droites fort larges, bordées de velours comme celles du Quimperrois, laissaient voir des manches blanches ornées de dentelles au crochet.

Elle avait la poitrine recouverte d'un beau châle de soie à fleurs voyantes, qui était entouré d'une passementerie et d'une très haute guipure noire.

Son tablier de soie, gorge de pigeon, portait une bavette fixée sur le châle par des épingles. De larges plis le resserraient à la taille avec un galon qui barrait également deux larges poches.

Ses cheveux étaient coupés, selon l'usage; les filles de ce pays les vendent quelques sous à des colporteurs pour s'acheter un objet de toilette.

C'est dommage, ceux d'Yvonne sont fort beaux et fort drus, mais la coiffe en usage dans ce pays, étant très plate, ne comporterait guère que des nattes placées près de la nuque; ce qui constituerait une coiffure de cheveux peu pratique pour des filles allant aux champs.

Le bonnet de Lanouée a deux sortes de brides, une paire se joint derrière sur le fond par une épingle, la seconde en tulle ou en légère mousseline bordée de dentelle, passe sous le menton et forme sur la joue gauche un nœud aux longs bouts flottants.

Ajoutons que le Quimperrois avait donné à Yvonne une broche en argent représentant les armes d'Anne de Bretagne aux petites hermines, et que c'était lui-même qui, venant d'arriver chez Yvonne le matin du mariage, l'avait fixée sur son corsage.

Cette familiarité était permise, les jeunes gens étaient mariés à la mairie, de la veille.

Il était huit heures du matin. La maison était déjà remplie d'invités.

La maison du père Dréano, véritable patriarche, puisqu'il a douze enfants comme Jacob, est constituée par une seule pièce, immense, d'une hauteur de six mètres, peinte à la chaux, mais dont la blancheur disparaît derrière les meubles dont elle est garnie. Quatre grandes armoires en bois de cerisier, ornées de belles applications en cuivre, sont remplies de bon gros linge, confectionné tout entier dans la maison, car dans cette région reculée de notre chère Bretagne, l'on

Les mariés bretons.

file toujours à la main le chanvre recueilli dans les champs. Quatre grands lits bretons, construits dans le mur, remplissent les intervalles laissés entre les armoires; deux de ces lits sont fermés avec des portes à battants, les deux autres, avec des rideaux en cretonne fleurie.

Un très beau buffet étagère en bois noir est placé à droite de la porte d'entrée et ne s'appuie pas sur le mur, on peut tourner autour, il est garni de vieilles assiettes ornées d'abeilles, puis d'assiettes creuses qui servent ordinairement, ainsi que de nombreux bols en terre.

Au milieu de cette salle, une grande table en cerisier ciré est flanquée d'un côté d'un banc de bois et de l'autre, de chaises de paille sur lesquelles les invités s'étaient assis comme pour prendre leur repas, mais sur la table il n'y avait que des livres de messe et la couronne d'oranger de la mariée.

L'immense cheminée, surmontée de quelques fusils, présentait un spectacle peu banal, elle contient un foyer formé de trois énormes pierres de granit, si larges, que, lorsque le feu pétille, on peut s'y chauffer, ce qui n'empêche pas qu'un banc soit encore réservé devant l'âtre.

Trois vieillards, en bragou-braz de velours, en petite veste, se tenaient debout sur les pierres de granit et devisaient avec des invités assis sur le banc vis-à-vis d'eux. Avec leurs longs cheveux et leurs barbes blanches, ils semblaient des grands prêtres faits pour bénir la cérémonie attendue.

Cet intérieur curieux est éclairé par une seule petite fenêtre à deux vitres un peu verdâtres, mais la lumière et l'air entrent sans obstacle par la grande porte toujours ouverte, et devant laquelle, dans ce moment, se tenait le maître du logis, le vénérable Dréano, donnant des accolades à tous les arrivants.

Dès le matin à l'aube, il avait, selon son habitude, à genoux à côté de ses enfants, fait, dans le silence, sa prière du matin.

Ensuite, on avait mangé du lait caillé avec du pain de

seigle, et chacun avait procédé à sa toilette. Le père et la mère Dréano avaient endossé des habits antiques coupés comme avec un instrument de labour.

« Mes enfants, dit tout d'un coup le père Dréano, il faut partir. »

Alors des jeunes filles placèrent sur la tête d'Yvonne la couronne d'oranger à longs pans, après que la jeune future eut dénoué les nœuds des brides de sa coiffure pour les laisser flotter, ainsi que cela a lieu au mariage, à la communion et dans les jours de deuil.

Yvonne prit les devants au bras d'un oncle, les invités suivirent, la porte resta ouverte; on ne craint rien en ces pays reculés.

Il faisait un temps superbe, on était en plein printemps, l'air était pur et embaumé, les routes étaient fleuries et des vieux murs descendaient des guirlandes de feuillage d'un vert nouveau très gai, les oiseaux gazouillaient tout étonnés de cette procession de paysans qui parlaient haut et marchaient presque en cadence; les jeunes filles, dont les nœuds voltigeaient au vent, semblaient entourées de papillons blancs.

A chaque détour, de nouveaux arrivés se joignaient à la procession. Ils étaient plus de deux cents, presque tous parents.

On arriva à l'église au bout d'une heure.

La messe fut écoutée dans le plus grand recueillement. Toute la noce revint ensuite à la ville aux moines, où se faisait le repas.

A quelques pas du village, un groupe breton apporta à la mariée une énorme motte de beurre salé, toute couverte de jolis dessins, puis du pain blanc et des brocs de cidre avec des verres.

C'était l'offrande de la famille. Les mariés et ceux qui le voulurent se mirent gaîment à manger des tartines au milieu des champs, non sans rire et sans boire de petits coups de cidre.

Enfin on arriva au pays, et l'on se disposa à déjeuner. Chacun avait bien faim, les deux courses ayant aiguisé l'appétit.

La veille on avait tué une vache, deux veaux, des moutons. Dans d'immenses marmites, on avait fait des pot-au-feu que Gargantua lui-même, eût traités d'excessifs, puis des ragoûts accompagnés de force pommes de terre.

La table, formée de planches posées bout à bout sur des tréteaux, n'était recouverte ni de nappe, ni de fleurs, il n'y avait que des salières, des plats remplis de viande, des brocs de cidre, des verres et des assiettes creuses sans bord, accompagnées de cuillères. Toute cette faïence, toute cette verrerie venaient de Josselin où elles avaient été louées.

Chaque convive sortit son couteau de sa poche, l'ouvrit, le brandit en l'air et le repas commença ; il n'y eut aucun légume, aucun fromage, ni café, ni liqueur. Ce repas homérique, si simple de menu est d'une exactitude absolue.

Quelques marchandes de gâteaux bretons sont là. En achète qui veut.

Après le repas, la jeunesse se mit à danser des rondes au son du biniou et du violon, jouées par des musiciens dont les chapeaux ronds étaient ornés de rubans multicolores.

Les filles parèrent leur corsage de fleurs des champs, d'où le coquelicot était absent.

Cette absence de coquelicots est très curieuse, il y a peut-être là une légende. Pour ne pas rappeler le terrible combat des Trente qui eut lieu tout près, peut-être que les coquelicots couleur de sang n'ont plus voulu éclore sur cette terre de braves.

Les jeunes gens, élevés par le digne recteur et les deux vicaires de Lanouée, se conduisirent gentiment.

Après un second repas tout semblable au premier, la mariée fut conduite chez des amies pour y passer la nuit, car, ainsi que le veut la coutume, elle ne devait être libre de retrouver son mari que le lendemain à la débandade de la noce.

FRANCE

III

POUPÉES COLONIALES

LA POUPÉE ARABE DE CONSTANTINE[1]

« Louange au Dieu unique!

« Salut pour qui marche dans la voie droite!

« A la Seigneurie de la très dévouée éducatrice des petites Roumies, mes sœurs! A celle qui se complaît dans la société des toutes petites poupées, et fait pour elles comme un sanctuaire à l'abri duquel rien ne saurait ternir leur éclat, une retraite où elles demeureront éternellement jeunes en un monde où chaque être se flétrit et meurt, j'ai nommé la directrice du Musée de poupées.

« Que Dieu (qu'il soit loué dans tous les siècles) répande sur elle la bienfaisante rosée de sa bénédiction, qu'il la pénètre du parfum de sa grâce, tant qu'alterneront les splendeurs éclatantes des midis et la douceur des minuits.

« Vous me demandez mon histoire : j'avoue que je suis embarrassée de le faire; encore que descendante d'une lignée illustre, un de mes aïeux, Ahmed bey, fut le maître de Constantine. Elle est celle de toutes les petites Arabes; il s'y rencontre peu d'événements capables de retenir l'attention des personnes qui, comme vous, habitent Paris, la ville où

---

1. Traduit par M. Mercier, procureur de la République à Tizi-Ouzou (Algérie).

les merveilles apparaissent comme l'œuvre de Djenoun[1], ou comme une tentation d'Iblis[2], le grand vaincu.

« Je suis née à Constantine, à une date qu'il ne m'est pas possible de préciser. Peut-être ai-je quinze ans. Ma naissance fut accueillie sans joie par mon père Si Abd El Rhaman, ben (fils) de Si El Hady Ali qui espérait un fils, n'ayant eu jusqu'alors, de ma mère et de sa seconde épouse, que des filles.

« Mon père avait épousé ma mère à cause de sa beauté robuste et saine, quoiqu'elle fût de petite naissance et de fortune plus médiocre. Sous le coup de la déception profonde qu'il éprouva, mon père répudia ma mère, mais la triple formule de répudiation n'ayant pas été prononcée, il se repentit de sa décision, et avant l'expiration de la retraite légale, ma mère et moi, nous étions ramenées dans la maison où j'étais née.

« Ma joliesse, dont Fatma, notre vieille et fidèle esclave soudanaise, entretenait sans cesse mon père, avait peut-être contribué au retour de ma mère.

« Reconnaissante, elle me donna alors le nom d'Oum El Kheir, indiquant par là qu'elle me considérait comme la source du bonheur qui lui revenait.

« Elle promit de m'élever comme une vraie femme de l'Islam, afin que je pusse, suivant les promesses de l'archange Gabriel à notre prophète Mahomet, entrer au Paradis sur le tranchant acéré du Sirat[3], avec les messies et les prophètes.

« Depuis, la naissance de trois fils rendit à ma mère plus

---

1. Djenoun, pluriel de Djinn, esprits bons ou mauvais.
2. Iblis, archange déchu, Lucifer.
3. Le Sirat est le pont que les Musulmans doivent franchir après leur mort et qui conduit au royaume des Houris. Il est aussi effilé que la lame d'un sabre, le moindre péché fait tomber le passant au fond du gouffre au-dessus duquel il est suspendu et où se trouve l'enfer.

de faveurs qu'elle ne pouvait en espérer, car mon père ne prit pas de troisième épouse.

Poupée arabe de Constantine.

« Mon enfance fut celle de toutes les fillettes de mon âge; jouer avec des amies dans les cours intérieures de notre splendide maison, goûter avec elles aux savoureuses gelées d'abricots ou de coings, parfumées à l'essence de roses, et aux pâtisseries si variées que variait encore l'art ingénieux de notre pâtissier tunisien.

« J'allais rarement chez mes amies. Je traversais en voiture, plus rarement encore les rues des quartiers français où les Européens, en foule, semblent moins marcher que courir, comme s'il était possible d'échapper à une destinée de tout temps écrite. Voilà les seuls faits dont je me souvienne.

« Plus tard, un très vieux taleb m'enseigna, avec la lecture, les versets essentiels du livre révélé, tandis qu'avec une parente de ma mère, j'apprenais à accompagner sur la mandole les chants des vieux poètes. Combien de fois ai-je célébré avec eux la grâce et la beauté de la femme, comparées à la taille élancée du cyprès, aux regards langoureux de la gazelle, à la face argentée et brillante de la lune !

« Depuis deux ramadans, je ne sors plus de notre vieille demeure qu'une fois chaque année pour nous rendre à notre villa des Lauriers-Roses, et malgré mon visage voilé, nous ne traversons plus la ville française que les stores hermétiquement clos de notre calèche.

« Par mes mains intérieurement teintes au rouge henné, vous saurez qu'il n'y a pas longtemps encore j'étais fiancée. Je fus demandée en mariage à mon père par un de ses amis qui, m'ayant vue enfant et m'ayant trouvée jolie, pensait que la femme tiendrait les promesses de l'enfant. Une de ses sœurs était venue s'en rendre compte et lui avait assuré qu'il ne serait pas déçu dans ses espérances. Mon père agréa sa demande et me prévint neuf jours après de la résolution et de la date de notre mariage fixé à un an.

« Je me rappelais Si-Smoussi que j'avais vu plus d'une fois lorsque toute petite, dans notre chambre des hôtes, je recevais de lui quelques friandises. Il était plus âgé que mon père, je revoyais son air grave. Il m'inspirait plus de frayeur que d'affection : mais que peut une jeune fille de mon âge, soumise par Dieu lui-même à la contrainte de son père qui est son second créateur?

« La dot, que mon futur donnait en échange de ma personne, était superbe : cinq mille pièces d'or au moment des accords, cinq mille autres le jour de la célébration du mariage, un trousseau splendide contenant les plus fines soieries brodées d'or fin par les plus habiles passementiers de Stamboul, de Tunis ou de Smyrne, des tapis tissés à Kairouan du temps de Sidi Okba, le marabout conquérant, et tant d'autres conservés en des coffres de santal incrustés d'écaille et de nacre.

« Vous parlerai-je des bijoux qui m'étonnèrent par leur nombre et leur magnificence, quelque habituée que je fusse à ceux que je voyais dans la maison de mon père et qui avaient été, du temps du bey Ahmed, dessinés, ciselés et sertis par les plus habiles joailliers, ses serviteurs?

« Tunis avait fourni le diadème composé de six rosaces de diamants du plus vif éclat surmontées d'anciennes et pâles émeraudes, telles que l'Inde n'en produit plus; il y avait des colliers au triple rang de perles, des agrafes doubles, des bracelets de tous les genres, des anneaux pour les chevilles, éclatant de jaspes, de béryls, de grenats syriens, de corindons, de calcédoines, de toutes ces gemmes si bien décrites par votre poète Rostand.

« Mais plus que tous ces présents nuptiaux, correspondant au rang et à la fortune de nos ancêtres, ce qui me pénétra de joie et de reconnaissance, ce fut la condition imposée par mon père et acceptée par Si-Smoussi, sous la sanction de la rupture immédiate de notre union, de ne jamais m'infliger le préjudice d'une seconde épouse, et de ne jamais contre mon gré, me faire résider loin de la ville où je suis née. Ma mère aura toujours libre accès dans la maison de mon mari, et il me sera permis de revenir même chaque jour dans la vieille demeure familiale d'où je suis sortie, il y a moins de trois semaines.

« Mon mariage a eu lieu à la minute fixée, et c'est de chez Si-Smoussi que part la lettre que je vous adresse aujourd'hui. Quelque respect que je conserve pour mon mari, je ne lui vois plus cet air sévère qui m'en imposait et m'effrayait un peu. Est-il plus âgé que ne le sont parfois les époux des femmes de mon âge, je ne peux pas le savoir; n'est-il pas le mari, qui de son bras bienveillant et fort protège sa femme, gagnant ainsi, suivant la parole du prophète à son épouse aimée la faveur et la grâce du seul vrai Dieu. Qu'il soit sans cesse exalté! »

POUPÉE KABYLE

X. — Alors, vous venez de la Grande Kabylie?

La poupée. — Directement, de l'école indigène de Taddert Fort-National.

X. — Taddert, ce mot ne veut-il pas dire village?

La poupée. — Oui, village, commune. C'est l'unité politique de notre pays.

X. — Où êtes-vous arrivée d'abord?

La poupée. — Au Musée pédagogique avec toutes mes compagnes d'Algérie.

X. — Et ensuite?

La poupée. — Ensuite, je suis partie avec Mlle K... et son lieutenant Maria Duhamel, pour Rouen, où avait lieu une exposition internationale.

X. — Quel était l'objet de cette exposition?

La poupée. — La couture des costumes nationaux de la France et de ses colonies.

X. — La couture, dites-vous, mais il me semble que l'exposition de toutes ces délicates poupées dont vous faites partie est bien plus une exposition ethnographique qu'une exhibition de travaux de couture!

La poupée. — Chut! quel mot savant vous lancez ici! « Tout est dans tout », dit Jacotot. Qu'il plaise à chacun de voir dans la collection du Musée autre chose que de la couture, tant mieux, il y a bien des façons de regarder. Figurez-vous que les tissus dont sont faites toutes les diverses robes des poupées constitueraient à eux seuls une exposition très instructive, mais au Musée le but poursuivi est la couture.

X. — La couture, soit! pardonnez-moi, madame la poupée kabyle, mais il me semble que je ne vois guère de coutures dans votre habillement.

La poupée. — Chut, chut! mais non, vous ne pouvez voir ce qui n'existe pas, mon costume ne comporte pas un seul point fait à l'aiguille. Point de coupe savante, point d'assemblage.

X. — Vous m'étonnez; quoi donc alors, comment tiennent vos draperies?

La poupée, *bas*. — Avec des broches, des épingles et encore des épingles.

X. — Mais savez-vous que c'est ravissant?

La poupée. — Certainement, ravissant, artistique. Nous avons des étoffes très souples et nous les drapons sur nous, comme on les voit sur les statues antiques, ensuite nous les fixons avec des bijoux.

X. — C'est vrai, je vois sur votre épaule une bien curieuse épingle.

La poupée. — Voyez celle-ci et celle-là, et les bijoux qui ornent mes chevilles, mes bras, mes oreilles.

X. — Mais dans l'école d'indigènes d'où vous venez, on ne coud donc pas?

La poupée. — Pardonnez-moi, on suit les programmes, mais attendez que je vous dise ceci : l'école d'où je sors n'existe plus.

X. — Vraiment, mais alors qu'est devenue la digne institutrice qui vous a envoyée à Paris?

Poupée kabyle.

La poupée. — Mlle Sahuc? Elle dirige actuellement l'École normale des filles de Miliana.

X. — Très bien. Alors, il n'y a plus d'écoles indigènes pour les jeunes Kabyles?

La poupée. — Si, il y en a trois, mais jugez un peu comme nous sommes délaissées; contre nos trois écoles de filles, il y en a 139 pour les garçons.

X. — C'est vraiment trop curieux. Qui a créé ces écoles?

La poupée. — Un monsieur, Jules Ferry, considéré en Kabylie comme un dieu.

X. — J'entends. Il est bon pour l'art qu'il y ait peu d'écoles et que vous puissiez longtemps encore conserver ce costume si pittoresque, si digne, si pudique; sachant coudre vous voudriez vous aussi imiter la mode qui vous conviendrait peu.

La poupée. — Non, mais la couture nous serait d'une certaine ressource, ne fût-ce que pour faire ces jolies broderies où excellent les femmes arabes.

X. — Dites-moi : la femme kabyle est-elle plus indépendante que la femme arabe?

La poupée. — Nenni. La puissance paternelle est absolue, le père dit à sa fille : « J'ai décidé de te marier, nous avons fixé le prix », 200 francs à 1 000 francs, selon la situation et la beauté de la personne. Ce qui fait dire chez nous, en riant, qu'un père mange sa fille quand il dépense ce prix après la noce. Une réunion de famille a lieu, un repas, la fiancée n'a jamais vu son fiancé, peut-être à la fontaine, mais pourtant lorsque les femmes se rendent à la fontaine, il est défendu aux hommes de passer.

X. — Vous ne vous voilez pas le visage?

La poupée. — Non, le voile ne nous convient pas, le Kabyle a horreur du mensonge, de tout ce qui dissimule.

X. — Êtes-vous heureuses au foyer?

La poupée. — Oui, si la femme mariée a des enfants; mais si elle n'en a pas, si elle ne peut pas travailler, son mari souvent la renvoie.

X. — C'est affreux, cela !

La poupée. — Pourtant, on entoure les parents d'un très grand respect, notre Coran dit cette belle pensée : « Un fils gagne le paradis aux pieds de sa mère ». Nous sommes hospitaliers entre nous et nous devons même traiter l'étranger comme un ami.

X. — Dites-moi. Retourneriez-vous avec plaisir dans votre patrie?

La poupée, *résignée*. — Je suis très bien ici. Je fais aimer ma Kabylie. On dit de moi : « Cette étrange poupée est charmante, elle a de la noblesse dans son attitude ». Je me grandis alors un peu, je regarde mes compagnes et je suis satisfaite.

X. — Mais le ciel bleu de l'Algérie, mais vos palmiers.

La poupée. — Les palmiers? Voyez donc, il y en a ici en papier, n'est-ce pas assez pour une poupée? Quant au ciel du pays natal, sa couleur divine est gravée dans mon cœur d'un souvenir inoubliable, je le retrouve toujours en regardant en moi-même.

X. — Vous me donnez le désir d'aller chez vous, toutes vos paroles sont si poétiques, sans oublier qu'elles sont empreintes d'un grand bon sens.

La poupée. — Vous ne pouvez guère aller en Kabylie. Chez nous, la terre est mesurée à chacun, nous sommes trop nombreux, il faut même que beaucoup des nôtres s'expatrient; la plupart des tirailleurs algériens sont des Kabyles. La nécessité le veut ainsi, et pourtant le Kabyle adore son pays natal, son petit champ, la terre, autant que le paysan de France.

X. — Alors, belle petite Madame de Kabylie, j'ai peur d'avoir abusé de vos moments, me permettrez-vous de raconter notre conversation?

La poupée. — Oui, mais glissez sur la question couture, n'appuyez pas.

X. — C'est entendu.

La poupée. — Vous pourrez dire à votre jeune public qui aime tant les histoires de poupées, qu'il y a en Kabylie une poupée qu'on promène en procession, elle représente la Fiancée des Eaux ; c'est dans une fête de la Nature, fête antique, une réminiscence des temps disparus, comme chez vous le bœuf gras.

X. — Oui, mais la Fiancée des Eaux est mille fois plus poétique, ce n'est pas le carnaval qu'elle évoque, ni des réjouissances quelquefois un peu lourdes, la Fiancée des Eaux rappelle nos ondines et les divinités dont notre vieille Gaule peuplait les bois et les forêts, divinités disparues aujourd'hui. Oh! que ne puis-je aller en Kabylie!

DAME INDIGÈNE DE SAINT-DENIS-DU-SIG, ISRAÉLITE DE MILIANA

Nous devons les confidences que nous allons vous conter à Mme Jeanpert, directrice de l'école primaire de jeunes filles à Saint-Denis-du-Sig, province d'Oran.

C'est elle qui a fait habiller cette délicieuse Mauresque, une des plus belles poupées coloniales du Musée sur laquelle feu M. Rambaud, ministre de l'Instruction publique, conféra longtemps, lors de sa visite, parce qu'il était, lui historien, très intéressé par les amulettes dont elle est ornée.

Les femmes arabes habitant les douars (réunion des familles composant la tribu et vivant sous la tente) ont un costume plus simple : du sommet de la chechia ou coiffure part un morceau de calicot, long de cinq à six mètres et large de quatre environ qui couvre la robe ou *ahbaya* : mais ici nous présentons une femme riche du pays et sa toilette est d'une élégance très raffinée.

Sa coiffure, qui a la forme d'un cône, est en velours vert brodé d'or et couverte de sequins.

Elle porte deux robes, celle du dessus est un tissu d'or transparent, le pantalon, *seroual*, est à raies vertes et jaunes d'un tissu soyeux très épais.

Une riche et lourde ceinture, tissée or, couverte de pierreries, est nouée en avant.

Les babouches sont couvertes de pierres précieuses, des anneaux de jambe, *h'olh'al*, entourent les chevilles, mais le métal précieux dont ils sont formés cède à la pression et ces anneaux se posent comme des rubans rigides et se ferment sur la jambe.

De très nombreux bracelets, quantité d'anneaux couvrent ses jolis bras sur lesquels retombent les larges manches de la veste (*Feremla*). La poupée porte deux paires de pendants d'oreilles, les uns sont attachés aux lobes comme chez nous, et une seconde paire, formée de grosses perles enfilées, entourent l'oreille et se fixent aux cheveux par une chaînette.

Les colliers, *meh'inga*, où pendent les amulettes, sont nombreux : les pierres, les perles alternent avec de gros anneaux d'ambre jaune.

Remarquez que la dame de Saint-Denis-du-Sig a des cheveux noirs frisés, non teints au henné, et qu'elle est tatouée.

Le tatouage des femmes arabes diffère de celui des hommes. Celui des hommes est indélébile; il est surtout pratiqué par les nomades.

Il remonte aux premiers temps de la religion musulmane et aurait servi au début à distinguer les sectateurs de Mahomet.

L'habitant des villes a abandonné cette coutume, encore très en vogue dans les tribus.

Chez les hommes elle se borne à un point, un trait, un dessin de petite dimension, le même pour une famille, un douar, une tribu.

Les Beni-Ameur, dans la région de Sidi-bel-Abbès, portent un trait vertical sur la joue droite; au début de la conquête, une partie de la tribu des Flittas de la région du Tiaret, ayant fait sa soumission à la France, voulut se distinguer des Flittas restés en armes, par un signe formé de deux petites barres parallèles sur l'aile droite du nez.

Chez la femme le tatouage est toujours une parure qui

Dame indigène de Saint-Denis-du-Sig. — Israélite de Miliana.

s'enlève et se renouvelle à volonté, il orne le visage un peu comme les mouches; de plus, il peut couvrir les mains, les bras, les pieds.

C'est à dessein que nous avons placé près de notre élégante Algérienne un Israélite venu de l'École normale de Miliana, parce qu'une jolie histoire ou légende se raconte ayant eu pour acteurs un orfèvre israélite habitant Saint-Denis-du-Sig et une belle jeune fille indigène de la même localité.

Elle s'appelait Mirrhis, c'est-à-dire parfum. Sa beauté était radieuse, son intelligence parfaite, sa sensibilité exquise.

Elle aimait la rêverie, les fleurs, les poètes. Elle ne désirait pas se marier, il lui plaisait de vivre paisible près de son vieux père.

Son occupation habituelle consistait à faire des colliers de fleurs, à copier de jolies maximes qu'elle enluminait de plantes naturelles séchées; elle y ajoutait quelques réflexions personnelles telles celles-ci :

« La beauté de l'homme est dans son intelligence; l'intelligence de la femme est dans sa beauté. » Mirrhis avait ajouté « et dans sa bonté ».

« Si tu es piquet, patiente, lorsque tu seras maillet, frappe. »

Mirrhis avait écrit en note « ne frappe pas ».

« On ne jette de pierres que dans les arbres à fleurs d'or. »

« La montée qui mène chez un ami est une descente. »

« Si ton ami est du miel, ne le mange pas complètement. »

Il y avait ainsi une série de feuillets qui formaient une sorte d'herbier de fleurs et de jolies pensées.

Mirrhis n'avait qu'un défaut, elle adorait la parure et surtout les bijoux.

Il y avait alors à Saint-Denis-du-Sig une boutique d'orfèvre tenue, comme c'est l'habitude, par un Juif. Elle était très achalandée; son maître était un artiste de haute valeur, doué d'une patience infinie.

Il avait mis dans son art et dans son commerce toute sa

vie, car il avait perdu dans un naufrage sa femme et sa fille Rébecca qui était d'une beauté parfaite. Mirrhis avait acheté chez Abraham, ainsi on l'appelait, toutes ses parures, entre autres merveilles un diadème à breloques, *assaba* orné de pierres de lune et de turquoises d'Orient, un collier à plusieurs rangs de sequins anciens et de perles roses, un médaillon pour le front.

Elle avait assez de bagues pour remplir un œuf d'autruche en filigrane d'or sur un semis de rubis, dont le fermoir représentait deux serpents enlacés et qui était monté sur une patte d'oiseau en jade découpé.

Mirrhis avait établi la liste de ses joyaux sur un petit album avec le prix qu'elle les avait payés.

Son père lui disait : « Ma colombe aimée, prends dans mon coffre tout l'or qu'il te faut pour tes parures, c'est toi qui fais valoir tes bijoux », et la jolie Mirrhis en achetait toujours. Elle portait chez Abraham des pierres précieuses que des marchands nomades lui vendaient, puis des lingots d'or, et elle donnait des dessins à l'orfèvre qui discutait la facilité du travail et qui exécutait ensuite des joyaux uniques. C'était un précurseur de notre Lalique.

Le temps passait ainsi pour la jeune fille, doucement, heureusement.

Mais le père vieillissait.

Un matin, il ne put soulever ses pieds de terre. Ses domestiques le couchèrent, il regarda Mirrhis avec des yeux étranges mouillés de larmes, son cerveau s'éteignait, il était paralysé.

Alors commencèrent de longues heures, la jeune fille, toujours parée, gardait dans sa petite main celle de son père bien-aimé.

Il parlait peu, mais ses paroles semblaient une sorte de

litanie dans laquelle il célébrait la grâce, la bonté, la beauté de son enfant.

« Ma toute belle, mon étoile, mon trésor. »
Puis il souriait.

Le malheur était grand, il n'était pas assez complet. Pourquoi faut-il ainsi payer sa part de douleur ici-bas? Une nuit un domestique infidèle emporta toute la fortune du père de Mirrhis. Elle était en pièces d'or renfermées dans un coffre immense, un de ces coffres algériens couverts de ferrures et d'ornements en nacre.

Profitant du sommeil de tous, il avait, aidé d'un complice placé le lourd coffre sur un camion traîné par un mulet. Du jour au lendemain la misère entrait dans cette riche demeure.

Que devenir? La douce Mirrhis n'hésita pas. Elle courut trouver Abraham, et elle lui dit.

« Mon vieil ami, je crois que je vais être obligée de vous revendre les joyaux que je vous ai achetés, je n'ai plus d'argent, tout a été pris chez mon père, je ne veux pas qu'il le sache, ni lui ni personne; à vous seul, Abraham, je confie mon malheur. »

Abraham resta atterré.

« Pauvre belle! fit-il, mais oui, je vous achèterai ce que je pourrai. Vous avez une fortune, de quoi achalander une plus belle boutique que la mienne. »

Le lendemain, elle vint chez l'orfèvre voilée, dans sa longue draperie blanche, elle cachait un écrin contenant son plus riche collier.

« Abraham, dit-elle, comment faire si mon cher malade veut me voir avec ce bijou qu'il aime tant? Mon pauvre père n'a pas d'autre distraction que de regarder mes parures, je n'ose vous faire une proposition, mon ami!

— Allez toujours, mademoiselle Mirrhis.

— Si vous me faisiez une parure semblable avec de fausses pierres. Est-ce possible?

— Oui, répondit Abraham, c'est possible pour ce collier et certains bijoux dont toute la valeur est dans les gemmes, mais je ne pourrai pas faire de bijoux similaires à ceux qui sont en or ciselé.

— Ceux-là, père ne me les demandera peut-être pas. Ce qui lui plaît infiniment c'est de toucher les pierres précieuses qui sont si froides et de les poser sur son front brûlant quand il m'embrasse. »

Mirrhis, ayant rempli une bourse de pièces d'or données par Abraham, était allée le même jour chez un taleb. C'est un écrivain public qui connaît le Coran, elle lui avait demandé un talisman pour son père malade.

Le taleb, gravement avait pris un carré de papier blanc, il y avait inscrit un vers du Coran et la jeune fille lui avait donné en échange une pièce d'or; elle ignorait que ce talisman ne se paie généralement que cinquante centimes ou un franc.

« Vous ferez tremper ce papier dans un verre d'eau, avait-il dit à la jeune fille, et vous ferez boire l'eau où l'encre sera dissoute à votre cher malade. Il ira mieux de suite. Mais ne craignez pas de revenir, je préparerai pour votre père des amulettes que vous attacherez à ses bras. »

Pauvre Mirrhis! elle était superstitieuse comme le deviennent un peu ceux qui ne savent plus espérer dans la science. La maladie fut longue. Le train luxueux de la maison avec le surcroît de dépenses qu'amène toujours un grand malade continuait, les bijoux de Mirrhis pourvoyaient à tout.

Les imitations qu'Abraham donnait en échange des belles

parures vendues étaient si exactes que Mirrhis continuait à s'en parer pour charmer les yeux de son pauvre père, lequel ne se doutait de rien. Il détachait les bracelets des bras de sa fille chérie, et les égrenait. Il s'amusait avec ses joyaux comme un enfant, puis il les lui repassait et Mirrhis souriait.

C'était quelques instants heureux, des miettes de bonheur.

La mort arriva très douce : un pressement de mains, un dernier regard, un souffle.

La douleur de Mirrhis fut de celles qui n'éclatent en aucun acte extérieur, mais qui demeurent au fond de l'âme sans jamais perdre de leur intensité, comme un parfum précieux, enfermé dans un vase sans issue.

Mirrhis avait un oncle qui, à vingt ans, était parti au Mexique avec un ami, laissant toute sa famille dans la peine : après de longues années, il avait enfin donné de ses nouvelles. Sa vie avait été un tissu d'aventures extraordinaires ; bref, il s'était fait planteur de cannes à sucre et avait gagné une fort jolie fortune. Il arriva juste pour assister aux funérailles de son frère.

Il n'était pas marié. Il demanda à Mirrhis de demeurer avec elle. Pauvre Mirrhis! elle dit oui, puis conta sa vie de rêves, son amour pour son père, puis sa ruine, la vente de ses bijoux.

L'oncle, ému, répondit : « Je veux essayer de te racheter tes bijoux non vendus ou de commander à l'orfèvre de refaire ceux qui n'existent plus. Allons chez Abraham ».

Ce n'était pas le moment de se parer, mais Mirrhis partit avec son oncle chez Abraham parce qu'elle pensait que son père aurait aimé cette action de son frère. La maison d'Abraham était close.

« Ce n'est pas un samedi », dit Mirrhis étonnée.

Abraham était mort, la veille, d'une congestion.

Il avait laissé un testament où il donnait tous ses biens à partager aux jeunes filles juives de Saint-Denis-du-Sig qui portaient dans leurs prénoms celui de sa fille Rébecca. Il y avait une lettre fermée d'un gros cachet pour Mlle Mirrhis.

Mirrhis l'ouvrit en tremblant.

« Chère demoiselle Mirrhis, disait-il, je vous ai trompée, pardonnez-moi ; en souvenir de ma fille bien-aimée que j'ai perdue et qui avait la bonté de votre cœur, je me suis permis de ne pas copier les bijoux que je vous achetais, je préférais vous rendre vos bijoux parce que mes verroteries n'auraient jamais eu la froideur des vraies pierres.

« Aujourd'hui que vous savez la vérité, gardez vos parures en souvenir de votre serviteur.

« ABRAHAM. »

Mirrhis passa la lettre à son oncle et essuya les larmes qui coulaient, abondantes, de ses yeux.

Elle courut dans son jardin, y cueillit une gerbe d'asphodèles et vint la déposer au pied du lit où reposait Abraham.

Il tenait dans ses mains croisées le portrait de sa fille Rébecca, son visage avait pris une expression indéfinissable de béatitude.

« Il a retrouvé son enfant, murmura Mirrhis, comme moi je retrouverai mon père bien-aimé ! »

POUPÉES SANS TÊTE ET CROIX D'ANJOUAN

L'histoire de cette poupée n'est pas banale.

Mon filleul, aspirant de marine, venait d'être désigné pour Madagascar.

Je lui avais recommandé de me faire habiller une poupée malgache, mais la difficulté de trouver une petite perruque noire très fournie dont on pût tresser de nombreuses nattes nous avait fait abandonner notre projet; j'avais pourtant envoyé de Paris des poupées noires, des dessins avaient été échangés; tout était tombé dans l'eau; mon neveu cependant avait été surnommé *le papa de la poupée*, parce qu'il avait beaucoup parlé de cela et qu'il avait, en laissant notre idée, donné les poupées de Paris à des enfants de là-bas.

Or, le temps du retour avançait lorsque je reçus une fort jolie lettre datée de Mayotte, où il me disait à peu près :

« Enfin, marraine, nous avons fait quelque chose, et en plus, tu auras une poupée authentique, très curieuse, une poupée sans tête, parce qu'elle est musulmane, et que la religion de Mahomet défend de représenter la figure humaine. Elle n'aura donc pas ces mille petites nattes que tu avais rêvées, mais, en compensation, tu lui verras une quantité prodigieuse de jupes de toutes les couleurs, étagées comme un escalier, ainsi que les portent les femmes indigènes des îles dont je vais te parler.

Poupée musulmane sans figure d'Anjouan.

« Tu remarqueras qu'elle a des boucles d'oreilles à pendants de chaque côté du masque qui lui tient lieu de visage, et qu'un superbe voile en étoffe à rideau lui cache les épaules.

« Quelles épaules! mon Dieu! le corps de cette poupée est en réalité une croix en bois noirci.

« La poupée est étrange mais ce qui ne manque pas d'originalité, c'est la façon dont elle est tombée entre mes mains.

« Tu connais les quatre îles qui sont situées au nord-ouest de Madagascar, appelées les Comores et qui sont : Mayotte, une très vieille conquête, Anjouan, la grande Comore et Mohéli.

« Ces trois dernières sont placées sous la protection de la France représentée par des résidents ayant souvent maille à partir avec les petits sultans qui y règnent.

« Un de ces sultans, Mammoud de Mohéli, s'étant avisé de commettre de grandes déprédations dans l'île, force fut de sévir contre lui; il fut fait prisonnier par le bateau la *Pérouse* et transporté à Mayotte.

« Mais Mammoud avait trompé la surveillance de ceux qui le gardaient, il venait de s'échapper pour rentrer à Mohéli et, comme il ne voulait rien entendre par persuasion, on allait le réduire à l'obéissance par la force.

« Nous étions chargés de ce fait d'armes. Quel événement pour nous! Nous divisâmes nos forces. Moi je devais avec le résident et quelques Malgaches chercher des fusils cachés.

« Le résident M. Dufour était accompagné de police et de quelques prisonniers.

« M. Dufour demande aux prisonniers où sont les armes cachées.

« Aucune réponse.

« Alors un indigène, qui s'était vendu à nous, désigne un prisonnier auquel nous demandons à nouveau : « Où sont les armes? »

« Silence de mort.

« Cependant, voyant notre courroux, il dit : Je connais des

hommes qui vous renseigneront, ce n'est pas bien loin d'ici. »

« Était-ce vrai?

« Nous partons sous la conduite de ce prisonnier, le chemin était très étroit, nous marchions à la file indienne et, à chaque instant, nous étions obligés de faire de la gymnastique pour passer par-dessus des arbres que les indigènes avaient abattus pour barrer notre passage.

« Nous traversons douze fois le même ruisseau, et enfin nous arrivons au pied d'une colline où le prisonnier nous fait signe de nous cacher. Nous nous aplatissons dans le ruisseau, les armes chargées, prêtes à partir.

« Le prisonnier pousse alors un cri de ralliement et nous voyons apparaître un bonhomme armé à qui le prisonnier dit : « Descends, tu n'as aucun risque à courir ».

« A ce moment un de mes Malgaches fait un mouvement, aperçu sans doute du nouveau venu qui détale. Étions-nous trahis?

« J'empoigne mon fusil, il était trop tard. J'envoie alors mon vendu en avant, à la découverte.

« Pendant ce temps, j'interroge le prisonnier et je vois qu'il se coupe à chaque instant. Sans hésiter je le fais attacher à un arbre et je le menace de lui faire donner quelques coups de trique.

« Il avoue que des armes nombreuses sont cachées dans un baobab mais qu'il ne sait pas lequel.

« Le vendu revient dire qu'il n'a trouvé que trois hommes et quelques femmes. Il était l'heure de retourner à nos canots, nous descendons par le village, chemin faisant, toujours le même prisonnier raconte qu'il y a un homme au village qui saurait dire exactement où sont les fusils, puis, devant un sentier, dit :

« Par là le baobab.

« — Alors tu le connais?

« — Non. »

« Nouvelle menace de la trique, nouveau refus de parler.

« Mais, à l'arrivée au village, le prisonnier nous désigne l'homme qui sait la cachette, nous le menaçons à son tour de la trique et il s'offre de nous mener vers le fameux baobab.

« Il fallait remettre le coup au lendemain, nous avions fait quinze prisonniers sans coup férir.

« Des quatre femmes de Mammoud, une en se défendant avait blessé un de mes camarades, une autre nous raconte que le sultan est reparti à Mayotte, et elle nous affirme connaître la cachette des armes, et de nous y conduire sûrement, le lendemain.

« La nuit je ne rêvai que du baobab.

« Toi, marraine qui aimes si fort la botanique, tu connais de réputation cet arbre, le plus gros de tous les arbres, il ne s'élève pas très haut, mais il peut être si large et ses rameaux épais peuvent descendre si bas, que tout seul il semble un petit bois. Sa fleur est très belle, elle ressemble à une rose trémière.

« L'espèce qui vit à Madagascar sert de refuge pour cacher les fétiches. De très bonne heure, le lendemain, nous redescendons à terre, emportant des cartouches de coton-poudre pour faire sauter la maison du sultan rebelle.

« Le vendu s'était fait donner des tuyaux exacts sur le baobab, et c'est lui qui nous y conduit.

« Cet arbre mesurant vingt-cinq mètres de circonférence, nous nous mîmes à quinze pour l'entourer en nous touchant le bout des doigts.

« C'était à celui de nous qui découvrirait la cachette. Bien entendu, ce fut un indigène, il pénétra par un couloir dans une sorte de chambre, vers le cœur de l'arbre, et en sortit une trentaine de fusils et autant de sagaies.

« Je rapporterai quatre de ces sagaies à Paris pour les mettre en panoplie sur une natte d'Anjouan.

« On en était là de la découverte, quand tout à coup un milice du résident retira un paquet petit, enveloppé d'une feuille de bananier, roulée comme un gros cigare. Devine, marraine, ce que c'était, devine. Une poupée musulmane, une poupée sans tête.

« Il n'y eut qu'un cri parmi mes camarades.

« Papa de la poupée, voilà ton affaire », et on me donna la poupée.

« Marraine, j'étais fort content. Le proverbe dit : « L'eau va toujours à la rivière » ; à cause de toi, la poupée venait à moi.

« Quelle curieuse chose que cette petite poupée dans ce baobab gigantesque. Si elle avait eu une figure, elle aurait pu parler, et je n'ai pas pu savoir pourquoi elle était là, pour qui on l'avait mise.

« Seulement avec toutes nos exclamations vers ce baobab, nous manquâmes mourir de faim. Le canot devant nous apporter des vivres comprit mal les signaux et nous n'avions rien à manger.

« Tout à coup nous voyons apparaître des chèvres. Sans hésiter nous nous précipitons à six avec des fusils, et après une fusillade enragée nous en abattons trois. On allume un grand feu, et en avant la rôtissoire. La broche casse plusieurs fois, mais, qu'importe, on la remplace aussitôt. Nous arrosons notre rôti avec de l'eau de mer, et nous calmons les tiraillements de nos estomacs de vingt ans.

« Enfin notre canot arrive nous ravitailler, et nous terminons notre repas d'une façon plus civilisée que nous ne l'avions commencé.

« Vers le soir nous étions à Idoni, c'est le nom du village où Mammoud avait sa maison, nous rencontrons quelques feux de brousse allumés certainement sur notre passage, un camarade fait sauter la maison, un autre fait brûler les grandes embarcations arabes et les ateliers et constructions du sultan. Le lendemain matin nous appareillons pour le grand village de Suala.

« Comme la côte est bordée par un relief de 1 000 mètres de largeur, et que de plus la mer était basse, nous fûmes obligés de marcher, ayant de l'eau jusqu'à la ceinture pendant une demi-heure.

« Une fois à terre nous nous séparâmes pour entourer le village, fouiller les caves, faire rallier tous les habitants vers la grande place. Le résident Dufour obtint six cents roupies d'impôts et quatorze fusils.

« De tout cela, nous tirerons, marraine, la conclusion suivante :

« Beaucoup d'amusement, la pensée agréable d'avoir été utile, et, chose plus palpable, une curieuse poupée pour ton musée, et une proposition très favorable pour le grade de chevalier de l'ordre d'Anjouan, décoration assez rare et qui pour cela même n'en a que plus de mérite. »

Quelque temps après, mon neveu allait à Zanzibar avec son bateau, Mammoud s'y était enfui, il avait demandé asile au consulat de France.

Ce fut mon neveu qui le ramena à son bateau. Le rebelle était calme, il fut conduit à Sainte-Marie où il vit dans une liberté relative, il avait assez du sultanat et préférait vivre tranquillement des rentes que le gouvernement allait lui octroyer. La poupée du baobab fut envoyée au Musée bien recommandée, mais elle n'y arriva jamais.

Le mystère de sa naissance fut continué par le mystère de sa disparition.

Mais une compensation nous fut donnée ; une jeune amie, Louise Ball, mariée à M. Plaideau, planteur à Anjouan, nous envoya quelque temps après son arrivée aux îles Comores, la poupée Anjouannaise dont vous voyez le curieux dessin et dont les grands journaux ont bien voulu célébrer l'entrée au Musée des poupées.

POUPÉES DE MADAGASCAR

Excepté la petite maman qui porte son enfant sur le dos, tous ces personnages malgaches ont été taillés grossièrement dans du bois. Ils ne sont pas jolis, mais ils sont bien curieux.

Le premier est enveloppé de son *lamba*, il est monté sur un *zébu*. Les zébus sont des bœufs à bosse, les Parisiens pourront en voir au Jardin d'Acclimatation.

Vous voyez ensuite sur notre gravure quatre porteurs de filanzane, ayant les reins entourés d'une ceinture en coton. Les porteurs de filanzane sont toujours des hommes jeunes et vigoureux, ils vont au pas de course, en changeant très souvent leur barre d'épaule; ils la font passer au-dessus de leur tête sans ralentir leur allure.

Le filanzane ou palanquin est formé de deux longues barres d'un bois solide et léger comme celui de raphia, et qui placées parallèlement maintiennent en leur milieu une espèce de chaise à porteurs très rudimentaire.

Ici dans le filanzane il y a une dame du Betzileo; elle porte, selon la coutume, son bébé derrière le dos, il est soutenu par son lamba qui est attaché solidement à la taille.

En souvenir du temps où ils étaient portés dans le lamba maternel, les jeunes gens présentent à leur mère une pièce de monnaie appelée *fofon'damosina*, c'est-à-dire « parfum du dos ».

Notre maman a ses cheveux tressés en mille petites nattes, un anneau d'argent est placé au-dessus du front comme le croissant de lune de Diane chasseresse. Elle porte aussi au cou une sorte de camée guilloché d'un trait spiralé, dont l'ori-

Groupe de poupées de Madagascar.

gine est la pointe d'une coquille appelée cône, *conus quercinus*; l'image de ce cône est sur le sol au-dessous du filanzane.

La petite dame a les jambes pendantes, mais il est plus ordinaire que les femmes soient assises dans une chaise dont la base est fermée d'une toile formant caisse, sur laquelle les pieds sont appuyés.

Enfin notre groupe est terminé par une femme hova, aux cheveux lissés, au teint plus clair, et qui tient un joujou.

C'est Mme Escande qui nous a donné ces poupées.

Elle a créé à Fianarantsoa la première école maternelle. Aujourd'hui cette vaillante et dévouée institutrice est en France, un peu fatiguée par son œuvre et par le climat. Elle s'est plu à nous montrer les cahiers qu'elle a rapportés de son école ; elle raconte, avec la complaisance d'une mère, la gentillesse, l'intelligence de ses petits élèves, comment ils écrivent, comment ils parlent.

La langue française leur est apprise bien doucement, sans effort. Ils savent crier : Vive la France! en voyant sur une image la représentation du drapeau français. Ils apprennent, ces gentils petits nègres à nous aimer, parce qu'on les rend heureux. Il est un nom qu'ils vénèrent, celui du général Gallieni. La conquête pacifique de l'île s'achève grâce à cet homme d'une si grande volonté, très intelligent et très généreux.

Conquérir avec l'épée n'est rien, si l'on ne conquiert ensuite les cœurs par un bon gouvernement, mais les Français savent se faire aimer.

Par l'enfant on gagne le cœur des parents, aussi les écoles ont toute la sollicitude du gouverneur et deviennent très nombreuses. Il faut avoir vu une de ces classes pour comprendre et admirer la patience des maîtres et des maîtresses.

Les tout petits sont maternellement dirigés. Tout est jeu avec eux. Mme Escande recevait de France des quantités de catalogues des magasins, elle découpait les dessins représentant des objets dont elle voulait apprendre les noms à ses élèves ; oiseau, pipe, maison, drapeau, tenaille, cerceau, papillon, etc. Elle les collait sur des cartons arrondis, y suspendait une ficelle rose.

Ensuite tous ces jetons étaient mis dans un sac comme des lotos.

L'heure de la leçon arrivait, chaque enfant venait tirer

une image et devait en dire le nom, l'image était alors accrochée sur une sorte de grillage piqué de clous à crochet et placé devant le tableau noir.

Les enfants répétaient le nom. Un deuxième tirage avait lieu, un troisième. Tous les jetons étaient accrochés au fur et à mesure sur le grillage. L'institutrice alors montrait de nouveaux jetons.

Les noms sus, on passait aux qualificatifs; serin jaune, casquette noire, jolie tortue, crocodile vert, etc.

C'était fort ingénieux. Les variations de la leçon commençaient. Mme Escande, avec une badine, touchait un carton. Il fallait nommer l'objet en ajoutant une matière à manger : pensée en sucre, sifflet en chocolat, malle en biscuit, le sucre revenait souvent car l'imagination des petits négrillons est encore bornée; mais comme ils riaient! et c'était amusant d'apercevoir toutes les petites rangées de dents blanches comme des perles éclairer les noirs petits visages.

C'est à l'air libre le plus souvent que les petits prennent leur leçon, ils sont accroupis sous une sorte de véranda en nattes.

Il y a chez eux une gentillesse, une drôlerie très différentes de celles de nos enfants. Ils sont malins comme des singes et très bons.

Voici l'histoire qui nous a été contée. C'était dans une école de Tananarive, la « cité de mille villes si élevée ». Parmi les enfants, il y en avait deux blancs, Charles et Marie, frère et sœur, enfants d'un fonctionnaire français.

Un jour qu'on apprenait la fable, *la Guenon, le Singe et la Noix*, ces petits blancs ne cessèrent de se moquer de leurs petits camarades noirs qui prononçaient à la malgache et non à la française.

La langue malgache, appelée l'italien de l'hémisphère

austral, est très harmonieuse, les consonnes y sont peu sensibles et les mots se terminent tous par des voyelles, *o* se prononce *ou*, *u* n'est pas usité car on le dit *io*, les consonnes *c g w x* ne servent pas. On devine aisément la façon dont la fable pouvait être dite par les petits noirs. Nos deux gamins blancs Marie et Georges, fort espiègles, se mirent à rire à gorge déployée, à se moquer; l'institutrice, très fâchée, ne put les calmer; elle les condamna, pour les punir, à ne pas assister à l'arbre de Noël dont la fête avait lieu le lendemain. Cela paraît étrange un arbre de Noël dans une école malgache, mais l'école était catholique, et l'arbre de Noël devait remplacer pour les enfants la fête de l'an malgache tombant en même temps, qui dure dix heures et qui consiste en un repas ininterrompu où l'on sert plus de cent mets.

L'arbre de Noël touchait au faîte de la classe; ce n'était pas un sapin, mais un *filao*, c'est-à-dire un arbre vert, cousin germain des sapins, un casuarina, ainsi appelé parce que les rameaux ont été comparés au plumage du casoar.

Il était orné de mille petits objets en papier, en corde, en palme et de quantité de bonbons. Quelques parents accompagnaient leurs enfants. On entendait un gentil gazouillis, des rires sonores, il y avait entre eux tous beaucoup d'accord.

L'institutrice les laissait s'ébattre, s'amusait elle-même, mais elle s'étonnait de ne pas les voir courir, se disperser, danser autour de l'arbre, se rouler même à terre comme c'est leur habitude, semblables en cela aux petits chiens qui jouent.

Ils formaient un groupement comme si l'un d'eux avait eu à montrer quelque chose à ses camarades. Tout d'un coup, s'étant approchée, l'institutrice aperçut deux enfants qui s'éloignaient, entraînés par les autres.

Ordinairement les enfants la recherchaient, pourquoi donc s'éloignaient-ils un jour pareil?

Intriguée, elle fit quelques pas, sa stupéfaction fut extrême, il y avait là deux petits étrangers, mignons à ravir. C'étaient eux que les enfants faisaient fuir, dissimulaient.

D'où venaient-ils? D'une contrée voisine, c'était certain, amenés pour la fête de l'an nouveau. Mais pourquoi ne les lui avait-on pas présentés?

Elle s'approche davantage, les petits forment un rassemblement, elle les prie de s'écarter, on entraîne les inconnus à une autre place.

Décidément c'était curieux. Elle veut avoir le fin mot de ce manège, elle court après les étrangers que les autres entourent immédiatement en formant une ronde folle. Enfin il se fait un temps d'arrêt, la farandole est coupée, l'institutrice met la main sur l'épaule d'un des petits négrillons.

Quelle surprise! C'étaient Charles et Marie, les deux enfants blancs, barbouillés de couleur sombre.

Voici ce qui s'était passé. Les enfants de l'école, tous bons petits cœurs, pas du tout rancuniers, n'avaient pas voulu que Charles et Marie fussent exclus de la belle fête de l'arbre de Noël et ils avaient, à l'aide d'un pinceau très doux trempé dans une teinture ocracée, usitée à Tananarive, mais dont le nom nous échappe, noirci la figure des petits moqueurs, au point de les rendre presque méconnaissables.

N'est-ce pas là un trait charmant de la bonté de ces délicieux petits Malgaches? Mais d'ailleurs, quelle que soit l'enfance, sous tous les climats, n'est-elle pas toujours bonne et généreuse?

LES MARIÉS DE PONDICHÉRY

C'est à M. Ferrier, ex-inspecteur de l'enseignement primaire de nos établissements de l'Inde, que le Musée pédagogique doit ces mariés de Pondichéry et la nombreuse suite de merveilleuses poupées qui les accompagnaient à l'Exposition de 1900, et qui étaient réunies au pavillon de l'Inde française dans des armoires odorantes, en bois de teck.

Le Musée possède aussi ces meubles précieux sur lesquels tous les dieux de l'Inde sont sculptés au milieu de la flore et de la faune de cette belle contrée.

C'est une représentation en petit de notre colonie que nous avons acquise et où se coudoient les brahmes, les brahmines, les musulmans, les musulmanes, les élèves catholiques, les sœurs qui les instruisent, les Taupaziennes, métis aux petits chapeaux, puis les travailleurs, le potier et sa fille, le blanchisseur, comme on le rencontre couramment, avec son âne chargé d'un paquet de linge, puis les femmes de Coumonty, Yanaon. Mahé, que dire encore!

Nos mariés sont les plus richement habillés.

Les bijoux dont ils sont couverts ont une valeur réelle et en formulant le reçu pour ce magnifique cadeau, il nous a fallu une note spéciale pour désigner les deux statuettes représentant les mariés de Pondichéry, à cause de la richesse de leurs bijoux.

Mariés de Pondichéry.

Figurez-vous que la mariée est revêtue d'une robe de soie rouge, sorte de velours spécial tramé de fleurs d'or; un immense pagne violet, bordé d'un haut ruban or et argent, ayant également un semis de fleurettes d'or, couvre les épaules, croise modestement sur la poitrine, entoure la taille et se développe en avant comme un double éventail. Ce pagne est retenu par une haute ceinture en argent qui porte sur le côté gauche une quantité de bijoux, clés, amulettes, divers instruments, à faire envie à nos jeunes coquettes et à exciter la curiosité de nos ethnographes.

Le haut des bras est enserré, comme les poignets, de bracelets, d'anneaux plats, de chaînes ornées de cabochons en pierres de feu.

Tous les doigts des mains sont couverts de bagues significatives.

Les chevilles portent très haut d'abord des anneaux ajourés comme de la dentelle, puis des esclavages et enfin des franges d'argent qui se terminent sur les pieds par des chutes de perles blanches.

Les doigts des pieds sont également ornés de bagues différentes à chaque doigt : sur les pouces, des rubis en cercle enchâssés dans de l'argent, puis aux index un double anneau, sur les médiums, des carrés mystiques, aux annulaires des cœurs en or, sur les petits doigts, de délicieux petits cabochons en opale.

De grandes chaînes d'or comme de délicates aiguillettes passent sur le dessus de l'épaule gauche et descendent sur le vêtement, retenues par une agrafe de gemmes étincelantes.

Quant à la coiffure, elle est superbement riche. Les cheveux noirs très plats, divisés en bandeaux, sont réunis en un lourd chignon tournant. Une sorte de chenille jaune en soie dessine un huit sur l'arrière de la tête, le chignon est entouré de la partie basse de ce chiffre ornemental, et au centre de ses deux moitiés s'étale une large plaque de pierreries.

La raie des cheveux est largement couverte d'un ruban

de pierreries en rubis et émeraudes, cette bandelette rigide se sépare au bord des cheveux, s'enroule autour des oreilles, mais s'est enrichie d'une cascade de petites perles fines qui ressemblent à de mignonnes petites groseilles blanches, à cause de la pointe d'argent qui sert à les retenir.

Ne pas oublier que cette mariée porte encore de chaque côté du nez, des bijoux très jolis et très seyants, petite pluie de perles qui ne rendent en rien la figure grotesque.

La statuette ainsi vêtue a grand air; son visage jaune est sérieux et pudique.

Elle tient une fleur dans sa main, comme son fiancé tout vêtu de blanc.

Devant eux dans la vitrine est le brahme, c'est-à-dire le prêtre qui doit les unir. Il est peu vêtu et son léger costume doit être bien ancien de mode, des mille ans peut-être?

Depuis longtemps nos gracieux personnages étaient fiancés, car pour un Indien, l'acte le plus important, le plus essentiel de la vie et celui dont on s'occupe le plus, auquel on se prépare de très loin, c'est le mariage. A sept ans, huit ans, une fillette est souvent fiancée.

Le mariage hindou a pour but principal la naissance d'un fils qui, en accomplissant des cérémonies funéraires périodiques, procurera le salut éternel à son père et à ses ancêtres.

Qu'elle est poétique cette croyance que le fils par sa piété donnera le bonheur à son père dans l'éternité!

De cette croyance dépend toute la morale familiale. Avec quelle sagesse, il faudra élever le fils premier-né pour qu'il accepte les devoirs de sa naissance, se souvienne de celui qui lui a donné l'être, et n'oublie jamais de faire les sacrifices religieux nécessaires à la libération éternelle de ses parents!

Et combien le père devra montrer de vertu dans sa vie

pour que son fils trouve, lorsqu'il sera orphelin, sa tâche aisée et agréable!

Ce sont les parents qui décident du mariage de leurs enfants.

Deux modes de mariage sont en usage dans le sud de l'Inde : 1° le mode brahma ou camigadanam, — don d'une vierge —; le père donne sa fille en mariage à un jeune homme de son choix avec tous les bijoux dont il l'a ornée, et en faisant lui-même tous les frais du mariage; 2° le mode asoura ou pariam.

Le pariam ou prix nuptial consiste soit en argent, soit en bijoux et pagnes dont la valeur varie suivant les ressources des parents des mariés. C'est un achat de la femme. Toutefois dans les hautes castes, cette vente est devenue purement symbolique, et l'on se plaît à considérer le pariam comme un présent d'usage.

Le mode pariam est le plus usité.

Le jour du mariage on renouvelle les fêtes qui ont déjà eu lieu lors des fiançailles.

On commence par édifier un *pandal* devant la porte d'entrée de la maison ou dans la cour intérieure : le pandal est un pavillon de verdure orné de fleurs et de fruits.

Ici l'officiant, avons-nous dit, est un brahme, toutefois certaines castes ont leurs prêtres particuliers (pandaroms).

A Pondichéry, les cérémonies officielles sont les suivantes:

1° *Homan* ou effusion du beurre dans le feu sacré;

2° *Langanam* (morceau de safran que l'on attache avec un cordon jaune au bras de l'époux);

3° *Aroumdadipoudja*, prière adressée à Aroumdadi, femme d'un rishi (sage de l'antiquité renommé par ses vertus);

4° *Pamicagranam* (les époux se prennent par la main);

5° *Mancalbatavanan* (les époux font le tour de la pierre à

carry; la pierre à carry est, pour ainsi dire, un ustensile de ménage et des plus essentiels, car, dans le creux de cette pierre, on prépare avec plusieurs ingrédients le carry, pâte ou poudre destinée à assaisonner le riz qui est presque l'unique nourriture des Hindous);

6° *L'invocation du mariage*; que vos âmes soient unies d'un lien indissoluble et que la vertu soit ce lien! Que dans vos cœurs n'entrent jamais ni le dégoût ni l'oubli! Un mari qui dédaigne sa femme est maudit de Dieu, une femme qui dédaigne son mari ne peut espérer d'entrer au séjour céleste!

. . . .

Vous consacrerez à Dieu l'aîné de vos fils, car c'est lui qui accomplira sur votre tombe les cérémonies funéraires qui lavent les dernières souillures et qui vous permettront d'entrer dans le séjour des âmes purifiées.

7° *Assirvadam* (les invités bénissent le *taly*).

Le taly est un cordon auquel est attaché un bijou, ordinairement en or; il est le signe du mariage, on l'enlève aux veuves.

Les fêtes du mariage peuvent durer très longtemps, souvent un mois. Tout dépend de l'usage, des castes, des familles et de la situation des fortunes. Elles sont très coûteuses et les pauvres s'endettent souvent pour plusieurs années.

Dans les hautes castes elles durent cinq jours; elles donnent lieu à des danses de bayadères auxquelles les Européens de marque sont invités.

Chaque journée comporte un repas copieux. L'on fait aussi des distributions d'argent et de vivre aux brahmes.

Dans une légende célèbre, on raconte que le père de l'épousée, après avoir fait cadeau, à ceux qui avaient assisté à l'invocation du mariage de sa fille et au repas de noce, d'un anneau d'or sur lequel était incrusté le signe consacré de sa maison, leur dit ces paroles :

« Voici l'anneau du souvenir, que tous nos amis le conservent comme un témoignage, que nos parents le gardent précieusement, et l'ajoutent à la chaîne de la famille, car c'est ainsi que nos arrière-petits-enfants pourront se dire entre eux : « Nous sommes issus du même père ».

Les fêtes du mariage se terminent par une procession solennelle dans les rues. Elle a lieu ordinairement la nuit, à la lueur des flambeaux et au milieu des fusées et des feux d'artifice.

Les mariés sont assis en face l'un de l'autre dans un palanquin, tous deux sont chargés plutôt que parés de fleurs et de bijoux.

Vous avez vu combien les bijoux sont nombreux, et nous avons omis de citer les nombreux colliers; les fleurs naturelles sont tressées en guirlandes qui enlacent les mariés.

Le symbole est gracieux, de simuler par des liens de fleurs l'union sacrée du mariage hindou.

Du jour de son mariage, la femme doit la soumission la plus entière à son mari. Les livres sacrés disent : « Il n'y a pas d'autre Dieu sur la terre que son mari. La plus excellente de toutes les bonnes œuvres qu'elle puisse faire, c'est de chercher à lui plaire, en lui montrant la plus parfaite obéissance. Ce doit être là son unique dévotion ».

POUPÉE DU TONKIN

Cette petite poupée a une tête charmante, mais si peu dans le type asiatique qu'on a dû la lui changer; vous ne la trouverez plus telle que vous la voyez ici à notre Musée.

Il est fâcheux qu'il n'y ait pas de magasins où l'on puisse changer de même les têtes humaines, le monde en irait sûrement mieux.

La tête nouvelle de notre poupée tonkinoise a, comme les Annamites, les yeux petits, obliques, le front bombé les pommettes saillantes. Les pommettes saillantes indiquent la malice, je n'ose dire la ruse puisqu'il s'agit du monde poupin qui ne fait jamais de mal à personne.

La ruse en soi est estimée de la race jaune, qui ne pense pas tout à fait comme nous sur ce point; dans la famille, dans l'école on apprend aux enfants la dissimulation : en employant un euphémisme, devrions-nous dire la discrétion.

Les Tonkinois, que nous avons tous vus aux Expositions, portaient plutôt des chapeaux pointus mais faits, comme celui de la poupée, dans une feuille de latanier.

Le latanier est un palmier bas dont les feuilles sont en forme d'éventail.

De chaque côté de ce chapeau rond pendent de longs cordons de soie dans lesquels le Tonkinois passe volontiers son pouce.

En France, nous appellerions cette tenue une *contenance*; on tient un face-à-main, un rouleau de papier, un mouchoir; les hommes même passent un doigt dans leur gilet, surtout le pouce. Voyez-vous le rapprochement?

Le pantalon est porté au Tonkin par les hommes et les femmes, mais heureusement il n'est jamais en drap, il est en étoffe souple, flottant à la taille, souvent en soie.

La robe, appelée du joli nom chantant *keao*, est la même pour les deux sexes, une espèce de redingote qui s'ouvre au milieu de la poitrine pour les femmes et du côté droit pour les hommes.

La robe est en soie pour les gens aisés, brodée pour les mandarins, en toile pour les pauvres.

Selon la saison, les Tonkinois revêtent une, deux, trois, quatre, cinq, six robes l'une sur l'autre, toutes de même forme. C'est de novembre à mai que le temps devient pour eux rigoureux avec 12 à 14°.

Le Musée des poupées étant aussi un musée de couture, nous devons nous arrêter un peu sur la coupe et la couture de ces jolies robes tonkinoises. C'est simplement délicieux d'ingéniosité, tout est imaginé pour conserver la liberté des mouvements. Rien n'est original et gracieux comme les attaches. Les sortes de brides sont des biais pareils à l'étoffe du keao, faisant retour sur eux-mêmes. Des brides semblables fixées au vêtement enferment les boutons qui, jamais, ne peuvent s'échapper.

Si l'une de nos jeunes lectrices désirait imiter ces façons de couture, nous sommes prête à lui prêter une petite robe tonkinoise.

Les Tonkinois ne portent pas de vêtement de lingerie, à l'exception d'une pièce dont la femme protège sa poitrine.

Le pantalon est tenu par une large ceinture dans laquelle

Poupée tonkinoise.

les Tonkinois cachent leur argent. Nos modes modernes sont si peu pratiques que nous avons vu en omnibus une jeune femme, qui n'avait sans doute pas de réticule, passer son porte-monnaie dans la ceinture de sa robe.

Les Tonkinois gardent leurs cheveux longs, mais la femme se fait une raie au milieu du front, ce qui aide à la reconnaître de l'homme, qui est imberbe; elle roule ses cheveux dans les plis du turban qui se fixe, après plusieurs tours, sur la tête avec des épingles; le Tonkinois place son turban à même sur les cheveux qu'il tourne ensuite en huit derrière la tête. C'est donc l'homme, ici, qui porte le chignon apparent.

Les femmes ornent leur cou de colliers de grains d'or, elles portent aussi des bracelets, de grosses boucles d'oreilles, des bagues également en or, mais jamais leurs bijoux ne comportent des pierreries; il n'en est pas ainsi des dames de Pondichéry.

La bouche des Annamites est épaisse et leurs dents sont laquées, c'est-à-dire teintes en noir.

Certes, voilà une mode que nous n'imiterons pas; les Tonkinois chiquent toute la journée du bétel mêlé avec de la chaux et de la noix d'arec, ce qui les fait cracher rouge; c'est très laid, n'est-ce pas? mais ils tirent de cette habitude un avantage : ils n'ont jamais mal aux dents.

Les Tonkinois se nourrissent de riz qu'ils prennent avec une baguette en approchant le bol de leur bouche. En réalité, ils sont très sobres, car il n'est pas agréable de se nourrir exclusivement de la même chose. Ce sont des êtres naïfs, qui n'ont aucune méchanceté. Ils ont le culte de Bouddha et la polygamie règne chez eux, mais la première femme reste la reine mère.

Ils sont adroits, patients et apprennent facilement. Les

belles broderies tonkinoises sont toujours l'œuvre des hommes.

A Hanoï, d'où vient notre poupée, il y a des quartiers pour chaque industrie : le quartier des cercueils, celui des chapeaux, des nattes en bambou, des marchands de cuivre (le cuivre est très travaillé), le quartier des brûle-parfums pour les autels, le quartier de la volaille (un poulet coûte environ 12 sous).

L'école de Mme de Lenchères, qui nous a donné cette poupée, ne comporte pas d'indigènes, mais des métis ou des enfants de fonctionnaires.

Les enfants annamites ne jouent pas à la poupée; ils aiment le papier, les découpures, les enluminures. A certaines fêtes on fait à leur intention, des chevaux très grands en papier, des éléphants, etc., quand ils ont bien joué avec ces objets, on les sacrifie à Bouddha en les brûlant.

La fête du Printemps est gracieuse entre toutes : chaque enfant porte une lanterne en papier transparent, de la forme d'un poisson, dans une procession qui a lieu le soir dans les rues de la ville avec accompagnement de musique.

Ce peuple a de belles vertus, le culte des ancêtres, des vieillards, l'amour des animaux; jamais dans leurs jeux en commun, les petits Annamites ne font de mal aux petits Français.

Toutes ces notes nous ont été données de vive voix par Mme Decusse, l'institutrice adjointe de l'école d'Haïphong, actuellement en congé à Paris. Elle a fait plus, elle nous a apporté une seconde poupée tonkinoise très curieuse : c'est un pleureur qui suit un cercueil. La tête, une vraie tête d'Annamite, est fine, les cheveux noirs et longs pendent sous un turban qui est en calicot et qui porte une couronne de paille. Le keao est tout blanc aussi, en calicot, couvert de pièces blanches de formes diverses, c'est un signe de désolation, de deuil extrême.

Dans les enterrements de riches, les pleureurs se jettent constamment sous le cercueil porté à bras par plusieurs hommes.

En avant du cercueil, d'autres indigènes tiennent des banderoles sur lesquelles sont inscrites les vertus du défunt.

Les vertus du défunt, nous les inscrivons sur nos pierres tombales.

Les mœurs diffèrent selon les pays, mais le fond de l'âme humaine est partout le même.

POUPÉE DE LA MARTINIQUE

Cette belle poupée fut habillée dans une des écoles primaires de Saint-Pierre de la Martinique, au printemps de l'année 1901. Elle ne devait rappeler que des souvenirs ensoleillés, et les bons rires des petites filles nègres qui travaillaient si gaîment pour le Musée de poupées de la capitale.

Avec quelle joie on lui avait mis sur sa jolie tête noire le fichu plat qui forme un bandeau sur le front, et qui est surmonté de la pointe appelée *provocation!*

De toutes petites rieuses avaient eu l'honneur de découper, avec des ciseaux mignons, les dents du volant soyeux de la belle robe couleur du soleil levant; d'autres, plus habiles, l'avaient froncé et fixé à la jupe. Chacune avait fait quelque chose : un point ici, un point là. On avait été très fières de coudre l'attache du jupon de mousseline, de passer, autour du cou de l'élégante poupée, le riche collier d'or que vous pouvez voir.

L'institutrice, cependant, s'était réservé le soin de tourner autour des tempes ces bouffants de cheveux, sorte de pompons qui donnent à la coiffure de la femme martiniquaise une grande originalité.

Oh! comme une fois parée, on avait regardé la jolie poupée, alors qu'elle était placée au milieu d'une feuille de papier blanc, sur le bureau de la maîtresse!

Les nègres tiennent toujours de l'enfant dans leurs rires et leurs ébats, à plus forte raison des petites filles de huit à dix ans, bien heureuses de vivre!

On avait dit gentiment adieu à la poupée, on lui avait donné un nom gracieux, celui de Joséphine, si chère à la Martinique. Les fillettes avaient chanté autour d'elle une ronde rythmée pleine d'entrain.

« Comme nous voudrions partir avec toi, petite jolie poupée, avaient murmuré quelques petites filles; on dit que Paris est une si belle ville, que les Parisiennes sont si aimables et si bonnes!

— Tu diras bonjour à toutes les poupées du Musée », avaient été les derniers mots prononcés par une petite négresse de six ans tout à fait drôlette.

Enfin l'heure de la séparation avait sonné, des bébés avaient embrassé les mains de « Joséphine ». C'était fini. Dans un carton solide, elle avait été emballée avec du papier rose, tous les plis de sa robe étaient bien tirés, il fallait que la poupée arrivât sans froissement; ensuite elle avait été posée dans une caisse en fer, clouée et envoyée au Musée pédagogique par les soins d'un jeune officier de marine.

Cet officier l'avait demandée à l'école, elle devait rejoindre au Musée les envois qu'il avait déjà faits, alors qu'il était à bord de l'*Iphigénie*, et lorsqu'il faisait sa première campagne de Madagascar.

Ce fut le tour des mamans des petites filles de l'école de Saint-Pierre. Au moment où partait le bateau qui emportait Joséphine, elles chantèrent une complainte naïve bien connue aux Antilles :

Adieu foulards, adieu madras, adieu robes soie,
Adieu colliers choux,

Poupée de la Martinique.

Doudou (*ami*) à moi li qu'a parti.
Hélas! hélas! c'est pour toujours.
Doudou à moi li qu'a parti!
Hélas! hélas! c'est pour toujours.
Bonjour, Monsieur le gouverneur
Moi qu'a veni faire une pétition

> Pour mander ou (*vous*) autorisation
> Afin laisser Doudou moi ici.
> Non, non, non, non, i déjà trop tard,
> Bâtiment a déjà su la bouée
> Non, non, non, non, i déjà trop tard
> Bâtiment a déjà su la boué.
>
> Adieu foulards, adieu madras, adieu robes soie.
> Adieu colliers choux,
> Doudou à moi li qu'a parti.
> Hélas! hélas! c'est pour toujours.
> Doudou à moi li qu'a parti!
> Hélas! hélas! c'est pour toujours.

Le *d'Estrées*, sur lequel était notre jeune officier, partait pour Terre-Neuve en même temps que la poupée Joséphine quittait la Martinique.

A peine le *Suchet*, autre croiseur, venait-il d'arriver pour remplacer le *d'Estrées*, que la montagne Pelée faisait éruption et, en quelques instants, détruisait la ville de Saint-Pierre. Toutes les petites filles qui avaient travaillé joyeusement à représenter une des femmes indigènes de l'île, toutes les institutrices, ainsi que toute la population, étaient anéanties, hélas!

Seule la petite poupée survivait, continuant de traverser l'Océan, et arrivait intacte au Musée, bien après que les dépêches avaient appris à l'Europe l'horrible catastrophe.

Un journaliste, M. Furetières, ayant vu le premier la petite poupée, fut touché, profondément et l'appela *une précieuse relique* en lui dédiant un article plein d'émotion.

Pauvre poupée! Vous la voyez ici. Quelques petites roses en papier ont été tournées pour elle dans une école de Paris. La Martiniquaise est devenue une petite personne dont la vue tire les larmes des yeux; n'est-ce pas une orpheline, puisque toutes ses petites mamans qui l'avaient habillée si coquettement sont mortes dans l'affreux cataclysme?

Que faire? Nous avions depuis longtemps une mignonne couronne de perles de verre, enfilées dans des cheveux, souvenir d'une amie disparue qui aimait la Martinique pour ses plantes et ses richesses! Nous pensâmes alors à donner à cette petite couronne, devenue mortuaire la destination que vous remarquez. Personne mieux que cette amie ne nous avait fait aimer l'île enchantée!

IV

POUPÉES ÉTRANGÈRES

LA POUPÉE MASQUÉE DE FANÖ

(DANEMARK)

Un beau matin, j'entrai en coup de vent dans le cabinet de travail de mon frère ; une idée de vacances m'était venue en tête pendant la nuit.

« Si tu voulais ne pas me refuser?
— Quoi? fit-il.
— Un voyage.
— Loin?
— Oui. Très, très loin.
— Au nord, au midi? ajouta-t-il souriant.
— Au nord.
— Alors... à la recherche d'Andrée?
— Non... mais en Danemark.
— En Danemark!!! Soit.... Quand partons-nous?
— Demain, à deux heures.
— Demain? mais mon travail?...
— Nous sommes en vacances, je ne te demande que quatre jours.
— Tes malles sont donc faites?
— Non. Nous n'emporterons qu'une valise. Elle suffira. C'est une simple visite que je te prierai de faire avec moi.
— Une demande en mariage, alors?

— Non.

— Me diras-tu de quoi il s'agit ?

— Oui, mais dans le cours du voyage. »

Pendant le repas qui suivit cette vive conversation, notre fidèle servante qui mangeait à table avec nous, se mit à pleurer.

« Qu'as-tu Maria ?

— Mais vous partez tous les deux.

— Eh bien, nous reviendrons, ne t'inquiète pas, nous partons sans être armés, nous allons nous promener en pays très civilisés. »

. . . .

L'hiver précédent, j'avais fait la connaissance d'une charmante Américaine, alliée à une noble famille danoise; je savais ma nouvelle amie chez ses cousins dans un très vieux château du Danemark, et j'avais ouï dire que le châtelain était la générosité en personne, qu'il possédait une curieuse collection de très anciennes poupées, vêtues en costumes danois, et je mourais d'envie de les connaître.

Le lendemain à deux heures nous montions dans un train qui devait nous conduire par la Belgique et l'Allemagne jusqu'à Kiel et de là à Copenhague.

Mon intention était de surprendre ma jeune amie. Une fois arrivée en Danemark de lui demander par télégramme la permission de visiter le château et les antiquités qu'il contenait, et je pensais voir ainsi la fameuse collection de poupées et, qui sait ? L'enlever ? Oh ! non, les poupées sont toujours sous clef, mais en rapporter quelques-unes pour le Musée de Paris.

Le château d'A... est près de Nysted. J'avais demandé ma route à l'employé du chemin de fer préposé aux renseignements, je pensais être très avisée.

Avant le signal du départ du train, voici Georges, le fils de mon ami Geneviève, qui monte dans notre wagon.

La poupée masquée de Fanö.

« Oh ! quel bonheur ! où allez-vous ? lui dis-je.

— Retrouver le yacht de mon oncle à Brunsbuttel ; savez-vous où est Brunsbuttel ?

— Non, mon cher ami.

— J'ai demandé au bureau des renseignements, je dois passer par Hambourg et Kiel.

— Tiens, comme nous. Tant mieux que vous soyez avec nous, car vous savez l'allemand, vous pourrez, Georges, nous éviter des ennuis. »

Nous nous installons.

La chaleur était terrible. La nuit arrive, toutes les portes et toutes les fenêtres sont ouvertes. Des employés se promènent dans les couloirs, Georges et mon frère ne manquent pas une seule fois, à chaque changement, de les interroger.

« Où est Nysted?

— Où est Brunsbuttel? »

Ces messieurs compulsent leurs livres indicateurs, mais quoique nous fussions en Allemagne, le pays où l'on sait si bien la géographie, ils n'obtenaient aucune satisfaction. Georges commençait à être nerveux, une inquiétude me traversait bien aussi l'esprit, mais nous étions cependant d'une gaîté folle, c'était si drôle!

Ma jeune Américaine m'avait bien donné son adresse : château d'A... près Nysted, Danemark. A Copenhague, nous serions fixés; mais c'est long, trente-six heures d'attente.

Georges enfin apprit d'un voyageur qui avait un atlas français, que Brunsbuttel était situé à l'extrémité ouest du canal de Kiel, dans la mer du Nord.

« Eh bien! vous aurez pris le chemin des écoliers! » lui dis-je.

Le nôtre devait être bien plus long encore.

A Kiel, nous nous séparâmes. Mon frère et moi nous montâmes dans un bateau allemand pour Korsor.

Rappelez-vous que Copenhague est à l'est de l'île Seeland et sachez que Korsor est à l'autre extrémité, à l'ouest.

Nous parlions peu. En voyage nous aimons le silence qui laisse la rêverie suivre son cours.

Mais souvent on ne peut se défendre des curieux. Un voyageur ne nous quittait pas des yeux. Il se place à table, en face de mon frère. Il entame une conversation banale.

Mon frère en profite.

« Savez-vous, monsieur, où est Nysted? »

Le voyageur ouvre un guide étranger danois et lit :

« Nysted près de Nykjöbing, célèbre par son vieux château datant du x° siècle, souvent visité par le roi, etc., etc. »

« C'est cela, c'est bien cela », criai-je, ravie, ne me contenant plus de joie. Mais à l'instant même, devant l'énumération splendide de ce vieux manoir et de ses hôtes, je songe à *l'Aventurière*, d'Augier, et je tremble de mettre mon frère dans une mauvaise position.

« Il y a bien un autre Nysted, fait-il.

— Ce n'est pas le nôtre.

— Vous allez à Copenhague?

— Oui, monsieur.

— Vous aurez fait un tiers de chemin de plus.

— Oui, dis-je, mais... je cherchais une compensation. Nous aurons évité Berlin. »

A Korsor, nous avions beaucoup de temps à nous. Vite, je cours au télégraphe. Ah! quel bonheur d'être en pays ami. Les Français sont adorés là-bas.

L'employé me fait cadeau d'une grande carte du Danemark et il m'écrit mon télégramme. Je télégraphie :

« Chère amie, je viendrai demain vous surprendre; obtenez la permission de visiter le château, mon frère m'accompagne; amitiés. »

A Copenhague nous passons la nuit.

Le lendemain, nous laissons notre valise à l'hôtel, et

très soigneusement vêtus pour une visite, nous nous enveloppons de grands vêtements et nous partons pour Nykjöbing qui est dans l'île de Falster, située elle-même au sud de Seeland.

Ne croyez pas, au moins, que tout cela était facile pour deux Parisiens qui ne savent pas un mot de danois. Je crus que l'eau à boire était inconnue, car je ne pus arriver à m'en faire servir à table, malgré mes plus éloquentes mimiques. Nous montrions nos verres, on nous apportait du vin, de la bière, du soda water, nous faisions le signe de nager, on nous regardait sans rire, nous frottions nos mains, on nous montrait le bassin à l'entrée de la salle.

Je voulus demander au chef de gare qui parlait français un renseignement. Trois fois je repris ma phrase, trois fois il me dit : « Parlez plus doucement ». Un couple monta avec nous et nous ne pûmes encore garder le recueillement si désirable pour nous préparer à notre délicate visite.

« Vous êtes des Français? disait le monsieur, Français lui-même ; peintres, peut-être? » etc.

Tout d'un coup, à Vardingborg, notre wagon se trouva sur un bateau pour traverser un bras de mer; les autres voyageurs durent se rendre à pied sur le pont du navire.

Enfin Nyskjöbing est annoncé, il faut descendre.

Nysted est placé au sud d'une île nommé Lolland ou Laaland.

Mon cœur bat. Qu'allons-nous faire? Par quel chemin nous rendre à Nysted? Y a-t-il un pont ou un bateau pour gagner l'île? Y a-t-il des voitures de location? Faudra-t-il faire à pied les seize kilomètres annoncés par le guide?

Quelles émotions!

Nous descendons du train. Oh! surprise! Dans tout l'éblouissement d'un joli costume couleur de neige, la tête ombragée d'un chapeau tout garni de pavots blancs, ma jeune amie me saute au cou.

« Je suis venue à bicyclette, dit-elle. On vous attend au château. Vous serez reçus avec la plus grande cordialité. On vous gardera à coucher, la voiture va venir, mais vous vou-

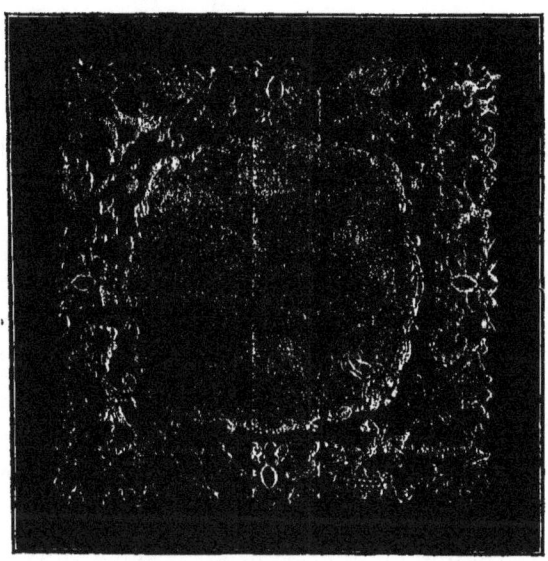

Broderie danoise.

drez bien laisser les chevaux se reposer un peu, je vais vous conduire chez des amis, ici, pour prendre un léger repas. »

Quel souvenir cette maison danoise hospitalière nous a laissé! Le jardin, au bord de la mer, était rempli d'orangers et de jasmins fleuris, la vue était délicieuse.

Enfin l'heure solennelle a sonné, il est déjà très tard, c'est le soleil couchant, nous montons dans la calèche et nous filons comme des hirondelles. Nous traversons des paysages paisibles où nous voyons des dolmens comme en notre chère Bretagne.

Voici le château.

Les enfants sont couchés. Le dîner a été retardé pour nous. La maîtresse du lieu nous attend au haut des marches de son perron.

Elle est belle et charmante; sur la table courent des guirlandes d'hortensia. Je suis très émue de me trouver là, dans une salle digne du château d'Elseneur. C'est comme un conte de fée au pays d'Hamlet.

Le hasard, pourtant m'avait bien servie. Une exposition de travaux féminins avait alors lieu à Copenhague, je l'avais visitée à la hâte tandis que mon frère visitait le port.

Je raconte mon enchantement de tout ce que j'ai vu, je dis avoir reçu en présent une broderie d'une écolière, celle que vous voyez ici, et je décris le travail merveilleux d'un coin de mouchoir où j'avais remarqué un château, les fossés, la pièce d'eau, le pont-levis, des canards, une corbeille fleurie sur un îlot et deux jeunes dames s'abritant du soleil.

On sourit.

« Mais c'est une amie qui a brodé ce mouchoir, dit la maîtresse de maison.

— Il n'y a vraiment que dans ces calmes pays du Nord que des œuvres aussi patientes puissent être exécutées », dis-je.

Après le repas, deux domestiques portant devant nous des lampadaires, nous visitons le château.

On nous conte de terribles histoires de trésors cachés.

Il n'y a qu'un trésor dont je désire la vue, la vitrine aux poupées.

Toute l'histoire du château est inscrite sur la pierre, dans un immense vestibule : de grands noms, de grands faits y sont cités.

Enfin nous traversons un ancien oratoire transformé en

cabinet de travail pour la comtesse. Je me risque et je dis à ma jeune amie qui marchait à côté de moi :

« Vous avez une collection de vieilles poupés danoises?

— Non, me répond la châtelaine, il n'y a ici que les poupées de mes petites filles. »

A ce moment critique, je sens mes jambes fléchir.

Pas de poupées! Et ce long voyage! Et mon frère qui avait quitté son travail!

Mais à ce moment, il devine ma déconvenue, me regarde bien amicalement en me faisant le geste de me redresser, car je faiblissais.

Le comte me dit :

« Mademoiselle, je désire que votre visite chez moi vous laisse un souvenir durable; je n'ai pas de collection de poupées, mais vous me permettrez bien, sachant combien vous les aimez, de vous en offrir plusieurs pour le Musée. Je les ferai habiller selon les différentes modes qui existent encore. »

Et voilà comment, chers lecteurs, je peux aujourd'hui vous présenter l'image de la curieuse poupée masquée de Fanö.

Fanö est une petite île située sur la côte ouest du Jutland, à peu près sur le même parallèle que Copenhague. Elle a la forme d'un bébé emmailloté qui, de sa petite main, montrerait le continent.

Pourquoi les femmes de Fanö portent-elles ce masque étrange? Dans l'éloignement on dirait la visière d'un casque, d'autant plus que leur fichu de tête est surmonté de deux pointes simulant un cimier.

Pourquoi ces femmes ont-elles la tête, le cou ainsi protégés, sans oublier les mains, toujours couvertes de gants en laine noire qui manquent à notre poupée?

L'île a peu d'arbres, elle en est partie constituée comme

nos landes, et c'est en travaillant aux champs que les femmes cherchent à se protéger le visage et les mains contre le sable soulevé par le vent.

Les hommes sont tous marins; ils font de longs voyages sur des bateaux à eux, et c'est pendant leur absence que leurs femmes, comme nos Ouessantines, se livrent à tous les travaux de la campagne.

Les habitants de Fanö sont aisés. Les maisons resplendissent de propreté, toutes les cuisines ont les murs ornés de plaques de porcelaines peintes.

Cette propreté, ce bien-être relatif expliquent la coquetterie des femmes cependant très honnêtes et très travailleuses : elles veulent préserver leur visage et leurs mains.

Le masque protecteur est triangulaire, échancré aux yeux, attaché derrière; il est en laine noire, doublé d'une étoffe en coton. Lorsque la femme ôte son masque, il reste suspendu sous son menton.

Nous vous conseillons d'aller faire une saison de mer forte à Fanö; l'établissement est très confortable; le trajet de Norby la ville importante de l'île, n'est que de dix minutes pour gagner le continent.

Emportez vos vélos, il y a une plage merveilleuse et sans limites; emportez vos *jeannettes*, les dunes sont riches en fleurs, on trouve une petite orchidée très jolie; emportez vos appareils pour prendre les portraits de ces femmes masquées, et les vues de l'île qui ne manque pas de pittoresque.

EDMÉE L'ISLANDAISE

(DANEMARK)

Cette poupée vient de l'Islande, une île danoise où il n'y a pas un soldat, pas un gendarme parce qu'il ne s'y commet aucun vol, ni aucun crime.

N'est-ce pas là un Paradis terrestre? Les femmes y sont belles, parce qu'elles sont d'humeur douce et bonne, la beauté physique dérivant souvent de la beauté de l'âme.

Ajoutez encore ceci : c'est que l'Islande n'ayant pas de route, n'a pas de voiture; il n'y aura donc jamais d'automobiles bruyantes ni de tramways meurtriers.

Mais, — à toute bonne chose il y a mais, — mais cette île volcanique, recouverte de laves et de neige, est d'un abord très dangereux ; mais cette île est très dure aux petits enfants dont la mortalité est effrayante.

Or, s'il faut craindre pour les chers petits qui créent, ordinairement autour d'eux la gaîté, et le bonheur, la vie de famille est arrêtée dans son élan.

En Islande il y a donc peu d'habitants, peu de petits enfants, encore moins de poupées. Notre poupée est, par suite, bien précieuse puisqu'elle vient de cette île.

Entre deux larges golfes à l'ouest de *l'Ile des Glaces* (le mot Islande signifie « pays des glaces »), le Brødi Buy et le

Fax Buy, un promontoire s'avance dans l'Océan; il forme l'extrémité d'une pente de la haute montagne Sneffiels Jœkul, la plus belle de l'île.

De petites cabanes y sont dispersées, elles sont bâties avec de la tourbe et de la lave, et surmontées d'un toit pointu; l'aspect en serait bien noir, si elles n'étaient couvertes d'une végétation épaisse qui les font, au loin, lorsque le ciel est clair, confondre avec la verdure de la prairie.

Un seul carreau éclaire ces pauvres maisons islandaises où l'on aborde par une petite porte suivie d'un long couloir.

Le toit pointu d'une de ces cabanes s'élève plus haut que les autres : autour de la porte une mosaïque de pierres de granit poli lui donne un air tout spécial, un dallage brillant de nuances variées suit l'allée de l'entrée.

C'est la demeure de Christian et de sa femme Édithe.

Édithe a vêtu notre poupée comme elle est vêtue elle-même.

Les Islandais vivent de la pêche de la morue, mais Christian, dont la mère est Danoise, a d'autres goûts.

Il fait un joli commerce, avec le Danemark, des produits de la nature, pierres, oiseaux, plantes destinés à l'étude des jeunes gens qui suivent les universités. Et pour cela, une fois l'an, il quitte sa chère Édithe pour aller en Danemark vendre ses échantillons. L'absence leur paraît bien longue, mais le retour est bien doux. C'est dans un de ces voyages que Christian a rapporté la poupée que vous voyez ici, mais elle n'était pas habillée.

D'un morceau d'une de ses robes épaisses, une sorte de drap d'un bleu turquoise, Édithe a taillé cette jupe et ce corsage qui a vraiment une forme de boléro, puis elle a cousu la triple rangée de velours noir surmonté d'un galon

Edmée l'Islandaise.

blanc; elle a posé le velours du corsage, les passementeries et les boutons d'argent fin. Elle a tressé le filet pour montrer qu'en Islande la pêche domine toutes les occupations.

Jamais Édithe n'a porté la petite calotte ornée d'un gland dont se coiffent habituellement les Islandaises; c'est pourtant bien gracieux sur une tête blonde d'où descendent deux grosses nattes!

Non, Édithe préfère la coiffure fermée que vous voyez; qui ressemble un peu à celle des vieilles paysannes de la région parisienne, coiffure chaude, confortable, à l'abri des coups de vent!

Seulement Édithe y joint, comme c'est l'usage islandais, la délicieuse petite voile de l'arrière. Cette voile blanche qui s'avance sur la tête, elle est bien étrange, et quand les femmes de pêcheur guettent leurs hommes qu'elles reconnaissent quelquefois de loin à la voilure de leur barque, eux, les pêcheurs semblent distinguer leurs compagnes à la hauteur et à l'inclinaison de la voile qui domine leur coiffure

La poupée, une fois habillée (c'était pendant une absence de Christian), fut baptisée Edmée par Édithe qui la regardait souvent, la tournait dans ses mains, et chantait à mi-voix la romance de l'île, la complainte du roi de Thulé. La légende dit en effet que l'Islande c'est l'ancienne Thulé. Lorsqu'elle arrivait à ces mots : « A chaque fois qu'il y buvait, ses yeux se remplissaient de larmes », elle pleurait aussi; l'absence de Christian lui paraissait plus triste que de coutume; elle soupirait, car elle n'avait pas un vrai petit enfant à bercer, Christian revint et les jours heureux recommencèrent.

Les récoltes se firent à nouveau. Christian découvrit un gisement de cristaux appelés spaths d'Islande, où la double réfraction de la lumière était parfaite. Édithe s'amusait à tracer sur un papier une ligne de couleur qu'au travers de chaque cristal elle voyait se doubler ; alors elle tournait doucement la pierre et les deux lignes se réunissaient pour n'en former qu'une seule, ce qui la charmait beaucoup ; et elle disait à Christian : « Mon ami, c'est comme nos deux existences qui n'en font plus qu'une », et elle embrassait son cher époux.

On faisait de petits herbiers avec des lichens dont l'île foisonne, et des pages de dentelle avec les plantes marines appelées floridées.

On admirait ce qu'on recueillait, Christian avait rapporté de Copenhague un microscope excellent et il montrait à Édithe les merveilles cachées aux yeux.

Les lichens ne sont pas des associations de champignons et d'algues. Christian en levait le mystère, Édithe était ravie. Il y avait beaucoup de travail, à emballer délicatement les échantillons de minéraux, à les cataloguer.

On conservait dans la maison des pièces rares, elles ornaient une jolie armoire ajourée, en bois de sapin, rapportée de Copenhague ; un gerfaut blanc empaillé, aux ailes déployées, la surmontait. Cet oiseau noble, jadis très estimé en fauconnerie, assez abondant en Islande, est toujours recherché. C'est d'Islande que venaient autrefois les gerfauts offerts chaque année par les rois de Danemark aux rois de France.

Sur les rayons de l'armoire on voyait briller toutes les pierres précieuses des terrains volcaniques, des zéolithes de toutes nuances, les noires obsidiennes si brillantes qu'elles portent ailleurs le curieux nom de miroir des Incas, puis les éclatants minéraux de soufre.

Édithe avait laissé une place vide au milieu de la vitrine, près d'une collection d'œufs d'oiseaux aquatiques.

« C'est, disait-elle en souriant, la place d'honneur où je

poserai un œuf du grand pingouin, quand tu en auras trouvé, ajoutait-elle malicieusement.

— Petite folle, ripostait Christian, les deux derniers de ces oiseaux si rares ont été détruits il y a une cinquantaine d'années! Ne sais-tu pas que ces œufs sont introuvables? l'un d'eux a été payé récemment six mille francs!

— Six mille francs un œuf, six mille francs! répétait Édithe, fais-moi le portrait de l'oiseau.

— Figure-toi un pingouin de la taille d'une oie, des ailes si courtes qu'on l'appelle brachyptère, un plumage noir très brillant avec du blanc autour des yeux, et devant lui un tablier blanc. »

Un nouveau départ de Christian arriva. C'était un de ces jours d'été de l'Islande où il n'y a pas de nuit.

Il fallut emballer la petite poupée dont les yeux ne s'étaient jamais fermés sur les scènes si douces qu'elle avait vues se dérouler devant elle.

Il en coûta à Édithe de se séparer d'Edmée : on arrive à vivre avec les choses familières comme si elles faisaient partie essentielle de notre repos.

Lorsque Christian cloua la caisse qui la renfermait, Édithe se détourna et essuya furtivement une petite larme.

Cette poupée nous est arrivée au Musée dans un état parfait. C'est une de nos préférées; il semble toujours qu'elle ait quelque chose à nous dire, mais ce que nous pouvons lui conter, nous, c'est qu'Édithe ne reste plus seule en l'absence de son mari, elle a aujourd'hui un petit Christian très blond qui déjà aime ramasser les pierres et les offrir à sa maman.

PERDRIX BLANCHE

(NORVÈGE)

Le mot *Musée* signifie certainement palais des Muses, mais aussi palais *à l'étroit* car jamais un Musée n'a de place suffisante pour loger ses chefs-d'œuvre, pas même le délicieux Musée de poupées.

Or, la nécessité le veut ainsi, dans une vitrine du Musée pédagogique, voisinent de petites dames venues, à grands frais, des quatre points cardinaux : d'Égypte, de Norvège, d'Écosse, des îles portugaises, les Açores, etc.

Parmi elles, il y a trois enfants, mais deux de ces petits étant assis à une table d'études, sous l'œil vigilant d'une religieuse, le troisième, un gamin açorien de Ponta-Delgada se tient coi et bien ennuyé.

Il contemple sans fin la jolie poupée que vous voyez ici dont il voudrait bien savoir le nom et l'histoire.

Un jour, un jour ensoleillé, il vit cette fine petite dame sourire, il fit part de cette nouvelle à la poupée sa mère ; celle-ci s'enhardissant dit à la fine mignonne.

« Madame, pardonnez-moi, mais combien vous seriez bonne de nous dire qui vous êtes, de nous conter votre histoire : cela nous distrairait, les heures ici passent trop lentement. »

La dame fluette, au petit baquet de bois, sourit encore plus gracieusement et d'une voix chantante répondit :

« Je ne saurai m'exprimer en portugais, à peine le pourrai-je en français, mais j'espère vous satisfaire.

« Hier, il est arrivé une lettre couverte de timbres, portant le cachet du Consulat général de France à Christiania ; elle contenait une légende sur ma modeste personne, écrite par M. Henri Mimaut, le consul lui-même :

« Mlle Marie Kœnig a été enchantée de cette attention délicate de son vieil ami. C'est lui qui m'a donnée au Musée, et elle a précieusement serré ce papier dans sa bibliothèque, si riche déjà en documents folkloristes, comme disent les savants ; folkloristes, ajouta la petite poupée souriante, veut dire légendaires. »

L'enfant des Açores était ravi d'entendre parler l'aimable petite poupée.

« Attendez-moi, fit-elle, je connais un sortilège pour aller chercher le précieux manuscrit, j'y vole, je vous le lirai doucement, mais, vite après, je le reporterai dans son étui, Tout cela c'est du mystère, mais je ne peux taire ma joie de n'être plus ici une inconnue, d'avoir mes *notes* comme mes camarades. »

Puisqu'il s'agit de mystère, nous ne saurions vous dire comment la poupée put traverser les parois des glaces de la vitrine, entrer dans notre cabinet, compter les cartonnets, arriver à la lettre N des étrangères et tirer le manuscrit qui la concernait.

Ce manuscrit en fort beau papier ressemble à un parchemin jauni par le temps, il contient quatre pages plus hautes que la poupée, et couvertes d'une belle écriture un peu épaisse, bien ordonnée, bien éclairée par des doubles marges et de beaux interlignes.

Nous le copions intégralement.

« Je suis Norvégienne et m'appelle *Rypa*, c'est-à-dire

Perdrix blanche.

« perdrix blanche ». Ce nom m'a été donné en souvenir d'une de mes lointaines ancêtres, qui l'avait reçu elle-même dans des circonstances dignes d'être racontées.

« Vers le milieu du xiv° siècle la *Peste noire* qui, venue d'Orient, sévissait dans toute l'Europe, fut apportée dans nos régions extrêmes par un navire arrivé d'Angleterre. De même qu'ailleurs, la peur, l'ignorance, l'absence de toute hygiène favorisèrent l'intrusion du terrible fléau, qui gagna de proche en proche tout le royaume.

« La *Mort noire*, c'est ainsi que le baptisèrent les paysans, qui se le représentaient sous la forme d'une vieille femme effrayante, livide, vêtue de deuil, apparaissant à l'improviste dans les campagnes, armée d'un balai et d'un râteau, dont elle se servait tour à tour, suivant qu'elle voulait tout enlever ou épargner quelques rares individus.

« La ville de Bergen étant particulièrement éprouvée, il arriva qu'un nombre de ses habitants les plus riches et les plus notables s'imaginèrent pouvoir se soustraire à la contagion en cherchant un refuge dans le Jostadal, vallée écartée, solitaire, séparée des régions voisines par une barrière de hautes montagnes, de glaciers et de forêts.

« Ils défendirent que quiconque n'était pas des leurs les accompagnât, et convinrent qu'on ne communiquerait avec eux que par des lettres que l'on déposerait sous une certaine pierre connue encore de nos jours sous le nom de *roche aux lettres*. Ils disparurent donc, et pendant assez longtemps, on ne sut rien d'eux, lorsque soudain l'on vit arriver dans les cantons, au delà des monts, des troupeaux de bétail errants et affolés.

« D'ordinaire, les animaux ainsi égarés sont promptement suivis et réclamés par leurs propriétaires, mais cette fois nul ne vint, ce qui fit supposer que quelque chose d'insolite s'était passé dans le Jostadal. On s'y rendit, mais, hélas! pour trouver que les malheureux fugitifs avaient été atteints par le mal qu'ils avaient fui : le balai de la *Mort noire* avait fait son œuvre, les champs étaient déserts, les habitations vides, un silence morne régnait, et quelques ossements déjà blanchissants, ceux des derniers survivants qui n'avaient plus eu personne pour les enterrer, étaient la seule trace d'une population disparue.

« A la fin, cependant, l'on entrevit une forme vivante, celle d'une toute petite et gentille fillette; mais dès qu'on l'approcha, elle s'enfuit effarouchée, et pendant des jours, déjoua toutes les poursuites en se cachant dans les bois; et quand on se fut saisi d'elle, on découvrit qu'elle avait presque complètement perdu la parole et la mémoire, et avait horreur de tout contact humain.

« C'est cet état de presque complète sauvagerie qui lui fit donner le nom de *Perdrix blanche*, par analogie avec ce joli oiseau si leste à se dérober à l'atteinte des chasseurs.

« Recueillie, entourée de soins, mon aïeule reprit la vie ordinaire de nos paysannes, sans pourtant pouvoir jamais se rappeler nettement l'affreuse catastrophe, ni comprendre comment, après y avoir échappé, elle avait trouvé les moyens d'y survivre.

« Elle grandit auprès de ceux qui l'avaient sauvée et adoptée, et devint une jolie fille qui se maria et fut la souche d'une nombreuse lignée que souvent encore dans le pays on désigne comme la *famille de Rypa*.

« Faut-il ajouter que, si je m'appelle Perdrix blanche, c'est par pure tradition, et non pour aucune raison tirée de mon caractère ou des habitudes? Je suis au contraire très sociable, aimable même, assure-t-on. J'ai l'âge où les filles préparent leur trousseau : le mien contient, outre le costume que vous voyez sur mon portrait, beaucoup d'autres effets élégants, corsages brodés, tabliers ornés de dentelles au *point du Hardanger*, bijoux en argent ciselé, etc.; et quant à mon grand bonnet blanc, je ne demande qu'à le remplacer, un beau matin, par la haute couronne dorée que mettent les fiancées le jour où, accompagnées de leurs prétendus, précédées d'un joueur de violon, et suivies de parents et amis, elles montent dans les grandes barques qui, joyeusement, les conduisent à la jolie église de bois qu'on voit dans les vergers au pied des monts, de l'autre côté du fiord.

« Il faut bien que le souvenir et la famille de Rypa se perpétuent. »

HISTOIRE DE DEUX POUPÉES FINLANDAISES

(FINLANDE)

Nous pourrions commencer notre histoire comme tous les contes de fée : il était une fois! mais nous dirons simplement : il y a peu de temps, une jolie petite fille, portant le nom charmant d'Ackté, habitait Helsingfors en Finlande.

Le grand-duché de Finlande, ou pays des mille lacs, le *Suomi*, dépend aujourd'hui, comme vous le savez, de l'Empire russe. Sous les règnes d'Alexandre II et d'Alexandre III il conserva toutes ses libertés, mais, à l'heure présente, il subit avec peine une réaction du pays vainqueur.

Notre gracieuse enfant était la fille du directeur du Conservatoire de musique, car Helsingfors est une ville d'art et de sciences. Elle vivait donc comme dans une volière d'oiseaux chanteurs. Du matin au soir, la cage vibrait de chants joyeux ou tristes que la petite fille imitait en gazouillant.

On lui donna des poupées parmi lesquelles deux obtinrent toutes ses préférences.

Vous devinez l'objet de ses jeux : elle leur enseigna des vocalises, des sons filés, des trilles, des gruppetti, des airs de toutes sortes. Elle donnait l'exemple, les poupées imitaient.

C'est surtout pendant l'hiver, quand Helsingfors était bloqué par les glaces que l'enfant vivait plus intimement avec ses filles.

Comment chantaient ces poupées? Personne n'aurait pu les entendre, sinon l'adorable enfant qui, très attentive, la tête riche d'imaginations, percevait distinctement les sons de ses deux élèves.

Elle leur faisait des observations remplies de sagesse :

« Le chant, disait la mignonne, est une parole harmonieuse et rythmée qui ne veut ni l'effort ni le cri, qui doit charmer et émouvoir. Mes chères filles écoutez... (et elle chantait une gamme majeure) voilà la force, la joie, attendez... (la gamme devenait mineure) voilà la faiblesse et la plainte... allons, paresseuses, tenez-vous bien droites, sans raideur, sans affectation, c'est très important. Ne prenez pas de mauvaises manières, ne faites pas de bruit en respirant. Respirez doucement et profondément comme lorsque vous dormez : vous êtes si gentilles quand vous sommeillez. »

La petite Ackté devenait tout à fait drôle quand elle répétait gravement à ses poupées les observations qu'elle entendait dire aux professeurs du Conservatoire :

« Attaquez bien les sons, ouvrez la bouche en souriant. Articulez bien. Faites comme moi, tenez le larynx immobile, même dans la vocalise. Rappelez-vous ce qu'a écrit le grand chanteur Faure : « Un morceau bien commencé inspire la confiance, mais le bien finir est encore plus important ».

L'enfant se révélait dès ses jeunes années la grande artiste qu'elle est devenue : lorsqu'elle avait à répéter deux fois la même phrase, elle savait en varier le timbre et l'expression. Cela nous rappelle Mme Viardot dans l'air final de l'*Orphée* de Gluck. De quelle émotion le public était saisi lorsqu'elle

Poupée finlandaise.

chantait : « J'ai perdu mon Eurydice » : d'abord le plein de la voix, presque incolore, avec l'expression d'un profond abattement; la seconde fois, d'une voix plus émue, plus attendrie, comme voilée par les larmes, et enfin, à la dernière reprise, dans toute la force et en s'abandonnant au plus violent désespoir.

Ainsi enseignait la petite fille qui est devenue une de nos premières chanteuses d'opéra.

Qui ne se souvient du brillant début de Mme Ackté dans *Faust* et dans *Roméo et Juliette*, et des nombreuses créations qu'elle a déjà faites, car tous les compositeurs se disputent l'honneur de l'avoir comme interprète?

Ces deux poupées, précieuses reliques, ont été amenées en France, et, pour les distraire, elles sont venues rendre visite à des poupées danoises et norvégiennes qui occupent au Musée une vitrine à gauche de la salle.

Mais on est si bien au Musée, l'Exposition est si curieuse, les visiteurs si aimables, que les deux petites personnes y ont élu domicile.

Leur arrivée avait fait sensation : elles sont si jolies dans leur mise paysanne où le rouge et le blanc alternent très heureusement! Nous ne vous donnons que le portrait d'une des deux poupées. N'est-elle pas ravissante avec ses longs cheveux blonds comme les épis? Sa compagne est d'une autre paroisse, elle porte de longues nattes comme Marguerite. Il n'est pas jusqu'à leurs chaussures qui ne méritent l'attention; regardez-les bien, une paire est en écorce de bouleau et la seconde en cuir jaune terminée par une pointe fort gracieuse.

Alors un événement fantastique eut lieu. On dit avec vérité que rien ne se perd dans la nature.

Les poupées de Mme Ackté avaient mis à profit le temps qu'elles avaient vécu dans le milieu artistique et savant de leur charmante petite mère : elles connaissaient toute la riche mythologie de la Finlande, les chants, les traditions et les formules magiques si élevées d'idées et d'un souffle si poétique.

Les Finnois passaient pour d'habiles magiciens, les poupées étaient devenues magiques à force de volonté.

Or, un soir où le Musée était plongé dans l'ombre et le silence, elles entonnèrent des airs finlandais dans l'idiome

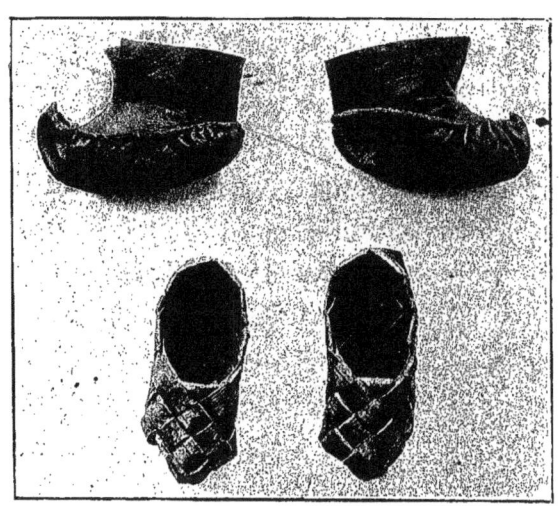

Chaussures finlandaises.

de leur cher pays natal, dans cette langue *suomi* qui se prête facilement à la poésie et au chant par sa douceur, son rythme, la richesse de ses qualificatifs, semblable en cela à la belle langue italienne où la valeur d'un mot initial peut être modifiée par tant d'expressions si variées.

Un air finlandais avec trois bémols fut enlevé avec une si vive émotion qu'il fit fondre en larmes le monde impressionnable des poupées du Musée, ainsi que l'avait fait devant un public d'élite Mme Ackté, dans une soirée finlandaise inoubliable donnée à propos de l'Exposition de 1900.

Voici la traduction des paroles de cet air populaire, autant qu'une traduction peut rendre l'original :

> O pauvre mère malheureuse,
> Pourquoi m'as-tu mise au monde
> Pour souffrir comme une esclave
> Des misères de la vie?
> Je n'ai, hélas! ni patrie ni la joie d'être aimée,
> Je n'ai même pas de soutien.
> Personne pour me consoler!
> O pauvre mère malheureuse,
> Pourquoi m'as-tu mise au monde?

Aujourd'hui, Mme Aïno Ackté-Renvald élève une jolie petite poupée qui fait mieux que de chanter, elle dit : papa et maman. Celle-là, nous sommes sûre que Mme Ackté ne la donnera pas au Musée pédagogique. Elle n'aura pas de légende, mais une heureuse existence, ce que nous lui souhaitons de tout notre cœur ainsi que d'hériter de la charmante voix et du talent de sa mère.

LA LAITIÈRE D'HASENPOT

(RUSSIE)

Non loin de Kourchkönigen, où fut élevé le monument à la mémoire de Pierre, ce pauvre paysan russe dont l'histoire vous sera contée, est la ville d'Hasenpot, devenue le terminus d'une petite voie ferrée.

Hasenpot a des maisons basses habitées par une population de pauvres gens. Elle est environnée de forêts et de rivières.

Quelques vieilles demeures seigneuriales sont éparses au bord des rivières ou à l'ombre des forêts.

Tous les matins, vers six heures, une jolie fermière d'Hasenpot quittait la petite ferme où elle demeurait seule depuis la mort de ses parents, pour aller vendre son lait.

Regardez notre poupée, elle lui ressemble et elle était vêtue comme elle.

Vraiment, elle avait de grands yeux bleus étonnés, des cheveux blonds, bouclés, très courts, si touffus, que sa figure, déjà mignonne, en paraissait plus fine encore. Sur ses épaules, les plus longs de ses cheveux formaient deux nattes minces retenues selon l'usage par des flots de petits rubans de toutes couleurs appelés comètes.

Le tablier, la jupe, la blouse étaient brodés à la main, au point carré, dit point russe.

Plusieurs rangs de perles variées, très ordinaires, entouraient son cou délicat et retombaient sur sa poitrine.

S'il faisait froid, elle couvrait sa tête d'un fichu de couleur à franges et l'hiver elle portait des bottes en feutre garnies de cuir.

Notre laitière, *ainsi troussée*, semble bien être appelée à devenir l'héroïne d'un joli roman!

Vous le devinez, oui, joli roman avec triste dénoûment.

Donc, chaque matin, la mignonne laitière partait d'Hasenpot, conduisant sa voiture que traînait un délicieux petit âne.

Sur la voiture, un tonneau de lait était installé qui portait en haut une ouverture carrée fermée par un large bouchon de bois. La laitière, à l'aide d'un litre armé d'une longue queue, prenait la quantité de lait demandée par chaque client.

Elle avait encore sur sa voiture dans des vases de la crème douce; dans un baquet du lait caillé. Le lait avec crème se vend cinq kopeks comme le lait caillé, un kopek vaut quatre centimes, le lait écrémé coûte deux ou trois kopeks.

N'oublions pas d'énumérer les fromages ronds persillés de graines de cumin, qui est une sorte d'anis, puis des fromages très secs qui avaient acquis leur qualité dans des cages à claire-voie placées au soleil.

La vente de ces denrées était fructueuse; la laitière, quand elle retournait dans sa petite ferme, faisait sonner gaîment la monnaie dans les poches de sa jupe; le petit âne allait d'un pas vif et joyeux, il était allégé de toute la marchandise vendue.

Il y avait alors dans un château fort ancien, à quelques

verstes d'Hasenpot, un jeune homme charmant qui était juge.

La laitière d'Hasenpot.

Ordinairement, on s'imagine un juge avec une grande barbe, des verres sur les yeux et l'air sévère. Il n'en était pas ainsi. Notre juge était jeune, sa figure était d'une distinction parfaite, et la blancheur de son teint était accentuée par de petites moustaches très noires. Il s'appelait Ivan de Bellivanoff.

Chaque matin, il rencontrait notre petite laitière d'opéra-comique et il la trouvait ravissante.

« Si j'en faisais ma femme, pensait-il, elle n'aurait plus à conduire sa voiture de lait, à se lever de bonne heure, et par tous les temps. Je suis très riche, je la rendrais heureuse, je la gâterais comme un ami, comme un frère, comme un bon mari. Ce serait là un joli exemple. Je suis orphelin comme elle. Nous n'avons à affliger personne par notre alliance. J'ai bien quelques parents éloignés, mais on ne peut sacrifier sa vie à des arrière-cousins. »

Un matin superbe de printemps, notre mignonne laitière, plus accorte qu'à l'ordinaire, s'il est possible, avait enguirlandé sa voiture de liserons blancs appelés *manchettes de la vierge*. Le petit âne en avait un collier. Rien n'est plus poétique que les frêles ramures de cette plante qui se prête à toutes les décorations, dont les fleurs s'évasent en coupes gracieuses portées sur des calices ailés, et dont les feuilles sont échancrées en cœurs.

Ivan de Bellivanoff s'approcha de la jeune fille rougissante et lui dit :

« Chère petite, *doucha maia loublou tebia*, veux-tu bien devenir ma compagne de vie? A nous deux, nous pouvons créer un foyer heureux, nous qui sommes deux orphelins, je t'en prie, dis oui. »

La petite laitière devint pâle comme les liserons qui ornaient sa voiture, le petit âne fit un joyeux hihan comme s'il comprenait.

La jeune fille les yeux tournés vers la terre, avec un geste très lent tendit sa main au jeune homme.

« Merci de ta confiance », fit Ivan de Bellivanoff.

Quelques jours après, ils allèrent se marier à Libau.

Le jeune homme présenta son passeport au pope, qui est le prêtre russe, la jeune fille donna son acte de naissance. La permission du mariage fut accordée.

Il y aurait eu des parents du côté des fiancés que les formalités n'eussent pas été plus compliquées.

Et le mariage fut célébré.

Vous auriez eu de la peine à reconnaître notre Perrette, elle avait revêtu une robe de brocart merveilleuse, le jeune Ivan de Bellivanoff l'avait traitée comme une noble demoiselle.

Oh! qu'ils furent heureux, mais que ce bonheur dura peu!

Notre histoire devient triste.

La guerre, cette affreuse guerre avec le Japon et la Russie, éclata. Ivan dut partir.

Comment se séparer quand on ne peut vivre une minute éloignés l'un de l'autre?

La femme d'Ivan de Bellivanoff choisit un parti extrême, elle coupa ras ses cheveux si légers et si frisés, elle prit des vêtements de garçon et alla s'engager comme ordonnance de son mari.

Personne n'avait découvert ce touchant mystère, quand un jour de verglas elle sortit et se cassa la jambe. On porta à l'hôpital le petit soldat. L'opération chirurgicale ne réussit pas, notre petite amie eut trois frissons de mauvais augure, un délire très doux s'empara d'elle, elle chanta un air national et s'éteignit dans les bras de son mari.

Ivan de Bellivanoff devint fou de douleur, il continua son service, se mettant toujours au premier rang du danger, une escarmouche terrible eut lieu, il tomba mort en avant de ses compagnons.

Ils n'eurent pas la même sépulture, mais au ciel leurs âmes simples se sont retrouvées pour l'éternité.

PAYSAN RUSSE

Cette poupée fut d'abord donnée à mon neveu, âgé de quatre ans, par une dame amie qui l'avait rapportée de Russie. Mais chaque fois que je la voyais entre les mains du petit Fidèle, je tremblais qu'il ne lui arrivât malheur; la poupée me fixait avec ses yeux étranges, d'un bleu polaire, et semblait me dire : « Cet âge est sans pitié, tu le sais bien; emmène-moi à ton Musée ».

C'est ce que je fis subrepticement, un certain jour où un superbe cheval mécanique devait faire oublier le petit paysan russe.

La poupée est en costume d'été, culottes en toile rayée sur lesquelles retombe une longue chemise bordée de rouge, retenue à la taille par une cordelière aux couleurs variées; elle porte sur la tête une coiffure en fourrure.

L'hiver, le moujik s'enveloppe de la touloupe; c'est un manteau en peau de mouton dont le poil se met en dedans comme les fourrures dans les pays froids; le nôtre n'a pas de bottes mais des pastelles, c'est-à-dire des ronds de cuir d'un jaune foncé, percés de trous sur les bords, et dans lesquels on passe une lanière du même cuir pour serrer la chaussure; cette courroie retient aussi les carrés de toile qui remplacent les bas.

Que de pensées la vue de cette poupée éveille dans l'esprit, maintenant qu'elle n'est plus un jouet banal, mais un petit personnage ayant un rôle à remplir, en noble compagnie de poupées russes, dans une vitrine sévère surmontée de lourdes ornementations.

Le paysan russe, comme tous les paysans, aime ardemment la terre qui le nourrit.

Tout en travaillant, il voit cette terre si vivante, la nature si remplie de mystères, le jour succédant régulièrement à la nuit, les saisons toujours ordonnées, les oiseaux édifiant des nids pour leurs petits, les arbres reverdissant au printemps, ces arbres qu'il doit couper peut-être pour les emprisonner de cordes et les faire voyager en radeaux flottants vers les contrées où le bois manque. Devant les horizons neigeux ou verdoyants, il emplit son âme saine de poésies et de légendes.

Aucune action ne le laisse indifférent.

A la nuit close, la rencontre d'un animal au passage d'un carrefour lui inspire de la crainte, il se signe et ne le regarde pas; si en mangeant, son couteau à virole s'entr'ouvre béant, il croit que le diable saute dessus.

Il coupe le petit bout de l'oreille d'une de ses brebis, s'il est berger, puis il lui passe un ruban de couleur gaie autour du cou, c'est sa brebis porte-bonheur qui demeurera au milieu du troupeau.

Mais à côté de ces puériles croyances que ne désavoueraient pas des gens plus instruits, car la superstition est compagne de l'homme, le paysan russe a un sentiment religieux très profond.

Jamais un moujik n'entrerait dans une maison nouvelle sans la faire bénir, il y fait porter l'image du Christ sur la croix, le pain et le sel, et tandis que le pope bénit ces choses, il est à genoux, au seuil de sa maison, avec toute sa famille, pour implorer de Dieu la paix entre les siens et leur prospérité.

Poupée russe.

Des images grossières comme nos enluminures d'Épinal, représentant l'empereur, l'impératrice, ou des scènes de piété, sont suspendues aux parois de sa chaumière, elles sont entourées de ces larges auréoles dorées qui les divinisent, souvent même des lumières brûlent devant elles et font baisser la tête aux passants sur la route.

Le paysan russe, ce pauvre moujik, donne tout entier son âme comme un pur encens à ce qui est au-dessus de lui : son empereur et son Dieu.

Voici une simple histoire qui vous peindra mieux le paysan russe que ne le feraient des paroles ; je vous la répète comme elle vient de m'être contée par une moujike, servante d'une famille russe à Paris.

Dans cette histoire, il y a peut-être une part de légende, car il m'a été impossible de trouver quel était ce roi, la Courlande n'ayant eu que des ducs ; roi se dit peut-être quand même, n'avons-nous pas le roi d'Yvetot?

« C'était en Courlande, bien avant la mort de ma grand'mère, sur une route entre Goldingen et Hazenpot, non loin de Mitau.

« Je ne sais pas si c'était en été ou en hiver, mais vraiment c'était la nuit, un paysan vieux et las entra dans une auberge. Il venait d'acheter du tabac en feuilles, lesquelles il avait roulées en paquet sous son bras (la feuille de tabac est très grande et très large) ; les paysans les achètent ainsi, ils les coupent et mettent le menu des feuilles dans leur pipe.

« Bientôt deux hommes à mauvais visage entrent à leur tour et, s'étant assis, se mettent à causer tout bas. Le vieux paysan fait celui qui dort.

« Il entend les deux hommes qui disent que le roi va passer avec sa suite sur la route et qu'il faut le tuer comme un chien, ils détaillent l'heure de son arrivée et comment ils exécuteront leur lâche agression.

« Pierre, c'est le nom du moujik, tremble de tout son corps, mais il se dit : « Je ne veux pas laisser assassiner le roi ; moi, je suis vieux, inutile, je dois prévenir ce crime, quitte à être perdu. »

« Les deux bandits étant sortis de l'auberge pour se mettre en embuscade à un certain carrefour, Pierre sort à son tour et court au-devant du roi, son paquet de feuilles de tabac toujours sous son bras ; il avance dans la nuit.

« Tout d'un coup, il entend un bruit de grelots, de voitures, de chevaux : c'est le roi et sa suite.

« Pierre précipite ses pas, se jette par terre au-devant du roi.

« On lui demande pourquoi il fait cela.

« Je veux dire deux mots au roi. »

« Le roi écoute Pierre qui se relève et raconte ce qu'il a entendu dans l'auberge, le projet terrible des deux bandits.

« Roi n'avancez plus, on vous tuerait. »

« Le roi, incrédule, sourit.

« Est-elle vraie, ton histoire?

« — Très vraie, s'écrie le pauvre paysan, que je meure si « je mens.

« — Que dois-je faire? ajoute le roi toujours incrédule.

« — Donnez-moi votre costume, dit naïvement le pauvre « Pierre, mettez mes habits, je monterai dans votre carrosse, « à votre place, et vous, vous partirez avant moi. »

« Le roi se prête à ce déguisement. Ceux de sa suite l'approuvent et se divertissent en eux-mêmes.

« Pierre sans hésiter prend les riches vêtements du prince et monte dans le carrosse royal, le roi revêt les grossiers habits du moujik, saisit sous son bras le paquet de tabac et s'en va sur la route.

« Les assassins croient voir le vieux de l'auberge, ils le laissent passer ; mais au moment où le cortège royal arrive près d'eux, ils se précipitent sur le malheureux vieillard qu'ils prennent pour le roi, et le tuent avant qu'on ait pu arrêter cette audacieuse tentative.

« Pierre meurt sur le coup.

« Toute la suite du roi est saisie de terreur.

« C'était donc vrai ce qu'il radotait, ce pauvre paysan; ni l'âge ni la boisson n'avaient altéré sa raison, simplement il s'était offert en victime!

« Qu'advint-il?

« Le pauvre Pierre fut enterré à Mitau, capitale de la Courlande, dans un vieux château, à côté des ducs de la contrée.

« J'ai visité ce château, ajouta la moujike, conteuse de ce récit, il est ouvert au public comme votre Musée des poupées, le jeudi. Sur le cercueil de Pierre, ses chaussures de cuir à lacets ont été clouées extérieurement.

« A la place où Pierre est mort, on a élevé une croix où sa statue en bois est tout près; on n'a eu garde d'oublier son paquet de tabac en feuilles.

« En souvenir de cet événement tragique, le roi a ordonné que jamais plus on ne recruterait de soldats dans le village où le vieux paysan avait accompli sa noble action, et qui se nomme Kurchkönigen. »

MARPHISE DE FLORENCE

(ITALIE)

Les poupées du Musée sont des personnes qui, sous leurs costumes provinciaux, veulent être prises au sérieux; ce ne sont pas des jouets!

Cependant les enfants se plaisent à les regarder parce qu'elles sont petites et que le petit plaît aux petits : c'est là un proverbe latin que vous pouvez traduire.

Mais comme, pour attirer les parents, il faut toujours faire une place aux enfants, nous avons réuni dans une vitrine basse, à la portée de leur taille, des poupées de toute provenance, n'ayant pas la solennité d'aspect des autres, qu'on pourrait leur donner à la rigueur, qu'on voudrait leur donner.

Dans cette vitrine, vous trouverez la ravissante Marphise de Florence dont vous voyez le portrait.

C'est une vraie poupée, celle-là, enfantine, brillante, coquette, délicieuse, jolie à croquer.

Elle est vêtue de cotonnades, de satins, de velours, de dentelles! Mais quels velours, quelles dentelles?

De petits échantillons, posés bout à bout avec un goût exquis, qui trahissent leur origine commerciale par des numéros d'inventaire.

Voyez comme les volants de soie festonnent avec grâce sur le jupon de calicot blanc, remarquez les trois nœuds très sombres et très rigides destinés à les arrêter.

Quoi de plus léger, de plus froufroutant que les délicates basquines en dentelle qui alternent avec les bouts de la ceinture en ruban.

Le buste de la poupée florentine est haut, développé, la taille est très fine, le cou dégagé, les épaules larges sur lesquelles deux choux d'étoffe fixent les pampilles de la belle frange dorée qui forme le devant appointé du corsage. La tête est jolie et très distinguée, elle supporte un étrange chapeau, véritable coiffure d'aventurière, dont le bord relevé est couvert d'une étoffe de coton quadrillé rose et blanc, orné de flots de tulle et de clinquant.

La poupée manque de mains, mais on les devine très délicates et prêtes à saisir les deux côtés de la jupe pour faire un grand salut de comédie.

Si jolie, elle n'a coûté que quelques *soldi*, elle représente bien ainsi le goût parfait de ce peuple florentin, artiste jusque dans le fond de l'âme. En traversant les rues de Florence, on voudrait à chaque instant prendre un crayon pour dessiner les gens qu'on rencontre, artisans, voituriers, ouvriers.

Celui-ci conduit un cheval; mais regardez ce cheval, il porte une touffe de fleurs naturelles sur son haut collier, dressé comme un dôme et ferré de beaux clous dorés et guillochés; à ses oreilles pendent des laines multicolores qui en rendent l'aspect aussi agréable à regarder qu'un joli tableau. Ce brave animal fait songer qu'il n'est pas simplement une bête de somme, mais « la plus belle conquête que l'homme ait faite ».

Un portefaix s'arrête sur un trottoir, il décharge un

instant son lourd fardeau; voyez-le, on en ferait un croquis

Marphise de Florence.

ravissant, son allure est altière, il n'est pas arrêté, il est campé, il pose en un mot, mais sa pose est toute naturelle. Le peuple italien est ainsi; il se remue, il marche, il s'agite, toujours en gardant de belles attitudes qu'il doit à sa distinction native et à sa beauté physique.

Un jour que nous courions dans la ville après je ne sais plus quel beau groupe de Lucca della Robia, posé au-dessus d'une porte célèbre, quelqu'un nous dit : « Mais tous les enfants que vous voyez assis au-devant des boutiques forment des ensembles charmants, qui valent bien celui que vous cherchez, puisqu'ils sont animés! » Cette boutade nous fit sourire.

Notre poupée a une compagne au Musée, qui est de sa taille et jolie comme elle. Toutes deux se racontent des histoires extraordinaires et regardent de très haut deux autres poupées achetées à Vérone et à Venise, mais qui sont petites, affreuses, si cocasses qu'elles font rire le public.

Vous devinez qu'elles ne sont pas Italiennes. Pour vous en convaincre, vous n'aurez qu'à regarder leurs jupons en papier jauni, couvert d'écriture allemande. Laissons donc ces grotesques et revenons à nos deux jolies.

Elles parlent un italien très pur et cette langue harmonieuse devient encore plus douce dans leur bouche de poupée.

Elles se racontent leur naissance à Florence, dans un atelier très ensoleillé, sur les bords de l'Arno, d'où l'on voyait au loin le « Vieux pont » qui relie les Uffizi au Palazzo Pitti. Comme ils étaient gais les tout jeunes gens qui ont peint leur petite figure. Rien de plus curieux que d'un coup de pinceau se sentir des yeux très vifs pour les regarder!

Elles racontent les propos des jeunes filles qui les ont habillées.

De tous les échantillons livrés pour rien par les grands fournisseurs et qui remplissaient, pêle-mêle, de grandes corbeilles qu'on aurait plutôt crues remplies de fleurs, elles édifiaient des costumes ravissants, avec leur aiguille alerte, elles piquaient, de-ci, de-là, quelques points, et la toilette improvisée s'achevait vivement.

Toutes les poupées une fois habillées, elles leur donnaient des noms charmants, affaire de rire, car les filleules ne devaient pas rester longtemps dans les mains de leurs marraines. Notre poupée s'appelle Marphise, sa compagne du Musée, Bradamante; il y avait les Angélique, les Fleurs de Lis; tous ces jolis noms étaient empruntés à l'admirable poème de l'Arioste dont les ouvrières débitaient des tirades en travaillant.

Nos poupées se rappellent encore les soirées charmantes passées au milieu de cet essaim de jeunes filles. Les fenêtres grandes ouvertes, elles laissaient entrer l'air si doux et si subtil de Florence. C'était l'heure des sérénades, car on donne encore des sérénades dans la ville. Trois musiciens drapés, — on ne les comprendrait pas s'ils n'avaient pas de draperie, la plume légendaire au chapeau, — commençaient un air accompagné sur la mandoline. Étaient-ils jeunes? Non, vieux, sans doute, mais on ne distingue pas. Les voix étaient belles, les sous pleuvaient.

Un soir, la voix qui chantait avait une douceur incomparable et une étendue inusitée, les sons filaient, on ne respirait plus à les écouter; les jeunes filles vidèrent toutes leurs bourses, les pièces blanches suivirent la monnaie de cuivre, elles lancèrent même des oranges.

Marphise et Bradamante ajoutèrent qu'elles auraient été heureuses de passer dans quelque humble demeure pour y faire la joie de petits enfants pauvres qui les auraient reçues comme des princesses idéales.

Il n'en a pas été ainsi, c'est une de nos amies, Mlle Mimaut qui nous les a rapportées de Florence, les trouvant dignes du Musée, à cause de leur originalité.

Mlle Mimaut leur a assuré un sort tranquille au Musée.

Hélas! le bonheur d'une poupée est-il dans une représentation constante devant un public bienveillant, est-il dans une tenue irréprochable, est-il dans ce fait de passer à la postérité, épargnée de la destruction par des soins constants?

Chi lo sa?

Le bonheur des poupées? Il me semble qu'une poupée doit être heureuse d'être tenue dans les mains d'une fillette, sa petite mère, d'être bercée, habillée, déshabillée, coiffée, décoiffée, et finalement d'arriver à être cassée, laissant un doux souvenir dans le cœur de l'enfant pour le temps où elle sera devenue une grande personne.

UN COIN DE CLASSE A PORT-SAÏD

(ÉGYPTE)

L'aimable supérieure qui dirige les établissements religieux de Port-Saïd a bien voulu répondre à notre désir et elle nous a envoyé un groupe de trois poupées représentant une religieuse de l'ordre du Bon-Pasteur et deux élèves, une petite indigène et une petite Européenne. La petite indigène est de la race noire, elle est coiffée de nombreuses nattes terminées par des sequins, elle a les pieds nus, et elle est vêtue d'une simple blouse bleue. Regardez-la, elle tricote une chaîne en laine sur un bouchon; la petite Européenne, sa compagne, est blonde, elle apprend à faire la dentelle arabe si solide et d'un si joli effet.

Quant à la religieuse, elle est toute vêtue de blanc. Son costume est d'un soigné très délicat, sa grande étole est piquée admirablement et cache une médaille de la Vierge, un chapelet en nacre, le cordon bleu de Saint-Joseph, une minuscule paire de ciseaux, une pelote, toutes choses qui rappellent la prière et le travail, les deux occupations de la sainte fille.

Des poupées sans histoire ne vous diraient pas assez, il faut vous faire connaître Port-Saïd, leur lieu d'origine, ce Port-Saïd hospitalier qui doit nous être cher, car il n'est pas une famille française qui puisse être assurée de n'avoir jamais besoin des secours que les sœurs du Bon-Pasteur peuvent avoir à donner à un des nôtres, soldat, marin ou passager.

Port-Saïd n'était rien quand, le 24 avril 1859, Ferdinand de Lesseps, entouré de ses ingénieurs donna le premier coup de pelle, là, où bientôt une armée de travailleurs allaient se mettre à l'œuvre. Il prononça ces simples paroles : « Nous souhaitons que par la grâce de Dieu et sous sa protection ici s'élève Port-Saïd ». Il s'agissait de faire des miracles, ce grand génie prenait Dieu pour allié! Ce lieu n'était alors qu'un étroit lit de sable à peine assez spacieux pour qu'on pût y dresser quelques tentes, à l'abri desquelles vivaient un petit nombre de pêcheurs arabes.

Quelles merveilles d'industrie, quelle somme de travail, quelles luttes surhumaines la transformation de cet endroit n'a-t-elle pas demandées?

Les bâtiments ne pouvaient approcher de la côte, les matériaux nécessaires au travail : le bois, la pierre, le fer, tout dut être apporté d'Europe, débarqué à Alexandrie et ensuite transporté à grands frais, lentement, avec des pertes considérables, par des chameaux, à travers le désert.

La privation la plus sensible, au début, fut le manque d'eau douce, et ce ne fut qu'avec peine et au prix de grands sacrifices, qu'on installa des appareils distillatoires, destinés à rendre potable l'eau de mer.

Dès l'abord, on construisit des maisons sur pilotis, puis les dragages, provenant du port et du chenal qui conduit à l'entrée du canal, furent utilisés pour élever et étendre ce banc de sable.

Alors il présenta, grâce à ces travaux, une superficie d'au moins 400 hectares. Une partie de ce terrain fut consacrée aux appropriations nécessaires aux navires passant le canal, magasins à charbon, etc., l'autre partie fut réservée pour

Un coin de classe à Port-Saïd.

les chantiers, les ateliers, les arsenaux de la Compagnie du canal, et la ville... à construire.

Bientôt Port-Saïd s'éleva comme par enchantement. Aujourd'hui, elle a ses squares et ses rues, grand nombre de maisons en pierres, des églises, hôpitaux, mosquées, hôtels et magasins.

Port-Saïd reçoit par la mer des provisions de tous les points de la Méditerranée, et l'eau du Nil lui est envoyé d'Ismaïlia. Des colons arrivèrent de tous les points du globe, de sorte qu'il n'est peut-être pas de ville, depuis Babel, où l'on entende un plus grand nombre de langues.

Le dernier recensement arrêté au 1er janvier 1897 compte 35 308 habitants dont les deux tiers appartiennent à l'Europe.

Le génie de M. de Lesseps s'étendit à tout, il ne se contenta pas de faire appel aux ingénieurs, en leur assurant des traitements en rapport avec les fatigues que devait leur imposer leur séjour dans un désert habité jusque-là par des fauves. A peine les premières tentes furent-elles dressées à Port-Saïd qu'il songea à la fondation d'un hôpital et d'une école.

Pour la direction de ces deux établissements il demanda à Mgr l'évêque d'Alexandrie le concours d'une congrégation religieuse. Celui-ci s'adressa à la supérieure générale des sœurs Notre-Dame de la Charité du Bon-Pasteur d'Angers.

Celle qui fut la fondatrice, la vénérable mère Sainte Euphrasie Pelletier, céda aux instances épiscopales et fit choix de six de ses sœurs qui s'embarquèrent le dimanche des Rameaux 1863, à Marseille, pour leur nouvelle destination. Ces dames s'installèrent dans une petite maison de bois à 500 pas de la mer.

En 1865 et 1866, le choléra sévit avec force à Port-Saïd et rendit beaucoup de petits enfants orphelins.

Nos bonnes religieuses, après avoir soigné les malades, consolé les mourants, s'émurent du sort des enfants orphelins et leur ouvrirent les portes de leur pieuse demeure ; ce fut la création de l'orphelinat.

Le fléau ayant cessé, l'arrivée de nouveaux colons reprit de plus belle, on demanda de tous côtés aux religieuses d'établir une école : ce fut la création du pensionnat.

Enfin sollicitées par de pauvres femmes déclassées qui venaient frapper à la maison du Bon-Pasteur, demandant à s'y réfugier à jamais, elles obéirent à la voix de leur cœur et, en 1873, une nouvelle création eut lieu qui mit ces malheureuses femmes à l'abri.

Mais, vous le devinez, la petite maison n'avait pas suffi à loger tant de monde. Comment firent les religieuses? elles n'avaient pas d'argent. Elles furent saintement téméraires, elles demandèrent, on leur donna. Elles firent construire. L'hôpital qui avait été élevé pour les employés et les ouvriers dépendant de la Compagnie du canal de Suez passa, quand le canal fut ouvert, aux mains du gouvernement égyptien. Or, c'est dans cet hôpital que sont reçus les voyageurs, les soldats et les marins qui sont obligés par raison de santé de s'arrêter à Port-Saïd.

Le soin des malades est une exception pour les religieuses de l'ordre du Bon-Pasteur, mais elles l'ont accepté cependant, c'est une occasion de faire du bien, encore du bien et toujours.

Lors de la campagne du Tonkin et de celle de Madagascar, elles ont prodigué leurs soins à 226 soldats français dont plusieurs moururent. Ils reposent à l'ombre du cimetière de Port-Saïd où un magnifique monument a été érigé en novembre 1900 par les soins de la colonie française.

Quelle consolation pour ceux qui meurent pendant leur séjour à l'hôpital, d'être assistés à leur départ de la vie, par des femmes françaises qui leur parlent affectueusement dans le doux langage maternel de leur famille, de leur foyer, de tout ce qui leur est cher, hélas! et qu'ils ne reverront plus.

Voici l'intéressante statistique des malades au nombre de 1284 : 30 Français, 12 Allemands, 22 Autrichiens, 8 Anglais 26 Berbères, 941 Égyptiens, 6 Espagnols, 92 Grecs, 4 Hollandais, 4 Indiens, 36 Italiens, 23 Maltais, 1 Portugais, 10 Russes 50 Syriens, 1 Suisse, 18 Turcs.

Avec un tel mélange de nationalités et de religions, on devine quelle dépense de charité les religieuses doivent déployer, elles qui ont l'obligation si douce à leur cœur de ne voir en effet dans les malades que des infortunés, dont elles cherchent à soulager les douleurs, regardant toujours le plus éprouvé comme ayant le plus de droits à leur maternelle tendresse.

Vous pensez que les sept religieuses du début ont dû se multiplier pour arriver à remplir les devoirs qui dépendent de toute cette organisation. A l'heure actuelle, il y a 64 sœurs douées d'un indomptable courage pour faire le bien, vivant de peu et travaillant sans relâche.

TOURNE-SOL

(AMÉRIQUE)

Tourne-Sol (Wahcaziwim) est le nom de cette étrange poupée. Elle porte le costume de fête d'une femme de la tribu des Dakotas des États-Unis d'Amérique. C'est Jerusha Cornelius, élève indienne de l'école de Hampton (Virginie), qui l'a habillée.

Cette poupée eut pour campagne dans la traversée de l'Atlantique une négresse, tante Lily, fort curieuse aussi.

Depuis longtemps leur arrivée m'avait été signalée, mais les poupées n'arrivaient pas, j'avais été les réclamer partout. Un matin, n'y tenant plus, je conte ma déconvenue au concierge du Musée.

« Une grosse caisse est depuis un mois dans la salle de géographie, me dit-il; elle est peut-être pour vous?

— Si elle est pour moi, mais certainement. Vite un ciseau, un marteau! »

Nous faisons sauter le couvercle et au milieu des merveilles qu'on m'adressait, j'aperçus tout attristées les deux pauvres prisonnières!

Toutes deux furent placées dans une petite vitrine, au Musée pédagogique. Elles semblaient être les gardiennes de la superbe collection des travaux de couture de l'Association des dames de New-York, au-dessus de laquelle flotte le drapeau étoilé des États-Unis. Elles pouvaient contempler à loisir un tableau datant de l'Oncle Tom et où sont exhibés des vêtements de poupée, cousus par des négresses et des Peaux-Rouges de ce temps éloigné.

Les heures cependant semblaient longues pour elles lorsque le terrible chef indien Mah-to-toh-sa fit son entrée au Musée.

Nous avons réuni ces trois poupées, de sorte que maintenant le temps passe plus gaîment.

Tourne-Sol est fort admirée les jours de visite et elle est très flattée des louanges qu'elle entend. Cette poupée unique est véritablement fille des sauvages.

Son corps est formé avec une sorte de peau chamois ; les membres sont très rudimentaires, les bras sont des moignons sans mains. Cependant la personne est fort bien proportionnée et d'une prestance gracieuse. Sa tête est large et plate comme il convient. Sa chevelure est faite avec un morceau de skons. Ses yeux étranges sont constitués simplement par deux perles blanches posées de chaque côté de deux perles noires. Les narines sont marquées par deux perles rouges et les lèvres par cinq des mêmes perles. Sous la peau du visage on a marqué : le nez droit, le front fuyant, le menton accentué, sans doute avec une sorte de masque.

Tourne-Sol est vêtue ainsi : des jambières flottantes en peau de Suède, ornées le long de la couture extérieure par des lanières de peau et des rangs de perles, recouvrent les jambes jusqu'aux genoux. Elle ne porte qu'une longue tunique en peau légère, dont le bas est garni d'une frange découpée et surmontée d'un galon de petites perles grenat et bleues. Au-dessus se voient des sortes de pompons très distancés arrêtés par des masses de perles blanches ou grenat.

L'empiécement est tout entier couvert de petites perles,

encore très variées de couleurs, jaunes, bleues, marron et disposées comme des points de tapisserie. C'est fort joli.

Tourne-Sol ou Wahcaziwim.

Enfin ce costume se complète par de très longues boucles d'oreilles faites de deux rangs de perles blanches, par un collier bleu, et par une ceinture élégante qui soutient une poche, sorte de réticule, le tout encore brodé de perles.

Les manches sont complètement ouvertes sur les côtés qui sont frangés. Les chaussons s'harmonisent avec le reste, ils sont en peau, tout couverts de petites perles blanches, roses et vertes.

Les « Visages pâles » comme les Peaux-Rouges appellent les blancs, pourraient, en étudiant les mœurs des sauvages, en tirer quelques leçons.

Ces hommes ont des sentiments fort élevés sur l'immortalité de l'âme; ils ne redoutent nullement la mort.

Les femmes sont vaillantes. Ce sont elles qui cultivent la terre, l'ensemencent, font la moisson, travaillent les peaux.

Elle sont des mères très tendres et très vigilantes. A l'imitation des oiseaux, elles font un nid de mousse séchée et de plumes à leur petit enfant. Elles ne contraignent pas par des liens quelconques ses membres délicats, elles le laissent s'épanouir à l'aise.

Elles savent pour l'amuser fabriquer de délicieux petits joujoux.

Lorsqu'il est grand, il peut courir et gambader au dehors du village avec des camarades, jusqu'au jour où il deviendra l'égal de son père. Toute sa première éducation est suivie par sa mère.

Il existe une coutume touchante quand survient la mort d'un nourrisson dans une tribu de Sioux. Jamais la poupée ne nous a paru remplir un rôle plus poétique que celui-ci.

Aussitôt qu'une pauvre mère indienne a eu le malheur de perdre un petit être, elle fabrique une poupée qu'elle habille des vêtements de l'enfant et qu'elle orne de la petite chevelure aimée, entremêlée de rubans.

Cette triste effigie que la femme appelle *son chagrin* lui

rappelle l'être cher qu'elle a perdu. Elle met la poupée dans une bercelonnette, l'asperge de gouttes de son lait, la porte dans ses bras, la confie aux autres enfants pour la promener. Elle la garde ainsi pendant des mois, même une année, jusqu'à ce que le pauvre petit mort soit considéré comme ayant assez grandi pour trouver enfin tout seul le chemin du paradis.

Connaissez-vous rien de plus touchant que la naïveté de cette pauvre Indienne qui confie à une petite poupée le soin de conduire au paradis son petit enfant mort?

UNE POUPÉE SAUVAGE D'AMÉRIQUE

Christophe Colomb, abordant pour la première fois à San Salvador, ne fut pas plus étonné, en apercevant le premier homme rouge, que les petites poupées du Musée, lorsque le sauvage, que nous vous présentons, leur apparut tout armé ; mais en leur qualité de bonnes Françaises, avenantes et spirituelles, elles dissimulèrent leur effroi.

D'ailleurs, l'expéditrice, une généreuse Américaine, miss Stimson, écrivait : « J'espère que vous aimerez le chef que je vous envoie ». — Eh ! oui, tous les hommes sont frères, surtout dans le monde des poupées !

Dans l'impossibilité de placer ce petit homme effrayant dans un cadre de forêts vierges, on lui fit faire connaissance avec une femme sauvage déjà accoutumée au Musée, dont les yeux, le nez, la bouche sont formés de petites perles, puis avec une servante négresse.

Ces trois, devenus amis, logent sur un rayon de bibliothèque où ils respirent une atmosphère vivifiante de bon camphre japonais.

Le sauvage, c'est le chef *Mah-to-toh-sa*, ce qui veut dire *les quatre ours* ; la femme c'est Tourne-Sol ; la négresse, la tante Dilly.

Ce chef appartient à la tribu jadis nombreuse des Mandans

UNE POUPÉE SAUVAGE D'AMÉRIQUE. 325

ou peuple des Faisans, qui habite la rive ouest de la rivière

Le chef Mah-to-toh-sa.

Missouri, à 1 800 milles au-dessus de Saint-Louis, et 200 milles plus bas que l'embouchure de la rivière Yellowstone.

Son costume mérite d'être détaillé. Le pantalon collant est

en peau de couleur claire, les coutures sont ornées de plusieurs rangs de perles et d'une frange de fourrure à longs poils, les chaussons sont couverts de verroterie.

Le vêtement est une espèce de justaucorps également en peau, bordé d'une fourrure blanche, dont les manches sont tailladées d'une façon qui indique que dans la réalité, elles sont prises dans les pattes d'une bête.

Le devant est séparé dans la longueur par des rangs de perles.

Sur la partie du cœur six doubles traits rouges soulignent des dessins de têtes d'Indiens ornées de plumes, le premier rang du haut a une tête, le second, deux têtes, et ainsi de suite; sur le côté opposé on voit l'empreinte sanglante d'une main droite, comme si cette main semblait dire : « C'est moi qui ai tué tous les sauvages dont les têtes sont ici représentées ».

Au dos de la tunique, on distingue une scène tragique : un bonhomme tient en mains les armes avec lesquelles il vient de percer à mort un cavalier; la blessure au cœur est visible et très grande. Ce n'est pas fini : au col, sous la fourrure sombre, une série de griffes sont accrochées.

L'homme rouge porte sur le dos un carnier plat couvert de toutes sortes de dépouilles, dents, cornes, etc., et sur la poitrine il a son carquois, sorte de poche en castor dont la pointe, destinée à la fermer, est couverte à l'intérieur de dessins et d'arabesques qui tous ont une signification. Un riche manteau traînant, tout entier pris dans la peau d'un bœuf sauvage, est ici remplacé par deux hermines, il s'élargit d'un côté par une superbe garniture de belles plumes. La tête simulée de l'animal porte deux cornes ornées de lanières de peau, et un poignard, tout à fait curieux et mignon, en domine le sommet.

Quoi de plus terrible que cet accoutrement! Notre sauvage, comme les autres Peaux-Rouges, n'a pas de barbe.

UNE POUPÉE SAUVAGE D'AMÉRIQUE.

Les Mandans ont une façon étrange de traiter les crânes des morts.

Comme beaucoup d'autres Indiens, ils les enveloppent dans une peau de buffalo et les hissent dans les arbres, au travers des branches; mais la tribu des Mandans diffère des autres en ceci : quand la chair est réduite en poussière, ils enterrent

Le justaucorps de Mah-to-toh-sa.

les os, excepté le crâne qu'ils placent par terre dans un cercle, sur des feuilles de sauge.

Chaque famille a son propre cercle; dans le centre, s'élève un amas de sable surmonté des crânes de deux buffalos mâle et femelle.

Les femmes de la tribu y portent leur ouvrage, telle que la broderie des chaussons, et passent des heures auprès des crânes, causant avec eux, leur racontant les histoires amusantes du camp.

On a trouvé des femmes endormies tenant dans leurs bras le crâne de leur mari ou de leur enfant.

Les feuilles de sauge sont renouvelées aussitôt qu'elles se fanent.

Vous vous rappelez l'étonnement qui saisit le vieux monde à la découverte de l'Amérique et d'hommes nouveaux ignorant de toute religion connue.

Qui les avait placés là? — Celui, dit Voltaire, qui a mis les animaux et les plantes dans ces pays.

Eh bien! chose utile, à savoir, les Mandans ont la tradition du déluge. Ils croient qu'un homme de chez eux s'est sauvé dans une pirogue. Ils ont une fête annuelle, au printemps, au moment où les saules poussent leurs feuilles, car ils disent que c'était une branche de saule que l'oiseau légendaire avait apportée à l'Indien de la pirogue.

TABLE DES MATIÈRES

Dédicace V
Préface VII

FRANCE

I

POUPÉES HISTORIQUES

Sainte Geneviève, patronne de Paris (Ve siècle). — Don de Mlle Tabuteau, de Paris 13
Sainte Radegonde (VIe siècle). — Don de l'École normale de Laon (Aisne) 17
Isabeau de Roubaix (XVe siècle). — École primaire supérieure de Roubaix (Nord) 23
La duchesse d'Alençon (XVIe siècle). — École normale d'Alençon (Orne). 28
Le porte-Étendard de Jeanne d'Arc (XVIe siècle). École normale d'Orléans. 33
L'abbesse d'Épinal (XVIIIe siècle). — École normale d'Épinal (Vosges) . 36
Le chouan Grosse-Tête (XVIIIe siècle). École normale de Laval (Mayenne). 43
Poupée dite « la reine Amélie » (XIXe siècle). — Don de Me Lavaud, avocat à la Cour d'appel de Paris 50

FRANCE

II

POUPÉES PAYSANNES

Alsacienne de Belfort. — Don de l'École primaire supérieure de Belfort (Haut-Rhin, Alsace) 55
La Fleuriotte. — École normale de Troyes (Aube, Champagne) 63

TABLE DES MATIÈRES.

La meunière du Bassigny (École normale de Chaumont (Haute-Marne, Champagne)	67
Châlonnaise et Ardennais. — Châlons et Vouziers (Marne et Ardennes, Champagne)	77
La Champagnolaise. — Lons-le-Saunier (Jura, Franche-Comté)	84
Matelot et matelote de Berck-sur-Mer (Pas-de-Calais, Artois). Don de Mlles Roton et Penhouet	93
Bourgeoise de Tourcoing. — École primaire supérieure de Tourcoing (Nord, Flandre)	99
L'écolière de Paris. — École primaire de la rue Bréguet (Paris, Seine, Ile-de-France)	104
L'élève de cuisine. — École primaire supérieure Edgar-Quinet (Paris, Seine, Ile-de-France)	109
Femme de Caen et fermière de Bayeux. — École normale de Caen (Calvados, Normandie)	114
Fermière berrichonne. — École primaire supérieure de Pithiviers (Loiret, Orléanais)	120
Tourangelle et Niortaise. — Écoles normales de Tours et de Niort (Touraine et Poitou). Mme Sourdilhon, Mlle Luzier	126
La mariée d'Oléron. — École primaire d'Oléron, directrice Mme Chauvin (Charente-Inférieure, Saintonge)	133
La belle Agathoise. — École normale de Montpellier (Hérault, Languedoc)	139
Le Racho. — École primaire supérieure de Nîmes (Gard, Languedoc)	146
La vieille Cévenole. — École primaire supérieure de Nîmes (Gard, Languedoc)	152
Paysans de Saint-Christophe-en-Oisans. — École primaire du Bourg-d'Oisans (Isère, Dauphiné)	160
Poupées savoisiennes : Costume de saint Jean d'Arves. — Don de Mlle Roche, École élémentaire de Villarembert (Savoie)	167
Costume de Tarine. — Don de Mlle Albriet, École élémentaire de Peisey (Savoie)	168
Poupées corses. — Don de M. Gignoux, directeur des domaines (Corse)	172
Poupées charentaises. — Écoles normales de la Charente et de la Charente-Inférieure (Saintonge et Angoumois)	177
Une Arlésienne du XVIIIe siècle. — École normale d'Aix (Provence). Mlle Bancilhon	183
Paysanne de la vallée de Barèges. — École normale de Gap (Hautes-Pyrénées, Guyenne et Gascogne)	188
Mariée de Douarnenez. — École primaire de Douarnenez. Mlle Bourrhis (Finistère, Bretagne)	194
Mariés bretons de Lanouée (Morbihan). Don de Mlle Marie Kœnig.	201

FRANCE

III

POUPÉES COLONIALES

Poupée arabe de Constantine. — Don de M. Mercier, procureur de la République à Tizi-Ouzou (Algérie). 211
Poupée kabyle. — École indigène, directrice Mlle Sahuc (Algérie). . . 217
Dame indigène de Saint-Denis-du-Sig, Israélite de Miliana. — École primaire de Saint-Denis-du-Sig, directrice Mme Jeanpert. École normale de Miliana. 223
Poupée musulmane sans figure, d'Anjouan (îles Comores). — Don de Mme Plaideau, née Ball 232
Poupées de Madagascar. — École maternelle de Fianarantsoa, directrice Mme Escande. 240
Mariés de Pondichéry. — Don de M. Ferrier, inspecteur primaire . . . 246
Poupée tonkinoise. — École primaire, directrice Mme de Lenchères . 253
Poupée de la Martinique. — École primaire de Saint-Pierre. — Don M. Louis Leniau, enseigne de vaisseau, 1901. 259

IV

POUPÉES ÉTRANGÈRES

Poupée masquée de Fanö. — Don du comte Raben de Levetzau (Danemark). 267
Edmée l'Islandaise. — Don du comte Raben de Levetzau (Danemark) . 277
Perdrix blanche. — Don de M. Mimaut, consul général à Christiania (Norvège) 283
Poupées finlandaises. — Don de Mme Aïno-Ackté (Finlande). 289
La laitière d'Hasenpot (Russie). — Don de Mlle Luthi de Kiev. 295
Paysan russe. — Don de Fidèle Kœnig. 301
Marphise de Florence. — Don de Mlle Louise Mimaut 307
Un coin de classe à Port-Saïd. — Don de Mme la supérieure des sœurs du Bon-Pasteur à Port-Saïd (Égypte) 313
Tourne-Sol ou Wahcaziwim. Hampton, Virginie (États-Unis). — Don de miss Stimson 319
Le chef Mah-to-toh-sa (États-Unis, Amérique). — Don de miss Stimson de New-York 324

LIBRAIRIE HACHETTE & CIE, A PARIS
79, BOULEVARD SAINT-GERMAIN, 79

BIBLIOTHÈQUE DES ÉCOLES ET DES FAMILLES
ILLUSTRÉE DE NOMBREUSES GRAVURES DANS LE TEXTE

COLLECTION FORMAT IN-4°
Prix : Broché, 8 fr. — Cartonnage percaline, plats et tr. dorés, 12 fr. — Genre demi-reliure, tr. dorées, 13 fr.
Ducoudray : *Des Cavernes aux Palais.*
Flammarion : *L'Atmosphère.* Un volume illustré de gravures en noir et d'une planche en couleurs.
Reclus (O.) : *Algérie, Tunisie.*

COLLECTION TRÈS GRAND IN-8
Illustrée de très nombreuses gravures.
Prix : Broché, 7 fr. — Cartonnage percaline, plats et tranches dorés, 10 fr. — Genre demi-reliure, tranches dorées, 11 fr.

Albert (Paul) : *La littérature française des origines au XVIIIe siècle.*
Capitales du monde (Les).
Dayot (A.) : *Napoléon.*
Dumont (J.-B.) : *Les grands travaux du XIXe siècle.*
Figuier (L.) : *Le Savant du foyer.*
Funck-Brentano : *Les Brigands.*
Gourdault (J.) : *L'Europe pittoresque* (Pays du Nord).
— *La France pittoresque.*
Grad (Ch.) : *L'Alsace.*
Guénin (E.) : *La route de l'Inde.*
— *Dupleix.*
Manuel (E.) : *Poésies du Foyer et de l'École.*
Meissas (G.) : *Les grands voyageurs contemporains.*
Müntz (E.) : *Raphaël.*
— *Florence et la Toscane.*
Poiré (P.) : *A travers l'industrie française.*
Rouire (D^r) ; *L'Afrique aux Européens.*

COLLECTION GRAND IN-8
Illustrée de gravures en noir et de nombreuses planches en couleurs, tirées hors texte.
Prix : Broché, couverture or et couleurs, 4 fr. 50.
Cartonnage percaline, plats et tranches dorés, 6 fr. 50. — Genre demi-reliure, tranches dorées, 7 fr.

Assolant : *Montluc le Rouge.*
Bigot : *Gloires et souvenirs militaires.*
Colomb (Mme) : *Pour la Patrie.*
Cottin et Hénault : *Mémoires du Sergent Bourgogne.*
Delon (Ch.) : *Les peuples de la Terre.*
Demoulin (Mme Gustave) : *Français illustres.*
— *Françaises illustres.*
Évasions célèbres (Les).
Ferry (Gabriel) : *Costal l'Indien.*
— *Les aventuriers du Val d'Or.*
Gérard (Jules) : *Le tueur de lions.*
Guénin (E.) : *La Nouvelle-France.*
Houdetot (C^{sse} d') : *Ysabel.*
Kipling (R.) : *Capitaines courageux.*
Larchey (H.) : *Les cahiers du capitaine Coignet.*
Loir (M.) : *Gloires et souvenirs maritimes.*
— *Au Drapeau.*
Maël (P.) : *Au pays du Mystère.*
Noussanne (De) : *Les grands Naufrages.*
Pontis (le Sieur de) : *Mémoires.*
Witt (Mme de) : *La France à travers les siècles.*

PREMIÈRE SÉRIE, FORMAT GRAND IN-8
Prix : Broché, 3 fr. — Cartonnage fort, genre maroquin, tranches dorées, 4 fr. 20. — Cartonnage percaline, plats et tranches dorés, 4 fr. 60. — Genre demi-reliure, tranches dorées, 5 fr.

About (Edm.) : *Le roman d'un Brave homme.*
— *L'homme à l'oreille cassée.*
Avezan (D') : *Enfant d'adoption.*
Beauregard (G. de) et **H. de Gorsse**. *Le roi du Timbre-poste.*
Beecher Stowe (M^{rs}) : *La case de l'oncle Tom.*
Cahun (L.) : *La bannière bleue.*
— *Les aventures du capitaine Magon.*
Cervantes : *Don Quichotte de la Manche.*
Cim (A.) : *Grand'mère et petit-fils.*
— *Les quatre fils Hémon.*
Deslys (Ch.) : *L'héritage de Charlemagne.*
Dronsart (M.) : *Les grandes voyageuses.*
Ducamp : *Bons cœurs et braves gens.*
Ferry (G.) : *Dernières aventures de Bois-Rosé.*
Figuier (L.) : *Les grandes inventions modernes.*
Fonvielle (W. de) : *Les navires célèbres.*
— *Les ballons célèbres.*
Gaffarel (P.) : *La conquête de l'Afrique.*
Gorsse (H. de) et **J. Jacquin** : *La jeunesse de Cyrano de Bergerac.*
— *Les cadets de Gascogne.*
Gourdault : *La Suisse pittoresque.*
— *L'Italie pittoresque.*
Houdetot (C^{sse} d') : *Le page de Jehanne.*
Jacquin (J.) : *M. de La Palisse.*
Maël (P.) : *Une Française au Pôle Nord.*
— *Terre de fauves.*
— *Robinson et Robinsonne.*
— *Seulette.*
— *Le Trésor de Madeleine.*
Manzoni : *Les fiancés.*
Meyners d'Estrey : *A travers Bornéo.*
Meyra : *Le Fakir.*
Monnier (J.) : *Notre belle patrie.*
Mouton : *Lazare Poban.*
Raynal (H.) : *Les naufragés des îles Auckland.*
Rousselet (L.) : *L'Exposition de 1900.*
— *Au vieux pays de France.*
Stany (Le C^t) : *Seule!*
— *Le secret du donjon.*
— *Jeanne la Rousse.*
Toudouze (G.) : *Enfant perdu.*
— *La Vengeance des Peaux-de-Biques.*
— *Le Démon des Sables.*
— *La dernière des Spartiates.*
Walter Scott : *Ivanhoe.*
— *Quentin Durward.*
Witt (Mme de), née Guizot : *Vieilles histoires de la Patrie.*
Wyss : *Le Robinson suisse.*

DEUXIÈME SÉRIE, FORMAT IN-8
Prix : Broché, 2 fr. 60. — Cartonnage fort, genre maroquin, tranches dorées, 3 fr. 60
Cartonnage percaline, plats et tranches dorés, 3 fr. 90. — Genre demi-reliure, tranches dorées, 4 fr. 60.

About (Ed.) : *Le roi des montagnes.*
— *Nouvelles et souvenirs.*
Albert-Lévy : *Le pays des étoiles.*
Arthez (Danielle d') : *Malheur est bon.*
Augé de Lassus : *Les sept merveilles du monde.*
Baker : *L'enfant du naufrage.*
Boland (H.) : *Excursions en France.*
Cahun (L.) : *Les pilotes d'Anyo.*
— *Les mercenaires.*
Colomb : *Habitations et édifices.*
Colomb (Mme) : *Les révoltés de Sylvie.*
— *Mon oncle d'Amérique.*
— *Les étapes de Madeleine.*
— *Chloris et Jeanneton.*
— *Hélène Corianis.*
— *La Fille des Bohémiens.*
— *Danielle.*
Cooper (F.) : *Le dernier des Mohicans.*
Corneille : *Œuvres choisies.*
Demoulin (Mme G.) : *Aventures d'un écolier en rupture de ban.*
Deslys (Ch.) : *Courage et dévouement.*
Dickens : *David Copperfield.*
— *Aventures de M. Pickwick.*
— *Nicolas Nickleby.*
— *La petite Dorrit.*
— *Aventures de Martin Chuzzlewit.*
Flammarion : *Les merveilles célestes.*
Gaffarel : *Les campagnes de la première République.*
— *Les campagnes du Consulat et de l'Empire.*
Girardin : *Le locataire des demoiselles Rocher.*
— *Les épreuves d'Étienne.*
— *La famille Gaudry.*
— *Le roman d'un cancre.*
— *Second violon.*
— *L'Oncle Placide.*
— *Les millions de la tante Zézé.*
— *Le commis de M. Bouvat.*

Guénin (E.) : *La Russie.*
— *La Louisiane.*
Guy (H. et C.) : *Le roman d'un petit marin.*
Hayes : *Perdus dans les glaces.*
Henty : *Les jeunes francs-tireurs.*
Lacombe (P.) : *Petite histoire du peuple français.*
Michel : *Histoire de Vauban.*
Molière : *Œuvres choisies.*

Nanteuil (MME DE) : *Capitaine.*
Or (LOUIS D') : *Lettres du Régiment.*
Paulian : *La hotte du chiffonnier.*
Renard (J.) : *Les étapes d'un petit Parisien.*
Saint-Paul : *Histoire monumentale de la France.*
Schultz (Mlle). *La Famille Hamelin.*
Tissot (V.) et **Améro** : *Les fugitifs.*
Vignon (P. : *L'expansion française.*

TROISIÈME SÉRIE (A), FORMAT IN-8

PRIX : Broché, 2 fr. — Cartonnage fort, genre maroquin, plats dorés, tranches jaspées, 2 fr. 60.
Cartonnage percaline gaufrée, plats et tranches dorés, 3 fr.

Albert-Lévy : *Causeries.*
Alexandre (A.) : *Les compagnons de la Marjolaine.*
Arthez (D. D') : *Le roman de l'armurier.*
— *La route de Damas.*
— *Le Trust du Soleil.*
Auerbach : *La fille aux pieds nus.*
Bombonnel : *Le tueur de panthères.*
Borius (MLLE I.) : *Dette de cœur.*
— *Notre Aînée.*
— *Le pardon du grand-père.*
— *La place de l'absent.*
Cahu (Th.) : *Le cachalot blanc.*
Cazin (MME) : *La roche maudite.*
Cim (ALBERT) : *Le petit Léveillé.*
Colomb (MME) : *Histoires de tous les jours.*
Demage : *A travers le Sahara.*
Deschamps (F.) : *Le roman d'un sot.*
Deslys (CH.) : *La Mère aux Chats.*
Dex (LEO) : *A travers le Transvaal.*
— *Du Tchad au Dahomey en ballon.*
— *Un héros de quinze ans.*
— *Vers le Tchad.*
Dourliac : *Un ancêtre de Gavroche.*
— *Ma Petite.*
Dufferin : *Lettres écrites des régions polaires.*

Fabre : *Les Mystères de la maison grise.*
Ferry (GABRIEL) : *Les exploits de Martin Robert.*
— *Les étapes de Rameau.*
Ficy (P.) : *Le ménétrier des Hautes-Chaumes.*
— *La destinée de Silvère.*
Geriolles (A. de) : *Sous Terre.*
Girardin (J.) : *Les remords du docteur Ernster.*
— *Tom Brown, scènes de la vie de collège.*
— *Fausse route.*
— *Les certificats de François.*
— *Le capitaine Bassinoire.*
Guénin (E.) : *Augustin de Beaulieu.*
Guy (A.) : *Jeunesse d'orphelin.*
Heinecke (H.) : *Musique et musiciens.*
Lescap (de) : *Les secrets de la prestidigitation.*
Mélandri : *L'Ouragan.*
Menault : *L'intelligence des animaux.*
— *L'amour maternel chez les animaux.*
Remacle : *L'enfant aux fourrures*
Meyer (H.) : *Le mousse de Portjiou.*
Savary (MME P.) : *La Tour de la Lanterne.*
Souriau (M.) : *Le veilleur du Lycée.*
Simon (G.) : *Victor Hugo. Années d'enfance.*
Tissot et **Maldague** : *La prisonnière du Mahi.*
Urgel (Y. d') : *Le caillou rouge.*
Virgile : *Œuvres choisies.*

TROISIÈME SÉRIE (B), FORMAT IN-8

PRIX : Broché, 1 fr. 40. — Cartonnage fort, genre maroquin, plats dorés, tranches jaspées, 1 fr. 90.
Cartonnage percaline gaufrée, plats et tranches dorés, 2 fr. 30.

Agon de la Contrie (MME D') : *Le Mousse des Terre-Neuvas.*
— *Les pupilles de Christiane.*
Améro : *Un robinson de six ans.*
Arthez (DANIEL D') : *L'excellent baron de Pic-Ardant.*
Bailly : *Le Ménétrier de Lesshac'h.*
Bellet (D.) : *Promenades amusantes à travers la Science.*
— *Les Merveilles de la Nature et de l'Industrie.*
Borius (MLLE) : *L'héritage des Derbanne.*
— *Leur histoire.*
Castetis (Y. de) *Treize et Quatorze.*
Charlieu (H. de) : *La Pupille de la Grenadière.*
Coignet : *Chez mon oncle.*
Deslys (CH.) : *Nos Alpes.*
Dombre (R.) : *Pain d'épice.*
— *Un oncle à héritage.*
Doucet (J.) : *Contes.*
Dourliac : *L'écuyer de la reine.*
Fautras (G.) : *De la Loire à l'Oder (1870-1871).*

Fautras (suite) : *Autour d'un champ de bataille (Coulmiers).*
— *A travers l'Année tragique.*
Gogol (NICOLAS) : *Tarass Boulba.*
Guy (H.) : *Vers la gloire.*
Jeanroy (B.) : *La vengeance d'Amaury.*
— *La Tire-lire de Mona.*
Laurent (F.) : *Satan le Baudet.*
Mussat (MLLE L.) : *Le champ d'honneur.*
Pouschkine : *La fille du capitaine.*
Quinet (EDG.) : *Histoire d'un enfant.*
Rousselet : *Les deux mousses.*
— *Le fils du Connétable.*
— *Le Tambour du Royal-Auvergne.*
Saint-Maurice (R.) : *L'équipage de la Danae.*
Souvigny (J.) : *La chance de Gisèle.*
— *Petite Mioche.*
— *Le secret de Petite Mioche.*
Witt (MME DE) : *Odette la suivante.*

QUATRIÈME SÉRIE, FORMAT IN-8

PRIX : Broché, 1 fr. 10. — Cartonnage fort, genre maroquin, plats dorés, tranches jaspées, 1 fr. 40.
Cartonnage fort, genre maroquin, plats dorés, tranches dorées, 1 fr. 70.

Agon de la Contrie (Mis D') : *L'honneur de Richard.*
— *Le vainqueur de Gérald.*
Alber-Grave : *Les petits secrets amusants.*
Annenskaïa : *Les amis de Collège.*
Bertin : *A bonne école.*
Bouvet : *Fleur captive.*
Cim (Alb.) : *Contes et souvenirs de mon pays.*
Clément (F.) : *Les grands musiciens.*
Colomb (MME) : *Simples récits.*
— *Histoires et proverbes.*
Cummins : *L'allumeur de réverbères.*
Delon : *Histoire d'un livre.*
Delorme : *Journal d'un sous-officier.*
Demoulin (MME) : *Les jouets d'enfants.*
— *Une école où l'on s'amuse.*
Diguet (Charles) : *Nos amis les bêtes.*
Du Boscq de Beaumont (G.) : *Une France oubliée, l'Acadie.*
— *Une Fille de France, la Tunisie.*
— *L'Étendard vert.*
Ficy : *L'ambition d'Arnaud.*
— *La protégée des quatre.*
Figuier : *Scènes et tableaux de la nature.*
Gauthier-Villars (HENRY) : *Le petit roi de la forêt.*
Gérard (A.) : *L'enfant du 26e.*
Girardin (J.) : *Petits contes alsaciens.*
— *Les gens de bonne volonté.*

Girardin (suite) : *La nièce du capitaine.*
— *Bonnes bêtes et bonnes gens.*
Guy (H.) : *Contes héroïques.*
— *Azalaïs.*
Hall : *Deux ans chez les Esquimaux.*
Heywood : *Les chercheurs de Trésor.*
Houdetot (MME DE) : *Lis et chardon.*
— *Cœur brisé.*
Kergomard (MME) : *Heureuse rencontre.*
Krougloff : *Les petits soldats russes.*
La Fontaine : *Choix de fables.*
Laurent (F.) : *Le chasseur de loutres.*
Lehugeur (P.) : *Histoire de l'armée française.*
Lightone : *Mon ami Prampart.*
Masson (J.) : *Voyage de Vacances.*
Mayne-Reid : *Les naufragés de la Calypso.*
Mélandri : *La petite cigale.*
Mussat (MME I.) : *Autrefois et aujourd'hui.*
Poiré : *Six semaines de vacances.*
Sévigné (MME DE) : *Choix de lettres.*
Souvigny (J.) : *L'avenir de Suzette.*
— *Sauvée!*
Strauss (MME P.) : *Au pays basque.*
Talbert : *Les Alpes.*
Theuriet (A.) : *Les enchantements de la forêt.*
Tissandier (G.) : *Causeries d'un savant.*
Vèze (DE) : *La fille du braconnier.*

NOUVELLE COLLECTION POUR LA JEUNESSE
ILLUSTRÉE DE NOMBREUSES GRAVURES

1ʳᵉ SÉRIE, FORMAT IN-8 JÉSUS

Prix du volume : broché, 3 fr. ; cartonné, tranches dorées, 6 fr.

BEAUREGARD (G. DE) : *Le rubis de La Pérouse*. 1 volume illustré de 80 gravures d'après Alfred Paris.
BEAUREGARD (G. de) et H. de GORSSE : *Les plumes de paon*. 1 volume illustré de 65 gravures d'après Alfred Paris.
CHABRIER-RIEDER (Mᵐᵉ) : *Toute seule*. 1 volume illustré de 88 gravures, d'après Damblanc.
Ouvrage couronné par l'Académie française.
CHARLIEU (H. DE) : *Le Loup noir*. 1 volume illustré de 52 gravures d'après Paris.
— *Le Chevalier de Puyjalou*. 1 volume illustré de 48 gravures d'après Alfred Paris.
— *Mademoiselle Olulu*. 1 vol. illustré de 50 gravures d'après Zier.
— *Rita la Gitane*. 1 vol. illustré de grav. d'après Zier.
COLOMB (Mᵐᵉ J.). *Deux mères*. 1 volume illustré de 133 gravures d'après A. Marie.
— *L'héritière de Vauclain*. 1 volume illustré de 104 gravures d'après C. Delort.
DAUDET (Ernest) : *Nini-la-Fauvette*. 1 volume illustré de 45 gravures d'après Alfred Paris.
FLEURIOT (Mˡˡᵉ Zénaïde) : *Cœur muet*. 1 volume illustré de 57 gravures d'après Adrien Marie.
— *Papillonne*. 1 volume illustré de 50 gravures d'après E. Zier.
— *Grand cœur*. 1 volume illustré de 45 gravures d'après C. Delort.
— *Raoul Daubry, chef de famille*. 1 volume illustré de 32 gravures d'après C. Delort.
— *Mandarine*. 1 volume illustré de 96 gravures d'après C. Delort.
— *Caline*. 1 volume illustré de 102 gravures d'après G. Fraipont.
GIRARDIN (J.) : *La toute petite*. 1 volume illustré de 128 gravures d'après E. Bayard.
— *Grand-père*. 1 volume illustré de 91 gravures d'après C. Delort.
GONZAGUE-PRIVAT : *L'équipage de la « Rosette »*. 1 volume illustré de 90 gravures d'après Alfred Paris.

JEANROY (B.-A.) : *L'enfant de Saint-Marc*. 1 vol. illustré de 36 gravures d'après Vogel.
KŒNIG (Mˡˡᵉ Marie) : *Musée de Poupées*. 1 volume illustré de 50 gravures.
MAEL (Pierre) : *Fleur de France*. 1 volume illustré de 50 gravures d'après Tofani.
— *Fille de Rois*. 1 volume illustré de 48 gravures d'après Vogel.
— *La Fée des Iles*. 1 volume illustré de 48 gravures d'après André Paris.
— *La Pupille du Bonhomme*. 1 volume illustré de 48 gravures d'après Vogel.
— *Le secret du Gouffre*. 1 volume illustré de 50 gravures d'après Vogel.
— *Le Forban noir*. 1 vol. illustré de 60 gravures d'après Vogel.
— *Un Mousse de Surcouf*. 1 vol. illustré de 50 gravures d'après Paris.
— *La Fille de l'Aiguilleur*. 1 vol. illustré de 66 gravures d'après E. Zier.
— *Cambriole*. 1 vol. illustré de grav. d'après Zier.
MOUTON (Eug.) : *Voyages et aventures du capitaine Marius Cougourdan*. 1 volume illustré de 66 gravures d'après E. Zier.
— *Aventures et mésaventures de Joël Kerbabu*. 1 volume illustré de 61 gravures d'après A. Paris.
ROUSSELET (Louis) : *Au vieux pays de France, excursions de vacances dans le bassin de la Loire*. 1 vol. illustré de 157 gravures d'après des photographies.
STEVENSON (R.-L.) : *Aventures de David Balfour*. 1 vol. illustré de 50 gravures d'après Vogel.
TOUDOUZE (Gustave) : *Le mystère de la chauve-souris*, 1 volume illustré de 59 gravures d'après Paris.
— *La gondole fantôme (1797)*. 1 volume illustré de 58 gravures d'après Vogel.
TOUDOUZE (Georges-Gust.). : *La Sorcière du Vésuve (1808)*. 1 vol. illustré de 52 gravures par E. Zier.

2ᵉ SÉRIE, FORMAT IN-8 RAISIN

Prix du volume : broché, 2 fr. 60 ; cartonné, tranches dorées, 5 fr.

ARTHEZ (Danielle d') : *Les tribulations de Nicolas Mender*. 1 volume illustré de 83 gravures d'après O. Tofani.
— *L'or du Pôle*. 1 volume illustré de 64 gravures d'après Alfred Paris.
BOVET (Mᵐᵉ de) : *Mademoiselle l'Amirale*. 1 vol. illustré de 52 gravures d'après Tofani.
CHAMPOL (F.) : *Anaïs Évrard*. 1 volume illustré de 22 gravures d'après Tofani et Bergevin.
CHÉRON DE LA BRUYÈRE (Mᵐᵉ) : *La tante Derbier*. 1 volume illustré de 44 gravures d'après Myrbach.
— *Princesse Rosalba*. 1 volume illustré de 90 gravures d'après Tofani.
— *Le sang des Mordrey*. 1 volume illustré de 52 gravures d'après Tofani.
COLOMB (Mᵐᵉ) : *Le violoneux de la Sapinière*. 1 volume illustré de 85 gravures d'après A. Marie.
— *La fille de Carilès*. 1 volume illustré de 96 gravures d'après A. Marie.
— *Le bonheur de Françoise*. 1 volume illustré de 112 gravures d'après A. Marie.
— *Franchise*. 1 volume illustré de 113 gravures d'après C. Delort.
— *Denis le Tyran*. 1 volume illustré de 115 gravures d'après Tofani.
— *Pour la muse*. 1 volume illustré de 105 gravures d'après Tofani.
DAUDET (E.) : *Robert Darnetal*. 1 volume illustré de 81 gravures d'après Sahib.

DOURLIAC : *Dans les ruines*. 1 vol. illustré de gravures.
FLEURIOT (Mˡˡᵉ Zénaïde) : *Monsieur Nostradamus*. 1 volume illustré de 36 gravures d'après A. Marie.
— *La petite duchesse*. 1 volume illustré de 75 gravures d'après A. Marie.
— *Cadok*. 1 volume illustré de 24 gravures d'après C. Gilbert.
— *Les premières pages*. 1 volume illustré de 75 gravures d'après Adrien Marie.
— *Rayon de soleil*. 1 volume illustré de 90 gravures d'après Mencina Kreszs.
GIRARDIN (J.) : *Les braves gens*. 1 volume illustré de 115 gravures d'après E. Bayard.
— *Nous autres*. 1 volume illustré de 182 gravures d'après E. Bayard.
— *Le fils Valansé*. 1 volume illustré de 112 gravures d'après Tofani.
GIRON (Aimé) : *Les trois rois mages*. 1 volume illustré de 66 gravures d'après Fraipont et Pranishnikoff.
— *Tante Lolotte*. 1 volume illustré de 50 gravures d'après Grobet.
JEANROY (J.-B.) : *Beaux-frères*. 1 volume illustré de 42 gravures d'après Robaudi.
— *Un phénomène*. 1 vol. illustré de 40 grav. d'après Zier.
— *La mission de Geneviève*. 1 volume illustré de 52 gravures d'après Tofani.

LIBRAIRIE HACHETTE ET Cⁱᵉ, A PARIS

MEYER (HENRI) : *Les jumeaux de la Bouzaraque*. 1 volume illustré de 9 gravures d'après TOFANI.
— *Le serment de Paul Marcorel*. 1 volume illustré de 51 gravures d'après TOFANI.

NANTEUIL (MME P. DE) : *Le général du Maine*. 1 volume illustré de 80 gravures d'après MYRBACH.
— *L'épave mystérieuse* 1 vol. illustré de 80 gravures d'après MYRBACH.
— *En esclavage*. 1 volume illustré de 80 gravures d'après MYRBACH.
— *Une poursuite*. 1 volume illustré de 57 gravures d'après ALFRED PARIS.
— *Le secret de la grève*. 1 volume illustré de 52 gravures d'après A. PARIS.
— *Alexandre Vorzof*. 1 volume illustré de 80 gravures d'après MYRBACH.
— *L'héritier des Vaubert*. 1 volume illustré de 80 gravures d'après TOFANI.
— *Alain le balcinier*. 1 volume illustré de 80 gravures d'après A. PARIS.
— *Deux frères*. 1 vol. illustré de 80 gravures d'après PARIS.
— *Monnaie de singe*. 1 vol. illustré de 80 gravures d'après A. PARIS.

ROUSSELET (L.) : *Le charmeur de serpents*. 1 volume illustré de 68 gravures d'après A. MARIE.
— *Le serviteur du Lion de la mer*. 1 volume illustré de 52 gravures d'après JOB.

SAINTINE (X.-B.) : *La nature et ses trois règnes*. 1 volume illustré de 171 gravures d'après FOULQUIER et FAGUET.

SCHULTZ (MLLE JEANNE) : *Tout droit*. 1 volume illustré de 86 gravures d'après E. ZIER.

STANY (LE Cᵗ) : *Les trésors de la Fable*. 1 volume illustré de 112 gravures d'après E. ZIER.
— *Mabel*. 1 volume illustré de 60 gravures d'après E. ZIER.

WITT (MME DE), née GUIZOT : *Un jardin suspendu. — Un village primitif. — Le tapis des quatre Facardins*. 1 volume illustré de 39 gravures d'après C. GILBERT et SEMECHINI.
— *Notre-Dame Guesclin*. 1 volume illustré de 70 gravures d'après E. ZIER.
— *Un nid*. 1 volume illustré de 63 gravures d'après FERDINANDUS.
— *Alsaciens et Alsaciennes*. 1 volume illustré de 68 gravures d'après A. MOREAU et E. ZIER.

PUBLICATIONS PÉRIODIQUES

MON JOURNAL. Nouveau recueil hebdomadaire pour les enfants de huit à douze ans, illustré de nombreuses gravures en couleurs et en noir. 2ᵉ série. Années 1893 à 1908. 16 volumes in-8.
Chaque année, brochée. . . . . 8 fr.
— cartonnée, couvert. en couleurs. 10 fr.

JOURNAL DE LA JEUNESSE (LE), nouveau recueil hebdomadaire très richement illustré par les plus célèbres artistes. Années 1873 à 1908. 72 volumes grand in-8.
Prix de chaque volume. . . . . 10 fr.
Cartonné en percaline, tranches dorées. . . 13 fr.

LECTURES POUR TOUS. Revue Universelle, Populaire, Illustrée. Années 1906, 1907 et 1908. 3 vol. grand in-8 de mille pages chacun, illustré de 1 300 gravures.
— Chaque année, reliée. . . . . 9 fr.

Conditions de vente et d'abonnement. — Prix de chaque livraison : 50 c. ; — Franco par la poste : France, 60 c. ; — Étranger, 75 c.

ABONNEMENTS : *Un an* : Paris, 6 francs ; — Départements, 7 francs ; — Étranger, 9 francs. — *Six mois* : Paris, 3 fr. 50 ; — Départements, 4 francs ; — Étranger, 5 francs.

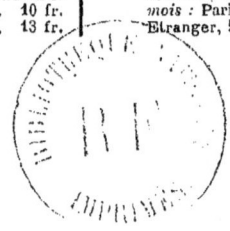

LIBRAIRIE HACHETTE ET C¹ᵉ, 79, BOULEVARD SAINT-GERMAIN, PARIS

NOUVELLE COLLECTION
A L'USAGE DE LA JEUNESSE

Format in-8, à 2 fr. 60 le volume broché

CARTONNÉ TRANCHES DORÉES, 5 FRANCS

ARTHEZ (Danielle d'). *Les tribulations de Nicolas Mender.* 1 volume avec 81 vignettes.
— *L'Or du Pôle.* 1 vol. avec 49 vignettes.

BOVET (Mᵐᵉ de). *Mademoiselle l'Amirale.* 1 volume avec gravures.

CHAMPOL (F.). *Anaïs Evrard.* 1 vol. illustré de 22 vignettes.

CHÉRON DE LA BRUYÈRE (Mᵐᵉ). *La tante Derbier.* 1 vol. avec 50 vignettes.
— *Princesse Rosalba.* 1 vol. avec 54 vignettes. Ouvrage couronné par l'Académie française.
— *Le sang des Mordrey.* 1 vol. avec 52 vignettes.

COLOMB (Mᵐᵉ). *Le violoneux de la Sapinière.* 1 vol. avec 85 vignettes.
— *La fille de Carilès.* 1 vol. avec 96 vignettes.
— *Le bonheur de Françoise.* 1 vol. avec 112 vignettes.
— *Denis le Tyran.* 1 vol. avec 112 vignettes.
— *Pour la Muse.* 1 vol. avec 105 vignettes.

DAUDET (E.). *Robert Darnetal.* 1 vol. avec 81 vignettes.

DOURLIAC (A.). *Dans les ruines.* 1 vol. avec 40 vig.

FLEURIOT (Mˡˡᵉ Zénaïde). *Les premières pages.* 1 vol. avec 75 vignettes.

GIRARDIN (J.). *Les braves gens.* 1 vol. avec 115 vig. Ouvrage couronné par l'Académie française.
— *Nous autres.* 1 vol. avec 182 vignettes.

GIRON (Aimé). *Les trois rois mages.* 1 vol. avec 66 vig.

JEANROY (X.-B.). *Beaux-frères.* 1 vol. illustré de 50 vignettes.
— *Un phénomène.* 1 vol. illustré de 50 vignettes.
— *Tante Lolotte.* 1 vol. illustré de 50 vignettes.
— *La mission de Geneviève.* 1 vol. ill. de 52 vignettes.

KŒNIG (Mˡˡᵉ Marie). *Musée de Poupées.* 1 vol. avec 60 vignettes.

MEYER. *Les jumeaux de la Bouzaraque.* 1 vol. avec 50 vignettes.
— *Le serment de Paul Marcorel*, avec 51 vignettes.

NANTEUIL (Mᵐᵉ P. de). *Le général du Maine.* 1 vol. avec 60 vignettes.
— *En esclavage.* 1 vol. avec 60 vignettes.
— *Une poursuite.* 1 vol. avec 60 vignettes.
— *Le secret de la grève.* 1 vol. avec 52 vignettes.
— *Alexandre Vorzof.* 1 vol. avec 80 vignettes.
— *L'héritier des Vaubert.* 1 vol. avec 80 vignettes.
— *Alain le Balcinier.* 1 vol. avec 50 vignettes.
— *Deux frères.* 1 vol. avec 80 vignettes.
— *Monnaie de singe.* 1 vol. avec 60 vignettes.

ROUSSELET (L.). *Le serviteur du lion de la mer.* 1 vol. avec 52 vignettes.

SAINTINE. *La nature et ses trois règnes*, causeries et contes d'un bon papa sur l'histoire naturelle. 1 vol. avec 171 vignettes.

SCHULTZ (Mˡˡᵉ Jeanne). *Tout droit.* 1 vol. avec 86 vignettes.

STANY (le Cᵗ). *Les trésors de la Fable.* 1 volume avec 80 vignettes.
— *Mabel.* 1 vol. avec 60 vignettes.

WITT (Mᵐᵉ de), née Guizot.
— *Un jardin suspendu.* — *Un village primitif.* — *Le tapis des quatre Facardins.* — 1 vol. avec 39 vignettes.
— *Notre-Dame Guesclin.* — *La Jacquerie.* — *Delhi et Cawnpore.* 1 vol. avec 70 vignettes.
— *Un nid.* 1 vol. avec 63 vignettes.
— *Alsaciens et Alsaciennes.* 1 vol. avec 68 vignettes.

www.ingramcontent.com/pod-product-compliance
Lightning Source LLC
Chambersburg PA
CBHW070945180426
43194CB00040B/1074